家庭寶鑑

李洪原 著

원활한 현대(現代) 생활과 풍부한 가정(家庭) 상식(常識)을 위하여,
우리의 전통(傳統)과 풍속(風俗)에 대한 새로운 이해를 위하여!!

도서출판
은광사

머리말

　인간사가 변한다고는 하지만 그 뿌리와 전통은 변할수 없거니와 그 맥을 이어가며 후손들에게 전해야 합니다.
우리의 것을 알고 발전시켜 시대의 흐름에 맞는 미풍양속을 후손에게 물려 주는 것은 우리의 책임입니다.

　우리의 전통과 풍속에 대한 새로운 깨우침과 원활한 현대생활의 상식을 위하여 "가정보감"을 편찬하게 되었습니다. 자신의 뿌리를 알지 못하는 사람은 내일에 대한 탄탄한 꿈을 가질 수 없으며 가정생활과 사회생활에서 전통과 풍속에 대한 넓고 확실한 상식을 갖지 못할때 사회의 공동체 속에서 외로움을 겪게 될 것입니다. 결코 전통과 풍속은 흘러간 시대의 옛이야기가 아니며 따라서 조상과 후손을 이웃과 이웃을 과거와 미래를 연결시키는 인간의 생활에 중요하고도 아름다운 삶에 방법입니다.

　오천년 문화 – 바로 그 긍지와 맥락을 같이 하는 것이며 관혼상제 예법과 원만한 부부생활에서도 성의 예법은 사람의 삶 속에서 가장 중요한 것입니다.

　본 가정보감은 우리 일상생활 중에서 상식적으로 필요한 것으로만 발췌하여 재미있고 이해하기 쉽도록 구성 하였으며 독자들 께서는 필히 탐독하시고 예를 실천하여 아름다운 모범적 가정을 이루시길 바랍니다.

제1부 관혼상제 예법 (冠婚喪祭禮法)

❖ 차 례 ❖

제2부 상례(喪禮)와 제례(祭禮)

제3부 재래의 상례(在來喪禮)

〈 고례(古禮)에 의한것 〉

◈ 차 례 ◈

제4부 제례범절(祭禮凡節)

제5부 재래식 제례(在來式 祭禮)

❖ 차 례 ❖

제6부 사주법

제7부 백방길흉부작(百方吉凶符作)

악귀불침부/칠성부/인동부/관음부/선인회원부/금은자래부귀부/
댁내백신불침부/부부자손화합장수부/관재구설부/우환소멸부/
자연원리삼재부/화재예방부/귀신불침부/멸죄성불부/
금은자래부귀부/만사대길부/왕생정토부/위인염불부/

◇ 차 례 ◇

제8부 꿈 해몽법

◈ 차 례 ◈

제10부 명당(明堂)자리 보는 법

제11부 가족계획

제12부 행복한 성생활

◇ 차 례 ◇

제14부 체력증진의 약용주(藥用酒)
불로장수(不老長壽)·강장(强壯)
강정(强精)·피로회복(疲勞恢復)

◈ 제 1 부 ◈

관혼상제예법(冠婚喪祭禮法)

冠婚喪祭 중에서도 혼례는 가장 경사스럽고 중대한 인생의 행사이다. 편의상 그 혼례식 절차를 신식결혼과 구식결혼으로 나누어 설명하겠다. 관혼상제의 『관』은 관례(冠禮)의 약자로 현대적인 행사로 성인식이 그것에 해당된다. 그러나 성인식은 별로 실행되지 않으므로 구식 결혼을 설명할 때 『관례』에 대해서 따로 항목을 마련하겠다.

현대식 결혼

1. 맞선

연애결혼이든 중매결혼이든 『맞선』이라는 단계를 반드시 거

치는게 우리의 현실이다. 중매결혼에서는 이 『맞선』을 거처
서로의 교제를 시작한다.

구식결혼에서는 택일이니 궁합이니 절차가 까다롭지만, 양쪽
가족이 모인 장소에서 자연스럽게 만나보고 호감이 가게된다
면 당사자끼리의 교제가 시작되는 것이다.

맞선에 임하는 당사자의 몸가짐으로선 단정한 복장과 예의
바른 태도가 요구된다. 특히 여성인 경우 지나치게 화려한 복
장이나 화장은 삼가야한다. 그렇다고 평상시 그대로의 아무렇
게나 차린 복장이나 최소한도의 화장마저 안한다면 상대편에
대한 무시라고 오해받게되어 성사가 되지 않을 염려가 있다.
이때 한가지 충고하고 싶은 것은 가족이나 본인이 너무 꼬치
꼬치 상대방에게 질문 공세를 펴지 말라는 것이다.

맞선은 어디까지나 당사자의 소개와 대면에 그치는 것이고,
한번 봤다고 해서 모든게 결정되는건 아니기 때문이다.

너무 성급한 나머지 궁금증을 덜려고 이사람이 불쑥 한마디,
저사람이 불쑥 한마디 한다면 이역시 순조롭지 못한 맞선이
될것이다.

여성인경우 너무 수줍어할 것은 없다. 묻는말이 있다면 발음
도 똑똑히, 정확하게 묻고 대답해야 한다. 만일 쌍방에 이의
(異議)가 없다면 다시 만날 시간과 장소를 정하고 헤어진다.

경비 문제인데, 이것은 양가에서 공동부담 하는게 원칙이다.

2. 약혼식

약혼식이라고해서 야단스럽게 할 필요는 없다. 되도록 간소하게, 그러나 엄숙하게 거행하면 된다.

요즈음에는 가족적인 분위에 속에서 양가를 잘 아는 소개인이 사회를 맡아보는 것이 보통이며, 사회자는 약혼식을 선언한 다음 양인의 양력을 소개하고 선물교환에 들어간다. 선물은 대개 남자편에서 반지를 주기 마련이고 여자편에서는 시계 또는 만년필을 준다. 선물은 어디까지나 분수에 맞는것으로서 그것을 위하여 빚을 진다든가 필요이상의 호화품을 교환하는것은 바람직하지 못하다. 만일 그러한 돈이 있다면 장차의 결혼자금이나 생활의 설계에 요긴하니 쓰도록 할 것이다.

선물교환이 끝나면 양인을 양가 친척들에게 일일이 인사 시키고, 또한 소개를 한다. 소개가 끝나면 이것으로써 약혼식은 끝나는 셈이다. 이어서 회식(會食)에 들어가는데, 케이크를 마련하여 자르는 수도 있다. 이 케이크는 원칙적으로 신랑의 친구들이 마련해야 하는 것이지만 반드시 필요한 것은 아니다. 케이크를 자를 때에는 사회자가 시키는데로 우선 신랑과 신부가 함께 나이프를 쥐고 자른다. 그런뒤 신부가 먼저 신랑에게 주고, 다음 산랑이 신부에게 주는게 순서이다. 그 나머지는 다른 사람을 시켜 자르게 하여 참석자 전원에게 골고루 분배한다.

약혼서가 준비돼 있다면 예물교환이 끝난 다음 교환하고 또 주례사를 하는 경우가 있는데 이런것은 생략해도 무방하다. 요컨데 양가 친척이 모여 입회하고 약혼을 증명하는 것이므로 화기애애한 가운데 식을 진행하면 되는 것이다.

약 혼 서

본 적:	주 소:		
성 명:	생년월일:	년 월 일생
본 적:	주 소:		
성 명:	생년월일:	년 월 일생

위 두 사람은 혼인할 것을 이에 서약함.

첨   부: 1. 호적등본 1통   2. 건강진단서 1통

약 혼 자   인

동의자(남자측)   인

　　(여자측)   인

※「동의자」의 서명(기명) 날인은 동의를 요하는 경우에 한함.

---

3. 약혼후 교제

약혼이 이루어 졌다면 곧 결혼식 준비로 들어가는데 그 기간은 양가의 사정이 있겠지만, 되도록 짧은것이 좋다.

또 약혼을 했다고 해서 지나친 교제는 삼가해야 한다. 순결은 잘 간직해야 빛이 나는 법이다. 만일 남성이 지나치게 강요한다면 이해와 설득으로 임해야 하며, 그래도 이해하지 않는다면 남성의 이해심을 의문하지 않을 수 없다. 주로 이 무렵의 데이트는 결혼식에 대한 구체적인 계획과 의논을 하는게 현명한 현대 남녀의 생각이다. 요즈음의 개탄할 풍조의 하

나로 수백만원짜리 장농을 마련한다든가 별로 입지도 않을
한복을 수십벌씩, 그것도 남이 하니까 나도 한다는 식으로 초
호화판 결혼 혼수를 마련하고 있는데, 이런것은 하루바삐 지
양 되어야 하겠다. 앞에서도 말했지만 그런 돈이 있다면 좀더
유익하게, 이를테면 예금 통장을 마련해 둔다든가 보다 나은
생활의 설계 자금으로 쓴다든가 해야 할 것이다.

4. 종교식 약혼

① 기독교식 약혼: 목사가 주례자겸 사회자가 되어 식을 진
행한다. 교파에 다라 순서가 좀 다르기는 하나 대개는 다음과
같은 식순을 따른다.

개식사: 약혼식을 시작하겠다는 말과 간단한 성경 구절을
인용함으로써 약속의 중함을 양인에게 인식시킨다. 신랑과 신
부를 가운데 앉히고 식을 진행한다.

기도: 결혼때까지 하나님의 뜻 가운데서 살수 있도록 보호
해 달라는 의미의 기도를 한다.

문답: 대개 생략한다. 혹은 성경책 위에 손을 얹고 약속을
하는 수도 있다.

신물(信物): 주례목사가 일단 받아서 공개한뒤, 신랑이 신부
에게, 신부가 신랑에게 예물을 준다.

주례사: 하나님의 뜻 가운데서 하나님의 자녀답게 살라는
부탁과 아울러 약혼과 결혼은 신성한 것이니만큼 순결한 교
제를 해야 한다는 의미의 말을 한다.

찬송: 생략하기도 한다.

폐회: 폐회 후의 여흥(餘興) 순서는 임의로 하되, 이때의 사회자는 대개 신랑 친구가 맡는다.

② **천주교식 약혼**: 약혼은 문서로 하고 두 당사자의 서명 날인과 본당 신부나 아니면 두 증인의 서명 날인이 있어야 한다. 당사자들이 문서를 쓸줄 모르거나 쓰지 못하는 경우에는 두 증인이 그런 사유까지 기입하고 서명 날인한다. 이런 방식으로 하지 않는 약혼은 사사로운 약혼에 불과하다.

약혼자는 교리(敎理)에 따라 절대 육체 관계나 한 집에서 동거함을 금한다.

③ **불교식 약혼**: 특별한 방법이 없다. 그러나 꼭 불교식으로 하고 싶다면 스님을 초대하여 그 분께 일임할 수 밖에 없다.

④ **천도교식 약혼**: 약혼시 당사자 및 가족 일동이 청수(淸水)를 봉전(奉奠)하고 종의기도한 뒤 주혼자(主婚者) 쌍방의 약혼서를 교환한다.

5. 결혼전의 교제

결혼은 새로운 인생의 출발이니만큼 신중한 배우자 선택이 요망된다. 그런데 현실적으로 결혼을 전제한 남녀의 교제는 어떠한 것일까?

연애결혼이든 중매결혼이든 대개 3개월내지 6개월의 교제기간을 두는게 가장 이상적이고 현실적이라고 하겠다. 왜냐하면 이만한 기간을 통하여 교제함으로써 충분히 상대방의 인격,

교양, 적성(適性)을 파악할수 있으리라고 생각되기 때문이다.

그리고 미혼 남녀로서 그 이상의 교제 기간을 둔다는 것은 여러가지 바람직하지 못한 일이 생길 염려가 있으므로 너무 오랜기간을 끈다는 건 좋지 못하다.

배우자를 선택할 때 제일 중요한 것은 상대편에 대한 개성(個性) 파악이다. 결혼은 일단 하고나면 수십 년을 함께 생활하며 인생의 반려자(伴侶者)로서 서로 이 세상을 살아가니만큼 이 개성 파악이 중요한 것이다. 바꾸어 말한다면 적성(適性)이 맞느냐 하는게 첫째의 조건이다.

그러나 성격을 파악하기란 쉬운 노릇이 아니다. 이런 때에는 신뢰하는 선배나 부모님의 조언(助言)을 듣는게 좋다.

두번째로 중요한것은 생활력의 문제다. 요즈음 물질을 앞세우는 경향이 있는데 이런 것은 별로 확실한 것이 못된다. 재산이 많다 하더라도 무능력하거나 낭비력이 있으면 아무런 가치가 없기 때문이다. 물론 어느정도의 경제 기반이 있다면 없는 것보다는 나을지 모르지만, 요는 본인 나름이다. 왕성한 생활력이 있다면 그것이 곧 재산이므로 앞으로의 행복한 생활의 설계에 지장이 없다.

세번째로 혈통과 건강이다. 가문을 중요시 하는 것은 이 혈통을 보는 것인데 현대에 있어선 정신 질환의 유무 또는 유전등에 대해서 고려하지 않을 수 없다. 또 건강은 결혼생활의 필수 요건이므로 이것을 유의해야 한다. 따라서 현대의 합리적인 결합은 반드시 건강진단서를 미리 교환하고 충분한 검토를 하는 것이다.

6. 결혼식 날짜

혼인날은 대개 신부집에서 정하여 신랑집에 알리지만, 당사자끼리 의논하여 무리없게 정한다. 교회나 예식장의 형편이라든가 양측의 준비같은 것을 고려하여 신랑 신부들의 친구들이 많이 참석할 수 있는 날로 정한다.

몹시 추운 겨울철이나 몹시 더운 여름철은 특별한 경우를 제외하고 피하는데, 회사나 공무원의 참석을 고려하여 토요일이나 일요일을 많이 이용하고 있다.

7. 혼수준비

한꺼번에 장만하려면 부담이 크므로 혼기(婚期)가 가까워지면 여유 있는대로 한두가지씩 서서히 장만하는 게 좋다. 또 살림도구나 세간을 약혼한 뒤 신랑과 의논하여 분수에 맞도록 고르되 두사람의 마음에 맞는 것을 장만한다. 미리 리스트를 작성하고 의논하는 것도 재미가 있으리라. 싼 것이라도 두사람의 창의(創意)와 알뜰한 정성이 가미되면 의외로 실용가치가 있고 알뜰한 혼수를 장만할 수 있다.

신랑측에서 마련할 품목

양단 치마(두벌)/함(트렁크)/백금반지(약혼)/다이아반지(혼인).

신부측에서 마련할 품목

양복·와이셔츠·모자·만년필·구두. 이밖에 혼수로서 양복 장·옷장·화장대·책장·책상·찻장·금침(한채)·재봉틀· 차세트·은수저(두벌)·주발대접(두벌)·대야·요강·반짓고 리·가위·인두·자·실패·방석(다섯장).

이밖에 전기냉장고 전기세탁기 전기밥솥등이 있다. 그러나 꼭 필요한 것만 장만하고 되도록 절약하여 결혼후에 조금씩 장만해가는 것이 바람직하다.

8. 청첩장

청첩장은 먼 지방에 있는 분, 또 구두로 말해선 실례가 되는 분 등에겐 청첩장을 보낸다.

9. 예식장

예식장은 미리 예약을 한다. 특히 결혼 시즌엔 알맞는 예식 장을 알맞는 시간에 맞추어 얻기가 힘드므로 반드시 예약을 하는 것이다.

예식장도 참석 인원을 예상하고 그것에 맞는 장소를 물색한 다. 덮어놓고 호화로운 곳이나 큰 예식장을 택할 필요는 없다. 기독교 신자라면 교회를 이용하는 것이 엄숙도 하고 비용도 들지않아 편리하다.

결혼 예복으로서 신랑은 정결한 평복이 좋고 신부는 웨딩

드레스를 착용한다. 또 순백무구(純白無垢)의 한복을 입는 것
도 청초하고 오히려 아름답다. 그리고 면사포는 예식장에서
빌리게 되는데 깨끗하고 몸에 맞는 것을 고른다. 신랑이 군인
이라면 군의 예복을 입는것도 좋다.

혼례꽃: 혼례식에서 꽃을 다는 경우에는 신랑·신부·주례
와 양가의 부모님 또는 그 대리자에 한한다.

혼례식순: 一,개식/ 二,신랑입장/ 三,신부입장/ 四,신랑신부
맞절/ 五,신랑신부 서약/ 六,예물교환/ 七,성혼 선언문 낭독/
八,주례사/ 九,양가 대표인사/ 十신랑신부 인사/ 十一,신랑신
부 퇴장/ 十二,폐식.

혼인서약: 주례는 신랑 신부에게 다음의 서식에 의한 혼인
서약을 하고 혼인신고서는 서명 또는 기명 날인한다.

혼인 신고서는 신랑측이 미리 준비하여 필요한 사항을 기재
한다.

혼인서약

신랑 ○ ○ ○군과   신부 ○ ○ ○양은 어떠한 경우라도

항상 사랑하고 존중하며 진실한 남편과 아내로서의 도리

를 다할 것을 맹세 합니까?

성혼 선언문

이제 신랑 ○ ○ ○군과 신부 ○ ○ ○양은 그 일가 친척과 친지를 모신 자리에서 일생동안 고락을 함께 할 부부가 되기를 굳게 맹세 하였읍니다. 이에 주례는 이 혼인이 원만하게 이루어진 것을 여러분 앞에 엄숙히 선포합니다.

년   월   일

주례

성혼선언문: 성혼선언문은 다음의 서식에 의한다.

혼인신고: 혼인신고서는 혼인 당일로 제출한다.

신행: 신행은 혼인 당일로 함을 원칙으로 하고 폐백과 예물은 간소하게 한다.

10. 신혼여행

신혼여행은 일생의 추억이 되는 것이므로 미리 양인이 의논하여 행선지와 여행 스케줄을 짜놓는다. 보통 2박 3일이나 3박 4일을 하게 되는데 신부측으로선 세면도구와 잠옷따위는 물론이지만 탈지면이나 가제 따위도 준비한다.

또 요즈음에는 해외나 제주도로 신혼여행을 가는 사람도 있으나, 이 경우에는 날씨관계로 발이 묶이는 일이 있으므로 장마철이나 8, 9월의 태풍 시즌은 피하는게 좋다

11. 친척 · 은사 · 벗에게 인사

 인사는 신혼여행을 갔다와서도 하지만 결혼식전에 미리 해두는 것도 좋다. 그렇다고 신혼여행후 하지 말라는 뜻은 아니다. 인사란 할수록 좋은 것이니까.

 친척은 늘 보는 사람이라 안 치르면 어떠랴 싶겠지만 결혼이라는 새출발을 하니만큼 새로운 마음으로서 인사를 한다. 또 은사는 마땅히 찾아가 인사를 드려야 한다.

 벗들에게 인사를 하는 것도 예의다. 그러면 그들의 축복을 더 받을 수 있고 변함없는 우정을 가질 수가 있으리라. 또 동네 어른들도 찾아 뵈어야 한다. 그리고 신혼여행을 갔다와서 부부동반으로 친척과 은사와 동네 어른들을 찾아 인사하는게 예의다.

재래식 결혼

Ⅰ. 관례(冠禮)의 유래와 의식(儀式)

 옛날에는 혼례(婚禮)에 앞서 먼저 관례라는 의식을 가졌는데 남자는 나이 十五세부터 二〇세에 이르는 성년기(成年期)에 땋아 내렸던 머리를 위로 치켜올려서 초립(草笠)이라는 관(冠)을 쓰게하여 성인(成人)이 되었음을 나타내었다.

이러한 의식은 일가 친척들과 동네의 어른들을 초청하여 조상을 모셔놓은 사당(祠堂) 앞에서 행하였던 것이다.

그러나 부모가 기년(朞年) 이상의 상중(喪中)일 경우에는 관례를 행하지 않는다.

그래서 오늘날 관혼상제(冠婚喪祭)라는 말이 전해 내려왔고 또한 초립동(草笠童)이란 말이 생겨나게 되었다. 따라서 요즘의 가정의례에서는 혼상제(婚喪祭)만을 갖게 되었고 관례(冠禮)는 곧 혼례와 합쳐진 것이라고 보는 것이다.

근래에는 풍속으로 내려오는 관례의 의식은 행하지 않지만 二○세가 된 남녀(男女)를 법률로서 성인(成人)임을 인정하고 5월 6일을 성인의 날로 정하고 있다.

옛날 우리의 풍속을 살펴보면 관례(冠禮)는 분명히 하나의 의례로 되어있어 관례를 치르지 않고는 성인이 아니며 혼례(婚禮)를 치를 수 없었던 것이다. 따라서 주인은 집에서 거느리는 종복에 이르기까지 이 관례를 올려 주었던 것이다.

II. 혼례범절(婚禮凡節)

1. 의혼(議婚)

옛날의 혼례(婚禮)는 삼서육례(三誓六禮)라하여 그 격식이 매우 엄격했다.

남자 나이 十六세 부터 三○세, 여자는 十四부터 二○세 사이에 혼인을 의논했으나 혼인을 할 사람이나 혼인을 주장하는 자가 기년(基年)이상의 상중(喪中)이 아니어야만 혼인할 수가 있었다. 먼저 신랑집과 신부집이 서로 사람을 보내서 상대편의 인물, 학식, 형세유무(形勢有無), 인품 등을 조사하여 두 댁(宅)이 합의가 되면 허혼(許婚)하는 것으로 것으로 이것을 의혼(議婚) 또는 면약(面約)이라고 한다.

▶청혼편지(請婚片紙)

伏惟辰下에

尊體候以時萬重이 仰篠區區之至이오며 弟家兒〈손자면 손아(孫兒),조카면 (姪兒),아우면 (弟)로 쓴다〉 親事는 年 及加冠이나 尙無持合處려니 勵聞某洞某氏家에 閨養이 淑哲云하니 能基勸誘하여 使結秦晉之誼가 如何오리까. 餘는 不備禮謹拜上狀

某年   某月   某日

弟(존장에게는 下生이라씀)   某拜上

【해설】오랫동안 우러러 사모하옵는데 존체 안녕하십니까? 저는 별고 없습니다. 저의 자식이 결혼할 나이가 되었으니 혹 저를 위하여 좋은 곳에 중매하여 주시지 않으시렵니까? 요사이 들으니 모동모씨댁의 규수가 인품이 훌륭하다고하니 권유하셔서 혼인토록 하여 주심이 어떠하오리까?

▶청혼서(請婚書) 봉투

(앞면)　　　　　　　　(뒷면)

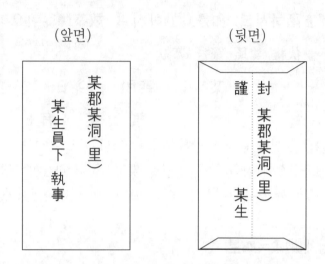

청혼에 이어 두 집 부모의 승낙이 있음으로써 혼인이 이루
어지는 것인데 지금은 새로운 풍속으로 신랑 신부 사이에 약
혼(約婚)을 하고 약혼식(約婚式)을 거행한다.
　옛날에는 신부편의 주혼자가 중매인의 권유를 허락할 때는
다음과 같은 회답을 신랑집으로 보낸다.

▶허혼편지(許婚片紙)

복유춘원
伏惟春元에(계절에 따라 다름)

존체동지후만중　　앙위구구지지　　　제여아
尊體動止候萬重이　**仰慰區區之至**이오며　**弟女兒**〈손녀

면(孫女), 질녀면(姪女), 동생이면 매(妹)라고 씀〉 ^{친 사}親事는

^{불 비 한 루}不鄙寒陋하시고 ^{여 시 근 권}如是勤勸하시니 ^{감 불 청 종}敢不聽從이오리 까.

^{여 불 비 복 유}餘不備伏惟 ^{존 조}尊照 ^{근 배}謹拜 ^{상 장}賞狀

^{모 년}某年　　^{모 월}某月　　^{모 일}某日

^제弟　^모某　^{배 상}拜上

【해설】봄철에 존체 만안하십니까? 저의 여식 혼사는 某兄께서 권유하심에 따라 좋은 인연을 맺고져하니 하늘이 정한 연분으로 생각합니다. 사성(四星)을 보내심이 어떠하십니까.

2. 납채(納采＝四星)

납채(納采)는 먼저 주인이 신랑의 생년월일시(生年月日時)를 적어서 편지와 함께 보내는 것으로 혼인을 청하는 의식인데 우리나라에서는 납폐(納幣)로 대신하고 있다.

즉 사성(四星)을 보내는 법은 간지(簡紙)를 다섯번 접어 그 한 가운데에 쓴다. 그래서 편지는 보에 싸서 보낸다.

▶이때 보내는 편지

^{복 유 춘 원}伏惟春元에(계절에 따라 다름)

^{존 체 후 이 시 만 중}尊體候以時萬重이 ^{앙 위 소 구 지 지}仰謂潒區區之至이오며 ^{제 가 아}弟家兒〈조

부가 주혼이면 손아(孫兒), 백숙부가 주혼이면 질아(姪兒), 형

이면 제(弟)라고 함〉 <ruby>親事<rt>친사</rt></ruby>는 <ruby>旣蒙契許<rt>기몽계허</rt></ruby>하오니 <ruby>寒門慶幸<rt>한문경행</rt></ruby>

이오리다. <ruby>采單<rt>채단</rt></ruby>을 <ruby>錄呈<rt>록정</rt></ruby>하오니 <ruby>涓吉回示<rt>연길회시</rt></ruby>하심이 <ruby>如何<rt>여하</rt></ruby>

오리까. <ruby>餘不備伏惟<rt>여불비복유</rt></ruby> <ruby>尊照<rt>존조</rt></ruby> <ruby>謹拜<rt>근배</rt></ruby> <ruby>賞狀<rt>상장</rt></ruby>

<ruby>某年<rt>모년</rt></ruby>　　<ruby>某月<rt>모월</rt></ruby>　　<ruby>某日<rt>모일</rt></ruby>

<ruby>尙州後人<rt>상주후인</rt></ruby> <ruby>文某<rt>문모</rt></ruby> <ruby>再拜<rt>재배</rt></ruby>

【해설】엎드려 편지를 받자오니 매우 감사하옵니다. 근간에 존체 만중 하옵니까? 저의 자식 혼사는 이미 허락하심을 받았으니 저의 가문의 다행사며 경사이옵니다. 가르치심에 따라 사성(四星) 단자를 보내오니 혼인일자를 회신하여 주심이 어떠하오리까?

▶납채서식(納采書式)

<ruby>尙州後人<rt>상주후인</rt></ruby> <ruby>金某<rt>김모</rt></ruby>

<ruby>乙丑某月某日某時生<rt>을축모월모일모시생</rt></ruby>

<ruby>原<rt>원</rt></ruby>

<ruby>己未<rt>기미</rt></ruby>　<ruby>正月<rt>정월</rt></ruby>　<ruby>六日<rt>육일</rt></ruby>

— 또는 —

<ruby>戶主姓名幾男<rt>호주성명기남</rt></ruby> 혹은 <ruby>幾女<rt>기녀</rt></ruby>

<ruby>姓名<rt>성명</rt></ruby> <ruby>李某<rt>이모</rt></ruby>

년   월   일 시 생
年　月　日 時生

▶사성(四星＝四柱) 쓰는 법

(서식1)　　　　　　　　(서식2)

乙
丑

四月

初一日

巳時生

乙丁丙乙
巳卯寅丑

○○（本貫）後人○○○○（姓名）

　신랑 집에서 편지와 납채(納采)를 신부집으로 보낼 때는 아침 일찍 일어나 편지를 받들고 사당에 고한다. 다음으로 자제(子弟)들을 시켜 신부의 집으로 편지와 납채를 보낸다. 이때 신부의 집에서는 주인이 나와서 이를 받는다. 신부집에서도 편지와 납채를 받아 가지고 사당에 고한다.

　그리고는 나와서 편지답장을 써서 주고 음식을 대접한다. 돌아와서 답장을 전하면 신랑집 주인은 다시 이 사실을 사당에 고한다.

▶사성(四星)봉투

(앞면)　　　　　　　　　　(뒷면)

李生員 下執事 入納

謹 封 四 星

납채(納采＝四星)를 보내는 뜻은 천간(天干), 지지(地支)에 의하여 궁합(宮合), 앞으로의 길흉(吉凶)을 보고 또 혼례식 날짜를 정하는 택일(擇日)에 편리하도록 하는 것인데 이것은 형식을 갖추는데 지나지 않는 것이다. 그것은 이미 청혼(請婚)할 때에 서로 생년월일과 시를 알아서 비교한 후에 허혼(許婚)하는 것이 상례(常例)로 되어 있기 때문이다.

3. 연길(涓吉)

연길(涓吉)이란 결혼식 일자를 정해서 보내는 것을 말한다.

全州後人　金(手決)

奠雁某年　某月　某日　某時

際

年

月

日

신랑집에서 사성(四星)을 보내오면 신부집에서 결혼식 일자를 택일(擇日)하여 신랑집에 통지하는 것이다. 이때에도 편지와 함께 보낸다.

연결서식은 납채(納采)와 마찬가지로 쓰되 다음과 같다.

▶연길편지(涓吉)

근미심자시
謹未審玆時에

존체후만중　　　양위구구지지　　　제여아친사　　　기승주
尊體候萬重이　仰慰區區之至라　弟女兒親事는　旣承柱

단　　　　　한문경사　　　연길록정　　　장제회시
單하오니　寒門慶事라　涓吉錄呈하오니　章製回示하심

여하
이　如何오

여불비복유
餘不備伏惟

존조　　근배　　상장
尊照　謹拜　上狀

년　　　　　월　　　　　일
年　　　　月　　　　日

김해후인　　　김　　　　재배
金海後人　金○○　再拜

【해설】편지를 받자오니 감사한 마음 한량이 없습니다. 근간

에 존체 만안하십니까? 저의 여아(女兒) 혼사는 이미 사성(四星) 단자를 받자오니 저의 가문에 경사이옵니다. 결혼 일자를 가려서 삼가 보내오니 신랑의 의복 치수를 알려 주심이 어떠하오리까.

▶의제(衣製)

연길서장(涓吉書狀)을 받는 신랑측에서는 신랑의 의복 길이와 품을 신부측에 알리는 의제장을 보냈으나, 근래에는 이런 것이 생략되고 직접 양복점이나 양장점에서 의복을 맞추므로 설명을 생략한다.

4. 납폐(納幣)

결혼식 전날에 신랑측에서 신부측에 신부용 혼수(婚需)와 예장(禮狀=婚書紙)및 물목(物目)을 넣은 혼수함을 보내는데 이를 납폐(納幣)라 하여 일정한 격식이 있다.

가난한 신랑집에서는 청단(靑緞)·홍단(紅緞)의 치마감을 넣을 뿐이나 여유가 있는 집에서는 다른 옷감을 넣어 보낸다. 이것을 봉채라고 하는데 와전되어 봉침이라고도 한다.

납폐서장은 백지를 길이 36cm 폭 60cm 정도로 하여 9간(間)으로 접어 양편을 1간씩 비우고 7간에 쓴다.

▶예장(禮狀) 서식(書式)

^{시유중추}
時維仲秋(계절에 따라 다름)

^{존체백복 복지장자}
尊體白福 僕之長子(또는 次子, 三子, 孫인때는 孫이라 씀)

^{모   년 기장성 미유항려 복몽 존자 허이 금애}
某(성명)**年 旣長成 未有伉儷 伏蒙 尊慈 許以 今愛**(孫

^{황실 자유선인지례 근행}
女인때는 孫女, 姪女일때는 姪女)**貺室 玆有先人之禮 謹行**

^{납폐지의 존조 근배 상장}
納幣之儀 尊照 謹拜 上狀

^{불비복유}
不備伏惟

^{모년}   ^{모월}   ^{모일}
某年   某月   某日

^{경주 후인   박   재배}
慶州 後人   朴○○ 再拜

【해설】 때는 오곡이 무르익는 가을이온데 존체 만복 하십니까? 저의 장자 ○○가 이미 성장하여 배필이 없더니 높이 사랑하심을 입고 귀중한 따님으로 아내를 삼게 해 주시니 이에 조상의 예에 따라 갖추지 못하였으나 삼가 납폐하는 의식을 행하오니 살펴주옵소서.

▶답장 서식(答狀書式)

^{첨친 모동 성모백}
忝親 某洞 姓某白

^{모동모관 존친집사 복승}
某洞某官 尊親執事 伏承

^{가명 위금한종 고유약식 교훈무소}
嘉命 委禽寒宗 顧惟弱息 教訓無素

^{절공불감 자우몽순선전}
切恐弗堪 玆又蒙順先典

황 이 중 체　사 기 불 획　감 불 중 배　복 유　존 자 특 사
既 以重體 辭旣不獲 敢不重拜 伏惟 尊玆特賜
감 념 불 선
鑑念不宣

　　　　모 년　　　　모 월　　　　모 일
　　　　某年　　　　**某月**　　　　**某日**

　　　　　　　　　　첨 친　　　　모 재 배
　　　　　　　　　　忝親　　　　**某再拜**

▶혼수 봉하는 식

　혼수함 안에 고운 종이를 깔고 먼저 예장(禮狀)을 넣은 다음 혼수를 차례로 넣는데, 옷감을 함에 맞게 접어서 홍단(紅緞)을 먼저 담고 그 위에 청단(靑緞)을 담은 후에 종이를 덮고 혼수감이 놀지 않게한다. 이것을 다시 빨간 보자기로 싸되 네 귀를 맞추어 싸매고 남은 끝을 모아매고 종이를 감는다. 그곳에 근봉(謹封)이라 쓰고, 지고 갈수 있게금 새끼로 멜빵을 맨다. 그리고 혼인 전날에 함을 함진 아비로 하여금 신부집에 보내는 것이다. 근래에는 함진 아비를 신랑의 다정한 친구나 친지중에서 택하여 보내는데 이때에 신부집 대문 밖에서의 장면은 웃음을 금할 수 없게 한다.

5. 친영(親迎=婚行)

　친영(親迎)이란 신랑이 성혼(成婚)하기 위하여 신부집에 가서 신부를 맞이하여 오는 의례 절차이다. 그것을 순서대로 설명한다면 다음과 같다.

①신부집의 사처(舍處)마련

신부집에서는 사처(대문밖 서쪽에 신랑이 나귀에서 내리면 잠시 쉴곳을 마련한다. 보통 남의집 사랑방을 빌림)라고 하여 보통 이웃집의 조용하고 깨끗한 방을 빌려서 쓰게 한다.

②신랑의 성복(盛服)

신랑이 사모관대 관복에다 묵화(墨靴)를 신고 예장을 갖추는데 이것을 성복이라고 한다.

③신랑집의 사당고사

신랑은 성복한 뒤 주혼자와 함께 사당에 들어가서 조상님께 고한다.

절차는 납채의 예와 같지만,

維_유

年號幾年歲次干支朔幾日干支孝孫某敢昭告于

年號幾年歲次干支朔幾日干支孝玄孫某敢昭告于

顯祖考學生府君

顯祖妣某氏某之子某狀以今日親迎干某郡某氏

不勝感愴以酒果用伸虔告謹告

④부모(父母)교훈

대례의 며칠전 또는 전날 아버지는 아들을 조용히 불러 앉히고 결혼의 중대성과 부부의 예에 관하여 엄숙하게 교훈을 하고 어머니도 역시 아버지의 교훈을 보충해서 여러가지의 것을 자상하게 가르쳐 준다. 특히 어머니가 성지식(性知識)이라고 해서 신부를 대하는 법 등도 이때 가르쳐 준다.

⑤혼행(婚行)

지금은 거의 볼 수 없으나, 신랑은 말이나 나귀를 타고 신부집으로 간다. 수행은 신랑의 존속친(尊屬親)(보통 숙부나 백부)중의 한 사람이 혼행을 거느리고 간다. 수행은 예법을 잘 아는 사람이 바람직하며, 가까운 친척이 없을 때에는 평소 가까이 모시는 동네 어른도 무방하다.

안부(雁夫)는 전안(奠雁)에 쓰는 오리(옛날에는 산오리를 썼으나)(지금은 나무로 깍아만든 목안(木雁)을 씀)를 색 비단보에 싸들고 혼행 앞에서 신랑을 인도한다.

⑥신부집 도착

신부집에 도착하면 안내받은 사처에서 대례시간까지 기다린다. 원래 혼례(婚禮)는 글자 그대로 해가지고 나서 올리는 것이다. 그러므로 옛날에는 시간을 맞추어 오는 혼행을 맞기위해 하인들이 초롱불을 들고 십리 이십리까지 마중을 나갔다.

⑦신부집의 사당고사

신랑집 절차와 같다. 다만 축문이 조금 다를 뿐이다.

<ruby>維<rt>유</rt></ruby>

<ruby>年<rt>년</rt></ruby><ruby>號<rt>호</rt></ruby><ruby>幾<rt>기</rt></ruby><ruby>年<rt>년</rt></ruby><ruby>歲<rt>세</rt></ruby><ruby>次<rt>차</rt></ruby><ruby>干<rt>간</rt></ruby><ruby>支<rt>지</rt></ruby><ruby>朔<rt>삭</rt></ruby><ruby>幾<rt>기</rt></ruby><ruby>日<rt>일</rt></ruby><ruby>干<rt>간</rt></ruby><ruby>支<rt>지</rt></ruby><ruby>孝<rt>효</rt></ruby><ruby>子<rt>자</rt></ruby><ruby>某<rt>모</rt></ruby><ruby>敢<rt>감</rt></ruby><ruby>昭<rt>소</rt></ruby><ruby>告<rt>고</rt></ruby><ruby>于<rt>우</rt></ruby>

<ruby>顯<rt>현</rt></ruby><ruby>考<rt>고</rt></ruby><ruby>學<rt>학</rt></ruby><ruby>生<rt>생</rt></ruby><ruby>府<rt>부</rt></ruby><ruby>君<rt>군</rt></ruby>

<ruby>顯<rt>현</rt></ruby><ruby>妣<rt>비</rt></ruby><ruby>孺<rt>유</rt></ruby><ruby>人<rt>인</rt></ruby><ruby>某<rt>모</rt></ruby><ruby>氏<rt>씨</rt></ruby><ruby>某<rt>모</rt></ruby><ruby>之<rt>지</rt></ruby><ruby>第<rt>제</rt></ruby><ruby>幾<rt>기</rt></ruby><ruby>女<rt>녀</rt></ruby><ruby>將<rt>장</rt></ruby><ruby>以<rt>이</rt></ruby><ruby>今<rt>금</rt></ruby><ruby>日<rt>일</rt></ruby><ruby>歸<rt>귀</rt></ruby><ruby>干<rt>간</rt></ruby><ruby>某<rt>모</rt></ruby><ruby>郡<rt>군</rt></ruby><ruby>姓<rt>성</rt></ruby>

<ruby>某<rt>모</rt></ruby><ruby>姓<rt>성</rt></ruby><ruby>名<rt>명</rt></ruby><ruby>不<rt>불</rt></ruby><ruby>勝<rt>승</rt></ruby><ruby>感<rt>감</rt></ruby><ruby>愴<rt>창</rt></ruby><ruby>謹<rt>근</rt></ruby><ruby>以<rt>이</rt></ruby><ruby>酒<rt>주</rt></ruby><ruby>果<rt>과</rt></ruby><ruby>用<rt>용</rt></ruby><ruby>伸<rt>신</rt></ruby><ruby>虔<rt>건</rt></ruby><ruby>告<rt>고</rt></ruby><ruby>謹<rt>근</rt></ruby><ruby>告<rt>고</rt></ruby>

⑧신부의 복장

신부는 활옷 원삼 쪽두리를 쓰며 얼굴에는 연지를 찍고 눈에는 왜밀을 발라서 뜨지 못하게 하는게 옛날부터의 풍습이다.

⑨신부집의 교훈

신랑의 경우와 같다. 아버지는 딸에게 「공경하고 삼가하고 주야로 시부모님의 영을 어기지 말라.」하고 또 「배우고 또 배우고 여자로서의 예를 지켜라.」하고 엄하게 훈계한다.

어머니는 특히 첫날밤의 절차, 예법, 인사, 식사에 이르기까지 구체적으로 세밀하게 가르쳐 준다.

6. 전안례(奠雁禮)

전안례(奠雁禮)의 유래(由來)는 천상(天上)의 북두구진(北斗九辰) 중에 자미성군(紫微聖君)은 인간의 수복(壽福)을 맡은 천관(天官)이므로 혼인도 자미성군이 마련한 것으로 믿고 기러기를 선물로 먼저 예를 드리고 백년해로(百年偕老)를 맹서(盟誓)하며, 수복과 자손(子孫)의 번영을 비는 의식이라 한다.

자택의 대청이나 앞마당에 동서(東西)로 자리를 마련하고 병풍을 남북(南北)으로 친 다음 교배상을 한가운데 놓는다. 상에는 촛대 한쌍을 켜놓고 송죽(松竹)화병 한쌍과 백미 두 그릇과 닭 한 자웅을 남북으로 갈라 놓는다. 또한 세수대야에 물을 두 그릇 준비하며, 세수대야 안에 수건을 깔고 수건위에 물종자를 담아 둔다. 술상 두 상도 준비해 둔다.

　신부의 주인이 문 밖에서 신랑을 맞아 들어오면 신랑은 기러기를 하인으로부터 받아 그것의 머리가 왼쪽으로 가게 쥐고 대청으로 올라간다. 주인은 서쪽을 향해 서고 신랑은 북쪽을 향해서 무릎을 꿇고 앉는다. 이때 쥐고간 기러기를 준비해 놓은 전안상 위에 놓으면 주인의 하인이 받아간다. 신랑은 머리를 숙이고 엎드렸다가 일어나서 두번 절한다. 주인은 마주 절하지 않는다.

　그러면 수모가 신부를 데리고 중문으로 나온다. 신랑은 읍(揖)하고 서쪽으로 해서 마당에 내려가 밖으로 나간다. 신부가 그 뒤를 따라 나가면 신랑은 교자(轎子)의 발(簾)을 걷어 올리고 기다린다. 수모가 신부를 데리고 나와서 「아무것도 가르치지 못했으니 예절을 갖출수가 없습니다.」라고 하면서 신부를 비로소 교자에 오르게 한다. 신부가 교자에 오르면 신랑은 발을 내린다. 청사초롱이 앞에서 안내하여 신랑이 집에 도착하면 대문 밖에서 말을 내려 먼저 대청에 올라가 서서 신부가 교자에서 내리기를 기다려 읍(揖)하고 안내하여 들어간다.

　신부가 쪽도리를 쓰고 낭자를 하고 푸른빛 저고리와 붉은 치마를 입고 나오면 신랑의 자리는 동쪽에, 신부의 자리는 서쪽에 마련해 놓는다. 신랑이 남쪽에서 손을 씻으면 신부의 하녀가 수건을 바치고, 신부가 북쪽에서 손을 씻으면 신랑의 하인이 수건을 바친다.

　그다음, 신랑이 신부의 얼굴에 가린 것을 벗겨주고 신부에게 읍하고 나서 자리에 서면 신부가 절을 한다. 이때 신부가 두번 절하면 신랑은 한번 절하고, 신부가 또 두번 절하면 신랑은 한번 절한다.

신랑은 동쪽에 서고 신부는 서쪽에 선다. 시자가 술을 따르고 안주를 권하면 신랑은 신부에게 읍하고 술잔을 조금 기울인 뒤에 마시고 안주도 먹는다. 다음에 또 술을 따르면 신랑은 신부에게 읍하고 나서 마신다. 그러나, 이번에는 잔을 기울이지도 않고 안주도 먹지 않는다. 또 표주박(巹)을 갖다가 신랑과 신부 사이에 놓고 술을 따르면, 신랑은 신부에게 읍하고 들어서 마신다. 하지만 술을 기울이지도 않고 안주도 먹지 않는다.

그리고 나서 신랑은 다른 방으로 들어가고 수모와 신부는 그냥 남아 있다.

밤이되면 신랑의 자리는 동편에 신부의 자리는 서편에 편다.

고례(古禮)에 의하면 신랑의 자리는 신부의 하녀가 펴고, 신부의 자리는 신랑의 하인이 펴고 신랑이 벗은 옷은 신부의 하녀가, 신부의 벗은 옷은 신랑의 하인이 받고 촛불을 물리면 하녀만이 문밖에서 모시고 있다. 이것을 신방이라고 하는데 우리나라 풍속에 신방을 지킨다는 말이 있다. 신랑과 신부가 첫날밤에 무슨 변을 당하지 않는가 하는 염려와 호기심에서 나온 것이라고 본다.

이때 동네 부인네들이 문이나 창에 구멍을 뚫고 들여다 보면서 입을 막고 웃기도 하고 혹은 놀리기도 하는데 그리 좋은 풍속이라 볼 수 없다.

〈전안례(奠雁禮)진행절차〉

● 주인이 문앞에 나가 신랑을 맞아 들인다.

● 기러기를 가진 자는 신랑의 오른편 조금 뒤에서 뒤를 따른다.

● 주인이 읍하며 신랑을 대례청에 오르게 한다.

● 신랑은 기러기 머리가 동쪽으로 가게 안고 전안석에 들어선다.

● 그리고 북쪽을 향해 꿇어 안고 기러기를 소반 위에 올려놓는다.

● 허리를 구부린 채 일어나 조금 뒤로 물러나고 절을 두 번한다.

● 주인측 종자(從者)가 오리를 받들어 안으로 들어간다. (이상이 전안례)

〈교배례(交拜禮)진행절차〉

교배례는 신랑과 신부가 처음으로 서로 대하며 백년해로(百年偕老)를 서약하는 예식이다.

● 신랑이 초례청(醮禮廳)동편 자리에 들어선다.

● 신부의 시자(侍者＝한섬이라 함)가 신부를 부축하여 나오되 백포(白佈)를 깔고 그 위를 밟고 나온다.

● 신랑이 읍하는 동안 신부가 자리에 들어선다.

● 신랑은 동편에, 신부는 서편에서 초례상을 중앙에 두고 마주 선다.

● 신랑의 손씻을 물은 남쪽에, 신부의 손씻을 물은 북쪽에

〈교배상 진설도 〉

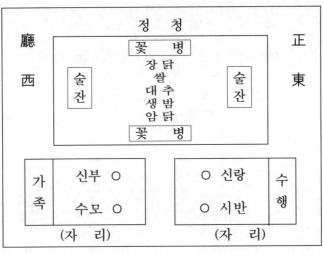

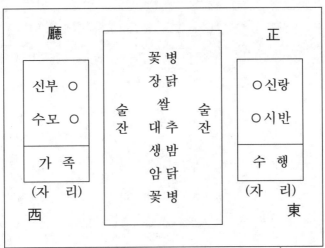

〈교배상 진설도 〉

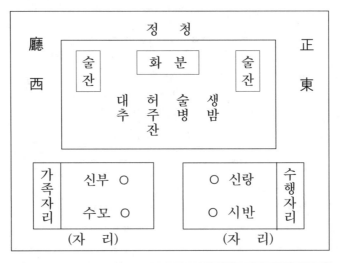

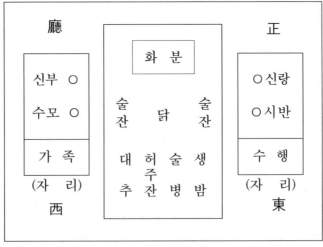

놓는다.

● 신랑 신부 각 각 손을 씻고 수건에 닦는다.

● 신부가 먼저 두 번 절한다.

● 신랑이 한 번 절한다.

● 신부가 다시 두 번 절한다.

● 신랑이 다시 한 번 절한다.

● 신랑이 신부에게 읍하고 각각 꿇어 앉는다.

● 시자가 술잔을 신랑에게 준다.

● 시자가 잔에 술을 부어준다.

● 신랑은 읍하고 술을 땅에 조금 붓고 안주를 젖가락으로 집어 상위에 놓는다.

● 시자가 신랑 신부 술잔에 다시 술을 붓는다.

● 신랑은 읍하고 신부가 술을 마시되 안주는 들지 않는다.

● 표주박을 신랑 신부에게 준다.

● 시자가 표주박에 술을 붓는다.

● 신랑 신부 표주박을 바꾼다.

● 신랑 신부 술을 마신다.

● 예를 끝내고 상을 치운다.

● 신랑 신부 각각 처소로 들어간다.

(이상이 교배례)

이상으로 혼례식이 끝나는 것이다. 만일 내빈중에서 축사를 할 사람이 있으면 이때 하도록 한다. 예날 법에는 축사같은 것이 없었으나 반드시 하지말라는 법은 없다. 식이 끝나면 곧 잔치를 하게 된다.

①신랑의 처당 친족 상면

옛날에는 신랑이 첫날밤을 지내지 않으면 신부의 부모나 친척들과 정식으로 상면을 하지 않았으나, 지금은 초례를 치른 뒤, 처의 조부모와 부모 및 가까운 친척들과는 곧 상면하고 있다.

②신부의 부모 배례

신부도 옛날에는 첫날밤을 지내야 부모에게 배례했지만 지금은 초례를 올린 뒤 바로 배례하는 습관이 생겼다.

이때 부모는 성혼후의 각오 등에 대해서 「이제는 남의 아내가 되었음을 깊이 명심하여 더욱더 부도(婦道)를 닦는데 힘쓰라.」고 교훈을 한다.

7. 상수(床需)와 사돈지(査頓紙)

상수(床需)는 신부집에서 혼례식에 사용했던 음식물을 신랑집에 보내는 것을 말한다. 이때에는 상수송서장(床需送書狀)이란 편지와 같이 보내는 물품명을 기록한 물목(物目)을 보내게 되어 있으나 근래에는 생략하는 수가 많다.

물목은 육,어,주,과,포(肉魚酒果脯)의 순으로 적게 되었으며 이때 속성 사돈지(査頓紙)라 하여 신부의 어머니가 신랑의 어머니에게 보내는 편지가 있으니 이때의 음식솜씨와 편지내용등으로 자기집의 범절을 평가받게 된다.

① 상수송서장(床需送書狀) 서식(書式)

<ruby>醮筵奉晤<rt>초연봉오</rt></ruby>에 <ruby>暖如春風而遺香<rt>난여춘풍이유향</rt></ruby>이 <ruby>尙留塵榻<rt>상유진탑</rt></ruby>하니 <ruby>不能籌<rt>불능추</rt></ruby>
<ruby>焉<rt>언</rt></ruby>이라 <ruby>謹未審漢回<rt>근미심한회</rt></ruby>에 <ruby>返旆利稅仁而<rt>반패이세인이</rt></ruby> <ruby>匪鴻休否<rt>비홍휴부</rt></ruby>아 <ruby>區區<rt>구구</rt></ruby>
<ruby>所祝<rt>소축</rt></ruby>은 <ruby>不非尋常<rt>불비심상</rt></ruby>이라 <ruby>査弟<rt>사제</rt></ruby> <ruby>劣狀<rt>열장</rt></ruby>이 <ruby>如此<rt>여차</rt></ruby>하니 <ruby>是可爲<rt>시가위</rt></ruby>
<ruby>幸<rt>행</rt></ruby>이라 <ruby>弟允朗<rt>제윤랑</rt></ruby>은 <ruby>淸儀美範<rt>청의미범</rt></ruby>이 <ruby>看看益奇<rt>간간익기</rt></ruby>하니 <ruby>儘覺積德<rt>진각적덕</rt></ruby>
<ruby>法之餘而法家之所敎<rt>법지여이법가지소교</rt></ruby>라 <ruby>實過所望<rt>실과소망</rt></ruby>에 <ruby>自不勝喜悅<rt>자불승희열</rt></ruby>이나
<ruby>然<rt>연</rt></ruby>이나 <ruby>所謂禮需<rt>소위예수</rt></ruby>는 <ruby>未免存羊<rt>미면존양</rt></ruby>하니 <ruby>愧汗<rt>괴한</rt></ruby>을 <ruby>何極<rt>하극</rt></ruby>가 <ruby>惟<rt>유</rt></ruby>
<ruby>待恕罪耳<rt>대서죄이</rt></ruby>라

<ruby>餘不備伏惟<rt>여불비복유</rt></ruby> <ruby>鑑察<rt>감찰</rt></ruby>

<ruby>年<rt>년</rt></ruby>　<ruby>月<rt>월</rt></ruby>　<ruby>日<rt>일</rt></ruby>

<ruby>査弟<rt>사제</rt></ruby>　○○○<ruby>拜上<rt>배상</rt></ruby>

② 신부 어머니가 신랑 어머니에게 하는 편지(內簡便紙)

가을 하늘 날로 높고 바람은 아침 저녁으로 맑기만 하옵는데, 댁내가 모두 안녕하시고 번성하옵기를 우러러 빌겠나이다.
이번에 부족한 딸자식을 별로 가르친것도 없이 귀댁에 드리오니 과연 귀댁의 높으신 법도와 엄숙한 예절을 능히 받들어 행할 수 있아올지 심히 걱정되옵니다. 다만 너그러우신 심덕

을 힘입어 매사에 용서를 받자옵고 인후하신 가르침을 입사
와 부족한 점을 감싸 주실줄 믿삽고 바라옵니다.

년　　월　　일

성명　　　　　　올림

③성취(成娶)를 조상님께 권함

고사축문(告詞祝文)

유세차 간지 모월 간지 삭 모일 간지 현 손 모 감 소 고 우
惟歲次干支某月干支朔某日干支玄孫某敢昭告于

현 고 조 고 모 관 부 군　증 조 이 하 열 서 종 자 지 자 면 지 고 성 취 자 조 위
顯高祖考某官府君 （曾祖以下列書宗子之子免之告成娶者祖位）

현 고 조 비 모 봉 모 관 모 씨 모 지 기 자 모 년 기 장 성 기 취 모 군 모
顯高祖妣某封某貫某氏某之幾子某年旣長成旣娶某郡某

동 모 관 모 지 녀 금 월 모 일 기 필 성 취 지 례 수 래 림 불 승 감 창 근
洞某貫某之女今月某日旣畢成娶之禮需來臨不勝感愴謹

이 주 과 용 신 건 고 근 고
以酒果用伸虔告謹告.

④신랑 어머니가 신부 어머니에게 하는 답장

　주옥같이 아끼시던 영애로 변변치 않은 자식의 아내로 삼으
시매 부끄러운 마음 적지 않삽더니 글월을 받들어 사연을 살
피오니 더욱 송구 하옵나이다. 양가에 인연이 깊어서 이미 남
아닌 두터운 새가 되었사오니 미진한 일이 있사오면 서로 상
의하고 교도(敎導) 하겠거니와 귀댁의 덕교(德敎)와 재질을
받아들이는 기쁨은 이루 다 헤아릴 길이 없나이다. 그리고 체
도 만안 하옵시며 댁내 안녕하심을 우러러 봉축 하나이다.
　저는 덕택으로 위로 어른들을 모시고 아래로 식구를 거느리

고 별일없이 지내나이다.

년   월   일

제   올림

8. 우귀(于歸)와 견구례(見舅禮)

우귀(于歸)는 신행(新行)이라고도 하여 신부가 정식으로 신
랑집에 입주하는 의식이다. 옛적 관습으로는 초례후 수개월
심지어는 수년씩 지낸후에 우귀하는 예가 있었고 보통 二,三
일씩은 신부집에 있어서 첫날밤은 신부집에서 지냈다. 그러
나, 이런것은 좋지 못한 관습으로 단연코 시정해야 하겠으며,
우귀는 반드시 초례 당일로 하는 것을 원칙으로 해야겠다. 양
자의 거리가 멀어서 부득이 할 때는 첫날밤을 지내되 사흘
이상을 지나지 않도록 하는 것이 좋을 것이다.

근래에는 혼례식 당일에 예식장의 폐백실을 이용하여 폐백
(幣帛)을 올림으로써 대행하는 것이 통례로 되어있다.

견구례(見舅禮)는 신부가 신랑의 부모와 친척에게 첫 인사
를 하는 의식으로 우귀일에 하는 것이다. 이때 신랑의 직계
전속에는 사배(四拜)하고 술을 권하는데 그외는 한 번 절한
다.

옛날에는 대청에 자리를 마련하여 병풍을 치고 시부(媤父)
는 동편에, 시모(媤母)는 서편에 앉은 후 주안상을 차리고 배
례하는데 시조부모가 생존하여도 시부모부터 먼저 뵙고 다음
시조부모를 뵙게 되어 있으며 그후 촌수와 항열의 순서에 따

라 인사를 드린다.

9 폐백(幣帛)

혼례식을 마친후 신랑집(예식장일 경우는 폐백실)에서 행하는 의식으로 신부가 신랑의 가족을 정식으로 대면하는 절차를 폐백이라 한다. 폐백에는 대추와 꿩을 쓰는데 대추는 시부에게, 꿩은 시모에게 드리는 것이다. 시부만 계시면 대추만, 시모만 계시면 꿩만 쓴다. 시부모가 안 계시면 폐백은 드리지 않는다.

이와같이 시부모를 뵙는 예를 견구례(見舅禮)라고 하는데 근래에 와서는 예식장의 폐백실을 이용하는 수가 많다.

이 절차가 끝나면 구식에서 말하는 우귀(于歸=新行)의 행사를 대행케 되는 것이므로 신부는 신랑의 가족으로서 자연스럽게 행동할 수 있게 된다.

한편 사위는 이튿날 신부의 부모(장인·장모)를 찾아가 뵙고 인사를 한다. 신부의 집에서는 신랑을 극진한 손님으로 대한다. 사위대접은 주로 잔을 잡고 술 세순배 내지 다섯순배를 드린다.

옛날에는 반드시 친영(親迎)이라는 것이 있었는데 지금에 와서는 이것을 행하지 않는 사람이 많다.

①폐백(幣帛)할때 시부모 교훈

시부모가 신부(며느리)에게 하는 교훈

「너는 이제 내집 사람이 되었으니 우리의 가례(家禮)와 가법(家法)을 지키되 부모에게 효도하고 남편을 잘 섬기며, 일가친척과는 화목하여 우리 가문을 빛내다오. 그리고 아들딸 낳아 우리 가문을 더욱 번창케 해다오」라는 뜻의 교훈을 한다.

②시부모의 예물

시부모는 교훈과 더불어 금은패물 비단같은 것을 예물로 신부에게 주기도 한다. 물론 지나친 허례는 금물이나 조상 전례의 유물로써 신부에게 전할 것이 있거나 기념될 물건이 있으면 이때 전해 준다.

10. 기타(其他)

①단자 쓰는법(單子書式)

재래식의 경사에 쓰는 단자는 다음과 같다. 관직이 있으면

（보기）

李生員宅
令胤 婚姻時
色餅 壹器
清酒 壹斗
麵 壹器
年 月 日
○○○伏呈

1. ○○○한쌍

두분의 백년가약을 축하하며
변변치 않으나 이것으로써
축하의 뜻을 표하나이다.

　년　 월　 일

　　　文○○ 올림

○○○
○○○ 앞

祝 華燭之典
一金 參萬원 整
年 月 日
文永植 謹呈
貴下

관직을 쓰고 없을 때는 생원(生員), 주사(主事), 석사(碩士)라고 쓴다. 이는 요즈음 각하(閣下)니 선생(先生)이니 하는 것과 비슷한 표현이다. 아들일 때에는 영윤(令胤), 딸일 때에는 영애(令愛), 기타 영손(令孫), 영손녀(令孫女), 영매(令妹), 영고(令姑), 영질(令姪)등 쓴다.

②혼인청첩장(婚姻請牒狀)

청 첩 장

삼가 아뢰옵나이다.

　　　문 영 식 씨　장남　상 건 군
　　　김 승 호 씨　차녀　정 희 양

위 양인은 어버이가리신바요 천정 연분이 깊어 월로가약을 맺어 여러 어른과 벗을 모신 앞에서 화촉을 밝히고져하오니 소만 왕림하시와 이 복된 자리를 더욱 빛나게 하여 주시옵소서.

　　　　　　　년　　　월　　　일
　　　　　　　김 ○ ○ 올림

○ ○ ○ 씨
○ ○ ○ 님　앞

---

11. 고과살(孤寡殺)

고과살이란 두 사람의 생년(生年)을 대조하여 이 살(殺)에 걸리면 부부가 생사이별수(生死離別數)가 있기에 고독하고 과부가 되는 수를 말한다.

①해자축생은 인고술과살(亥子丑生 寅孤戌寡殺)
※ 돼지·쥐·소띠는 범띠와 만나면 고독살이 되고 개띠를 만나면 과부살이 된다.

②인묘진생은 사고축과살(寅卯辰生 巳孤丑寡殺)
※범·토끼·용띠는 뱀띠와 만나면 고독살이 되고 소띠를 만나면 과부살이 된다.

③사오미생은 신고진과살(巳午未生 申孤辰寡殺)
※뱀, 말, 양띠는 잔나비띠를 만나면 고독살이 되고 용띠를 만나면 과부살이 된다.

④신유술생은 해고미과살(申酉戌生 亥孤未寡殺)
잔나비, 닭, 개띠는 돼지띠를 만나면 고독살이 되고 양띠를 만나면 과부살이 된다.
이 외에도 하늘이 낸 과부살이 있고 땅이 낸 과부살이 있으니 매월 토끼날(卯日)에 출생하면 이 살에 걸리니 이 날에 출생한 사람은 과부가 된다는 뜻이다. (每月卯日天寡殺 每月酉

日地寡殺)

12. 혼삼재(婚三災)와 不婚法

1). 혼삼재(婚三災)

혼삼재는 띠와 띠끼리 만나게 되면 혼삼재에 걸리게 되는데 여기에 해당되면 부부가 생사이별(生死離別) 하게 되고 가산(家産)에 패수(敗數)가 있으며, 병액(病厄)으로 고통을 받고 모든일이 중도에서 좌절하게 된다.

①寅午戌年生人은 子丑寅年生人을 忌한다.
※호랑이·말·개띠 사람은 쥐·소·호랑이띠를 만나면 삼재가 되고.

②亥卯未年生人은 酉戌亥年生人을 忌한다.
※돼지·토끼·양띠 사람은 닭·개·돼지띠를 만나면 삼재가 되고.

③巳酉丑年生人은 卯辰巳年生人을 忌한다.
※뱀·닭·소띠사람은 토끼·용·뱀띠를 만나면 삼재가 되고.

④申子辰年生人은 午未申年生人을 忌한다.
※잔나비·쥐·용띠사람은 말·양·잔나비띠를 만나면 삼재

가 된다.

2). 불혼법(不婚法)

이 불혼법은 출생한 달을 상대로 궁합(宮合)을 보게 되는데
여기에 해당되면 부부가 이별하고 자손이 없거나 가난하거나,
병액이 있거나, 갖은 풍파가 일어나서 불행하게 된다는 것이
다.

● 一月生 男子는 六月生 女子와 不婚
● 二月生 男子는 三月生 女子와 不婚
● 三月生 男子는 九月生 女子와 不婚
● 四月生 男子는 五月生 女子와 不婚
● 五月生 男子는 八月生 女子와 不婚
● 六月生 男子는 五月, 七月生 女子와 不婚
● 七月生 男子는 十一月生 女子와 不婚
● 八月生 男子는 十二月生 女子와 不婚
● 九月生 男子는 十月生 女子와 不婚
● 十月生 男子는 五月, 七月生 女子와 不婚
● 十一月生 男子는 二月生 女子와 不婚
● 十二月生 男子는 五月生 女子와 不婚

◈ 제 2 부 ◈

상례(喪禮)와 제례(祭禮)

　상례와 제례는 부모님을 모신 사람이라면 누구나 경험하지 않을 수 없는 일이다. 이 상례와 제례 역시 다른 예법과 마찬가지로 가장 엄숙하고도 법도(法度)에 따른 것이어야 한다.

　그러나 상례와 제례는 오랜 전통을 가졌고 우리의 아름다운 양속(良俗)이니만큼먼저 상례와 제례를 설명하고, 전통적인 고례(古禮)를 소개할까 한다.

1. 현대식 상례(現代式 喪禮)

　①임종(臨終)

　병자가 위독하게 되면 모든가족이 임종을 지켜보며 만일 고인의 유언이 있다면 이것을 기록한다.

②수시(收屍)

병자가 운명하면 지체없이 다음과 같이 조치(수시)한다.

소독한 약솜으로 고인의 코와 귀, 항문등을 막는다. 그리고
눈을 쓸어 감기도록 하고 입을 다물게 한 뒤 머리를 높게 하
여 괴고 손발을 바로 잡는다. 그리고 홑이불로 몸을 덮고 널
판지를 준비했다면 그걸로 시상(屍床)을 마련, 그곳에 옮겨
모신뒤 병풍으로 가리고 그 앞에 고인의 사진을 모시되 촛불
을 켜고 만수향을 피운다.

③발상(發喪)

수시가 끝나면 가족은 검소하고 깨끗한 옷으로 갈아입고 슬
픔의 뜻을 나타내는데 이때 맨발이나, 머리 푸는 예나 곡성은
삼가한다.

다시 말해서 발상은 초상(初喪)을 발표하는 것인데 근래에
와서는 장례의 제반 절차와 필요한 물품을 상비하고 있는 장
의사가 있어서 검은 줄을 친 장막을 벽에 쳐 놓는다든가, 근
조(謹弔)라고 쓴 등을 달아 놓는다든가 또는 기중(忌中)이라
쓴 네모난 종이를 대문에 붙여서 초상을 알리고 있다.

④상제(喪制)

사망자의 배우자와 직계 비속은 상제가 된다. 상주는 장자가
되고 장자가 없는 경우에는 장손이 된다.

장자나 장손이 없으면 차자(次子) 차손(次孫)이 승중(承重)하여 상주가 된다.

자손이 없는 경우에는 최근 친자가 상례를 주관한다.

복인(服人)의 범위는 고인(故人)의 8촌이내 친족으로 한다.

⑤호상(護喪)

상중에는 호상소를 마련하고 주상은 친족간이나 친지 중에서 상례에 밝고 경험이 많은 사람을 호상으로 하여 장례에 관한 안내, 연락, 조객록, 사망신고, 매장(또는 화장) 허가 신청등을 다루도록 한다.

호상이란 상주를 대표해서 장례에 대한 모든일을 다스리는 사람이다. 그밖에도 서기를 두어 조문객(弔問客)의 내왕, 상비(喪費)의 출납 등의 기록 사무를 처리하도록 한다.

⑥부고(訃告)

장일과 장지가 결정 되었다면 호상은 가까운 친지및 친족에게 구두(口頭) 또는 사신(私信)으로 사실을 알린다.

⑦염습(殮襲)

염습이란 시체를 깨끗이 닦고 수의(壽衣)를 입히는 일이다. 그 절차가 옛날에는 매우 복잡하였으나 현재는 목욕물과 수건, 수의(壽衣＝속적삼 · 속바지 · 깨끗한 겉옷)를 준비하면된다.

여자에게 수의를 입히는 일은 여자들이 해야 하며, 목욕시킨

물과 수건 등은 땅을 파고 묻어 버리며 그 밖에 병중(病中)에 입었던 옷은 불살라서 땅에 묻는 것이 위생상 좋다.

그러나 우리의 풍속으로 전해오는 상례에는 소염(小殮)과 대염(大殮)으로 나누어 행하였으며 소염은 사망한 이튿날 아침에 몸을 닦고 수의를 입혔고 대염은 사망한 사흗날 아침에 입관하였다.

수의는 하나하나씩 입히기가 어려운 것이니 미리 여러가지 옷을 겹쳐서 아래 옷부터 웃옷의 차례로 입히고 옷고름은 매지 않으며 옷깃은 산 사람과 반대로 오른편으로 여미는 것이다.

⑧입관(入棺)

운명후 24시간이 지나면 염습을 하고 입관을 하는데 입관할 때에는 관(棺) 벽과 시체 사이의 공간을 깨끗한 백지나 마포(麻布)로 채워 시체가 관 속에서 흔들리지 않도록 한 다음 홑이불을 덮고 관 뚜껑을 덮고 은정(隱釘=나무로 만든 못)을 박는다.

그리고 관상 명정(棺上名旌)을 쓴 다음에 장지(壯紙)로 싸고 노끈으로 결관(結棺)한다.

⑨영좌(靈座)

입관후에 병풍으로 가려놓고 따로 정결한 위치에 영좌를 마련하여 고인의 사진을 모시고 촛불을 밝히고 향을 피운다.

● 영좌의 오른쪽에 명정(銘旌)을 만들어 세운다.

● 영좌 앞에 탁자를 놓고 술잔과 실과를 차려 놓고 조석(朝

夕)으로 평상시와 같이 봉양하되 생전에 사용하던 물건도 진설(陳設)한다.

⑩명정(銘旌)

명정은 붉은 비단에 흰색으로 〈○○(직함)○○(본관)○○○(성명)의 구(柩)〉라고 한글로 쓰며 그 크기는 온 폭으로 길이 2미터 정도로 한다.

옛 풍속대로 한문으로 쓴다면 〈學生○○○(本貫公)○○(姓名)之柩〉 또 여자의 경우는 〈孺人○○○(本貫公)氏之柩〉라고 쓴다.

명정을 쓴 다음에는 위 아래의 끝에 대를 넣어 편편하게 하고 출상(出喪)전에는 영좌의 동편에, 출상시에는 긴 장대에 달아 영구 앞에서 들고 간다. 이것은 상여로 출상할 때의 경우 이다.

⑪성복(成服)

입관이 끝나면 상제와 복인은 성복하는데 성복제는 올리지 않는다.

●남자 복장=한복일 경우에는 흰옷과 흰두루마기에 베 두건을 쓰거나 베 상장(喪章)을 가슴에 달고 흰 고무신을 신는다. 양복이라면 검은 양복에 검은 넥타이를 매며, 검은 양말에 검은 구두를 신고 가슴에 베 상장을 단다. 이것은 상제인 경우이고 복인은 베 완장을 평상복 팔뚝에 두른다.

●여자 복장=한복일 때에는 흰 치마 저고리에 흰 버선과

흰 고무신을 신으며 가슴에 베 상장을 단다. 양장일 때에는 검은 옷에 검은 구두를 신고 상장을 가슴에 단다.

● 복상＝상복을 입는 기간은 장일까지이고 상제의 상복은 탈상까지 입는 걸 원칙으로 한다.

⑫조문(弔問)

● 옛날 관습으로는 상가를 조문할 때 부조(扶助)하는 뜻에서 돈으로 부의(賻儀)를 하거나 향촉(香燭) 백지 등의 조물(弔物)을 가지고 가며 호상소(護喪所)를 통하여 전한다.

● 조문객은 상주가 있는 영좌 앞에 가서 꿇어앉아 분향(焚香)하고 두번 절한다. 그러나 망인(亡人)과 생시에 대면한적이 없는 사람이나 여자일 경우에는 상주에게만 인사한다.

상주와 인사 할 때는 「얼마나 슬프십니까」 또는 「참으로 뜻밖의 일이었읍니다」 또는 「상사가 웬 말씀입니까」라고 위로하면 상주는 「감사합니다. 또는 죄송합니다」「망극하오이다」하고 간단히 말할 것이며 서로가 적당한 인사를 마치면 조문객은 물러나온다.

● 조문은 탈상(脫喪) 이전에는 언제라도 할 수 있다. 옛날처럼 곡을 하는 경우라면 상주와 조객이 마주서서 하는데 상주가 부모의 상일 때는 「애고 애고」하고 조객은 「허히 허히」하는데 보통은 「어이 어이」로 하고 있다.

⑬만장(輓章)

만장(輓章)이란 죽은 사람을 슬퍼하여 지은 글을 비단이나 종이에 적어서 기를 만들어 상여를 따르게 하는 것을 말하는 것이다. 옛날 만장 쓰는 법은 다음과 같다.

謹弔○○○○○(本文) ○○(本貫) 後人○○○(姓名) 哭再拜.

⑭장일과 장지(葬日葬地)

장일은 부득이한 경우를 제외하고는 사망한 날로부터 3일이 되는 날로 한다.

옛날의 관습으로는 우수(偶數)를 쓰지않고 기수(奇數)를 써서 3일장, 5일장, 7일장으로 하였고 또는 일진이 중상일(重喪日)인 경우를 피했다. 가세(家勢)나 신분(身分)이나 계급(階級)에 따라서 장일도 결정 되었다. 근래에도 지방에서는 이에 준하여 장례를 치루기도 하지만 대부분이 3일장을 지내고 있다. 장사는 매장이나 화장으로 한다. 장지는 일반적으로 공동묘지를 이용하나 경제적으로 여유가 있는 집안은 가족 묘지나, 선산으로 모시기도 한다. 합장(合葬)할 경우에는 좌남여우(左男女右)로 한다.

⑮천광(穿壙)

천광(穿壙)은 묘자리를 파는 일인데 깊이 1.5미터 정도로 하나 출상(出喪)하기 전에 미리 준비해야 한다. 이때에 토지신을 달래는 개토제(開土祭)를 지내는데 대개는 땅을 파는 일꾼들이 땅에 술을 뿌리며 말로써 하지만 주과포혜(酒果脯醯) 등으로 제상을 차려 개토고사(開土告辭)를 읽는 것이 관습이다. 묘소의 왼편에 남향(南向)하는 제상을 차려 놓고 고사자

(告祀者)가 신위 앞에 북향하여 분향(焚香)하고 두 번 절하고 술을 부어 놓고 개토고사를 읽은 뒤 두 번 또 절한다. 그리고 선산(先山)내에 장사하려면 먼저 선영(先塋)에게 고사 지내되 제일 위 어른이나 또는 묘자리에서 가장 가까운 분에게 지낸다.

⑯횡대 및 지석(橫帶·誌石)

횡대(橫帶)는 나무판 또는 대나무로 한다. 이것은 하관하고 석회를 덮을 때 회가 직접 관에 닿지 않게 덮는 것이다. 지석(誌石)은 돌, 회벽돌 또는 질그릇으로 하고 글자를 쓰거나 새긴다. 지석에 쓰는 글은 위쪽은 누구의 묘자리라는 것을 밝히고 밑바닥에는 약력과 인적 관계를 쓴다.

⑰발인제(發靷祭)

발인제(發靷祭)는 영구가 상가(喪家) 또는 장례식장을 떠나기 직전에 그 상가 또는 장례식장에서 행한다.

발인제는 고인(故人)과의 마지막 작별을 하는 의식으로 상가의 뜰에서나 혹은 특별한 장소를 마련해서 하는 수가 있다. 장례식에서는 영구를 옮길때는 천구고사(遷柩告辭)를 읽고 제상을 갖추어 상주가 분향하고 술잔을 올리고 건전고사(健奠告辭)를 읽은 다음에 두 번 절을 한다.

식장에는 영구를 모시고 그 옆에 명정을 세우고 촛대, 향로, 향합, 사진, 위패를 준비한다.

○발인제 순서

개식/상주및 상제들의 분향배례/고인의 약력보고/조사/조객
분향/호상 인사/폐식

　[참고] 조사(弔辭)와 호상인사(護喪人事)는 편의대로 할수
있다.

⑱운구(運柩)

　운구(運柩)는 영구차 또는 상여로 한다. 다만 상여에는 과분
한 장식을 하여서는 안된다.

　운구의 행렬 순서는 다음과 같다.

　사진, 명정, 영구, 상주, 상제및 조객의 차례로 한다.

　노제(路祭) 반우제(返虞祭) 삼우제(三虞祭)는 지내도 된다.

　옛 관습으로는 명정(銘旌)을 선도(先導)로 공포(功布), 만장
(輓章), 요여(腰輿)와 배행원(陪行員), 영구(靈柩)와 시종(侍
從), 상인(喪人)과 조객(弔客)의 순서로 발인하는데 이것은
상여로 운구할 경우이다.

　그리고 묘지(墓地)까지 이르는 도중에서 고인의 친구나 친
척이 스스로 제물(祭物)을 마련하고 지내는 것이 노제(路祭)
이다. 조전자(弔奠者)가 분향하고 술잔을 올리고 제문을 읽으
면 모두 두 번 절한다.

⑲하관과 성분(下棺 · 成墳)

　영구(靈柩)가 장지에 도착하면 먼저 명정(銘旌)을 풀어서 관
위에 덮은 다음 상제들이 마주서서 두 번 절한다.

　그리고 하관할 시간을 맞추어 결관(結棺)을 풀고 영구의 좌
향(座向)을 바르게 한 뒤에 천개(天蓋) 즉 회(灰), 동(棟), 송

(松), 죽(竹)등으로 만든 것을 덮고 평토(平土)하되 지석(誌石)을 묻고 성분(成墳)을 한다.

흙은 하관시에 산폐(山幣=폐백)를 드리는데 이것은 현(玄=파랑실) 훈(纁=붉은실)이라하며 상주가 주면 현은 관의 동쪽 위편에 훈은 서쪽 아래편에 놓고 또한 운불(雲黻)을 넣는데 운(雲)은 현(玄)과 불(黻)은 훈(纁)과 같이 넣는다.

이것을 넣지 않으면 발복을 받지 못한다고 한다.

⑳위령제(慰靈祭)

위령제(慰靈祭)는 성분이 끝난후 영좌(靈座)를 묘(墓) 앞으로 옮기고 간소한 제수를 차려 놓고 다음의 순서로 지내며 화장시에는 혼령 자리를 유골함으로 대신하고 제를 지낸다.

◎분향 ◎잔 올리기 ◎축문 읽기 ◎두 번 절한다.

반우(返虞)란 집으로 돌아올때 혼백(魂魄)을 모셔 온다는 뜻으로 신주를 영여(靈輿)에 모시고 집사가 분향하고 술을 부어 놓고 상제들은 오른편에 꿇어 앉아서 반혼고사(返魂告辭)를 읽은 다음 모두 곡을 하고 두 번 절한 뒤에 모시고 처음 왔던 길로 되돌아 가는 것이다.

㉑성묘(省墓)

성묘(省墓)는 각자의 편의대로 하고 그 배례 방법은 재배(再拜) 또는 묵념으로 하며 제수는 마련하지 아니한다. 옛 관습으로는 장례를 지낸 3일만에 가는 것인데 첫 성묘를 가기전에 먼저 우제(虞祭)를 지냈다.

부　　고

　본관○○○　성명○○○　공본관○○○
성명○○○씨 께서　년　　월　　일　　시에
○○로 별세하였기에 이에 삼가 알려 드립니다.
　미 망 인(부군)　　　　　　○　○　○
　아　　들　　　　　　　　　○　○　○
　　　딸　　　　　　　　　　○　○　○
　손　　자　　　　　　　　　○　○　○
　장　　일　　　　　년　　　월　　　일
　영결식장　　　　　　　　자택에서
　장　　지
　　　　　　　　　　년　　　월　　　일
　호　　상

위령제 축문

1. 부조의 경우

　　　　　　　　　년　　　　월　　　　일
　아들(또는 손자)　○○는 아버님(또는 할아버
님) 영전에 삼가 고하나이다.
　오늘 이곳에 유택을 마련하였사오니 고히 잠
드시고 길이 명복을 누리옵소서.

※ 어머니, 할머니의 경우는 위에 준한다.

우제는 혼백을 편하게 모신다는 뜻으로 지내는 제사인데 초우(初虞)는 묘소에서 돌아온 그 날 저녁에 영좌(靈座)에 혼백을 모시고 제례(祭禮)로서 지낸다.

재우(再虞)는 장사지낸 이튿날 식전에 지내되 만일 그 날의 일진(日辰)이 강일(剛日＝甲丙戊庚壬)이면 그 다음 날인 유일(柔日＝乙丁巳辛癸)에 지낸다.

삼우(三虞)는 재우를 지낸 다음날 식전에 지내는 것이다.

㉒탈상(脫喪)

부모, 조부모, 배우자의 복상(服喪)은 사망한 날로부터 백일로 하고 기타의 경우는 장일(葬日)까지로 한다. 또 복상중 궤연(几筵)은 이를 설치하지 아니한다. 탈상제는 보통 기제(忌祭)에 준하여 올린다.

옛날 관습으로 보면 탈상은 초상난 날로부터 만 2년 동안 복을 입으면서 매월 초 하루와 보름날 마다 아침에 상식(上食)하고 명절에 차례를 지내며 소상(小祥)과 대상(大祥)의 제례(祭禮)를 지낸 후에 올리는 마지막 순서이다.

●소상(小祥)은 초상난 뒤로 만 1년이 되는 날에 지내는 제사인데 이 때에 아버지가 살아계시고 어머니의 소상일 경우에는 열 한달이 되는 그 달 첫 정일(丁日)에 지내고 만 1년이 되는 날에 대상(大祥)을 지내게 되며 이 때의 소상을 연제(練祭)라 한다.

●대상(大祥)은 초상난뒤 만 2년이 되는 날에 제사 지낸 다음 상복(喪服)과 상장(喪杖)등을 불사르고 영좌(靈座)를 물리

며 탈상을 하는 것이다.

이로써 한 사람의 죽음에 따른 제례는 끝나고 다만 우리의 기억에 남을 뿐이며 오직 매년 돌아오는 기일(忌日)에 고인

탈상제 축문

년   월   일

아들(또는 손자) ○○는 아버님(또는 할아버님) 영전에 삼가고하나이다.

세월이 덧없이 어느덧 상기를 마치게 되었사오니 애도하는 마음 더욱 간절하옵니다.

이에 간소한 제수를 드리오니 강림 하시와 흠향하시옵소서.

2. 아내의 경우

년   월   일

아들(또는 손자) ○○는 당신의 영앞에 고합니다.

이곳에 유택을 마련하오니 고이잠드시고 길이 명복을 누리소서.

(故人)을 추모하는 간단한 식을 올릴 뿐이다.

2. 기독교식 상례(基督敎式喪禮)

주례 목사의 집전(執典)으로 모든 장례절차를 진행한다.

①〈영결식(永訣式) 식순(式順)〉

一, 식사(式辭)…주례 목사의 개식사

一,찬송(贊頌)…주례목사가 임의로 선정

一,기도…죽은 사람의 명복을 빌고 아울러 유족들에게 위로를 내리시옵소서 하는 내용의 기원이다

一,성경 봉독…고린도 후서 5장 1절이나 디모데 전서 6장 7절을 낭독한다.

一,시편 낭독…시편 90편을 보통 읽는다.

一,신약 낭독…대개 요한복음 14장 1절부터 3절이나 데살로니가 전서 4장 13절부터 18절을 낭독한다.

一,기도

一,고인의 약력 보고

一,주기도문

一,출관

②〈하관식순(下棺式順)〉

一,기도…주례 목사가 한다.

一,성경 낭독…고린도 전서 15장 51절 부터 58절 까지를 읽는다.

一,선고…참석자 중의 누구든지 흙을 집어 관(棺)에 던지고 목사는 하나님께로부터 왔다가 다시 돌아감을 선언한다.

一,기도…명복을 비는 기도를 주례목사가 한다.

一,주기도문

一,축도

③〈아동 영결 식순〉

一,식사…개식의 선언으로 목사가 한다.

一,찬송…목사가 임의로 선택한다.

一,기도…명복을 비는 기원이다.

一,성경 봉독…마가복음 10장 17절을 대개 읽는다.

一,위안사…주례목사가 가족들에게 하는 위안의 말이다.

一,기도

一,출관

◈ 제 3 부 ◈

재래(在來)의 상례(喪禮)
〈고례(古禮)에 의한것〉

상 여

1. 신질(愼疾)

신질이란 병환(病患)을 삼가 공손히 받든다는 뜻이다. 어버이께서 병환이 나시면 효성을 다하여 이를 간호하다가 드디어 병세가 위중(危重)하면 장소를 정침(正寢)으로 옮긴다.

정침은 제사나 일을 하는 안채의 방을 말하는 걸로서 원래 정(正)이란 글자는 남향의 창문이 난 밝은 방의 뜻이 있으며 지금의 안방이라고 생각하면 된다.

이때 정갈한 의복으로 갈아 입혀 드리고 북쪽 창문아래 머리를 동쪽으로 향하여 눕혀 드리고 자식이 그 옆을 떠나지 않는다. 병풍으로 머리맡을 둘러드리고 가족은 방 안팎을 깨끗이 청소하는데 비파나 거문고와 같은 악기가 있다면 이걸 모두 치운다. 방 안팎을 청소함은 이때 아직 돌아가신 것이 아니므로 마지막으로 병문안을 오는 사람을 대비하기 위해서이다. 그리고 환자를 평상시 잠자듯 동쪽으로 머리를 두게 함은 다시 소생하기를 바라는 효자의 애틋한 정성을 표시하는 것이다. 물론 평상시의 예도 그러하지만 어린이들이 환자의 머리맡을 지나는 것을 엄금해야 하며 가족은 오직 엄숙하고 슬픈 마음으로 조용하게 행동한다.

2. 유언(遺言)

병세가 위급한 상태에 빠지면 가족들은 침착한 태도로 주위를 조용히 하고 운명을 기다리는데 이때 물어 볼 일이 병자에게 있으면 병자가 대답하기 쉽게 간추려서 묻고 대답을 기록해야 한다. 또한 병자 자신이 자손에게 남기고 싶은 말이 있을 것이니 그것은 교훈(敎訓), 혹은 재산분배(財産分配)같은 것도 있을 것이다. 이것을 유언이라 한다.

유언은 자필로 쓰는 것이 원칙이나 그럴만한 시간적 여유나 기력이 없을 적에는 여러 사람이 지켜보는 가운데서 다른 사람이 대리로 쓸수도 있다.

녹음기가 있으면 녹음을 하는것도 생존시의 육성을 들을 수 있어 한층 의의가 깊을 것이다.

3. 운명(殞命)

운명은 사람의 목숨이 끊어 졌다는 뜻인데 이것을 알기 위하여 햇솜으로 입과 코에 대고서 그 숨결의 유무를 살핀다. 이 숨결의 유무를 알아보는 것을 촉광(屬広)이라고 한다.

이때 가족이 임종(臨終)을 지켜보는 것인데 남자는 여자의 손으로 운명을 알고, 여자는 남자의 손으로 운명을 아는게 예법이다. 따라서 임종시에는 잠깐 해당되는 사람이 그곳을 피한다.

4. 수시(収 屍)

숨이 끊어지면 눈을 감기고 준비한 햇솜으로 입과 코와 귀를 막고 머리를 높게 비틀어지지 않게 괴고 남녀가 곡(哭)하고 수시를 하는데 즉 굴신(屈伸)이라 하여 시체가 굳기 전에 손발을 고루 주물러서 펴고 백지로 시체의 얼굴을 덮고 백지나 베헝겁으로 좌우 어깨를 단단히 동이고, 두 팔과 두 손을 곱게 펴서 두 손을 배 위에 올려 놓되, 남자는 왼손을 위로하

고 여자는 오른손을 위로하여 놓고 두 다리를 곱게 펴 놓고
두 발을 똑바로 모아 가지고 백지나 베로 동이며 어그러지지
않게 하여 덮어 놓고 다시 곡(哭) 한다.

5. 고복(皐復＝招魂)

고복이란 혼(魂)을 부르는 것으로 수시(収屍)가 끝난 뒤에
시체를 대면(對面) 안한 사람으로서 채반에 밥(白飯) 세 그릇
(속칭 사자밥) 짚신(사자 짚신) 세 켤레를 담아 대문 밖에다
놓고 여상(女喪)에는 여자가, 남상(男喪)에는 남자가 죽은 사
람이 평소에 입던 옷 즉 두루마기나 속적삼을 가지고 앞 처

마로 해서 지붕으로 올라가서 왼손으로는 옷깃을 잡고 오른
손으로는 옷의 앞섶을 잡고 북향하여 옷을 휘두르며 크고 긴
목소리로 망인이 남자라면 그 직함과 이름을, 여자라면 본관
과 성씨를 세번 외치며 그 이름 뒤에 복·복·복(돌아오라는
뜻) 세번 부른다. 옷은 지붕위에 놓아두거나 갖다가 시체위에
덮고 곡한다. 지붕위에 올라가는 것은 혼(魂)이란 위에 있기
때문이며 죽은 사람의 이름을 부르는 것은 이 혼(魂)이 다시
체백(體魄)에 합하도록 하는 것인데 이렇게 해도 살아나지
않으면 정말 죽은 것이다. 다음은 집사자(執事者)가 시상(屍
床)과 병풍이나 포장을 마련하고 시신을 시상으로 옮기게 한
다. 집사자(執事者)란 초상을 맡아서 보는 사람이다. 이 집사
자는 시신의 머리를 남향으로 두고 시신의 상하를 똑바르게
단단히 고정시켜 기울어지지 않도록 하고 병풍이나 포장으로
가려 바람을 막는다. 침구로 시신을 덮고 사방에 틈이 나지
않게하여 파리를 막아준다. 다음으로 상주(喪主)를 세우고 주
부(主婦)를 세우고 호상(護喪)과 사서(司書)와 사화(司貨)를
정한다. 이후부터 상주와 주부는 옷을 바꿔 입고 음식을 먹지
않는다. 주부(主婦)란 죽은 사람의 맏잡이를 말하는 것이니
맏잡이가 없으면 주부가 없이 한다.

6. 발상(發喪)과 상주(喪主)

발상(發喪)이란 머리를 풀고 곡하여 초상(初喪)을 발표하는
것인데, 아들, 딸, 며느리가 머리를 푼다.

상주(喪主)는 죽은 사람의 장자(長子)가 되는 것이다. 장자가 없으면 장손(長孫)이 아버지 대신으로 맏 상주가 되어 승중상(承重喪)으로 주상(主喪)이 된다.

모든 초상에 그 아버지가 있으면 아버지가 주상이 되고, 아버지는 죽고 형제끼리 한 집에 살면 형이 주장이 된다. 고모나 누이들이 그 남편이 죽었을때 남자편으로 형제가 없으면 남편의 가까운 집안이 주상이 되고 아내쪽 사람은 아무리 가까워도 주상을 하지 못한다. 출계(出系＝양자간 것)한 아들과 출가(出嫁)한 딸은 머리를 풀지 않으며, 비녀만을 뺀다. 물론 남편(男便) 상사(喪事)에는 머리를 푼다. 복인(服人)들 중 남자상에는 흰 두루마기를 입되 부상(父喪)이면 왼편 소매를 끼지 않고 팔밑에 엇매며 여자 상제들은 머리를 풀고 흰 옷으로 갈아 입는다. 요즘 도회지에서는 상가(喪家)의 표시(表示)를 상중(喪中·喪家·忌中)이라 써서 문밖에 붙이고 발상(發喪)하는 일도 있다.

7. 호상(護喪)

친족이나 친지중에서 상례에 밝고 경험있는 사람을 뽑아 초종범절(初終凡節)을 맡아보는 것이 호상인데 장례식의 진행에 대한 여러가지 일을 맡아볼 몇 사람을 정한다.

이때부터 호상은 지필묵(紙筆墨)과 백지로 엮은 책 몇권을 준비하고 금전과 물품의 출납 문상객(問喪客)의 출입과 부의금(賻儀金)의 수납을 일일이 붓으로 정확히 기입한다.

문상객의 출입을 적은 책이 부상(父喪) 이라면 조객록(弔客錄)이라 하고 모상(母喪)에는 조위록(弔慰錄)이라고 하며 부의와 물품의 수납은 부의록(賻儀錄)에 기록한다. 이것은 일종의 품앗이 이므로 상주가 나중에 이것을 보고서 상대편의 상례에 사은(謝恩) 반례(返禮) 하는 것이다.

호상은 또 축문을 작성하고 장지(葬地) 선정, 각종 신고 같은 것도 맡아서 한다.

8. 전(奠)

전은 죽은 사람을 생시와 같이 섬기기 위해서 전(奠)을 올리는 것인데 집사(執事)가 포와 과일을 탁자위에 위에 놓고 축관은 손을 씻고 술잔을 씻은 다음 술을 따라서 시신(屍身) 동쪽의 어깨에 닿을 만큼 올린다.

이와같이 주과포혜(酒果脯醯)로 염습(殮襲)이 끝날 때까지 날마다 한번씩 올린다. 전을 올리는 일은 슬픔이 가득하므로 상제가 친히 올리지 않고 집사자가 대신 올리며 절은 하지 않는다.

이 전을 드릴때 준비할 것으로선 밥상, 포, 과일이나 채소, 술, 식혜, 세수대야, 수건 등이다.

관(棺)과 칠성판을 만드는 것은 호상이 목수에게 명하여 나무를 골라다가 만든다. 나무 중에는 유삼(油杉)이 제일이며 잣나무가 그 다음이다. 관재(管財)는 천판(天板) 하나, 지판(地板) 하나 사방판(四旁板)을 각각 하나씩으로 한다. 두께는 세치나 혹은 두치 반으로 하고 높이와 길이는 시신(屍身)의 길이와 부피에 알맞도록 하여야 한다. 칠성판은 염습(殮襲)할 때에 시신의 밑에 까는 것이다. 옛날에는 부모의 회갑(回甲)이 지나면 미리 관재를 준비하여 옻칠을 하여 소중히 두었다가 사용하는 예가 많았다.

9. 부고(訃告)

부고(訃告)는 호상이 상주와 의논하여 사서(司書)와 함께 써서 친족과 친지에게 신속히 보낸다. 부고장은 백지에 붓글씨로 쓰는 수도 있지만 장수가 많을 때는 인쇄를 해서 봉투만을 붓글씨로 써도 된다.

〈부고(訃告)장의 종류〉
o전인(專人)부고…사람을 직접 보내어 전하는것
o우편부고…우표를 붙여서 우편으로 전하는것
o신문부고…신문의 광고란을 통하는 것인데, 개별로 알리는 것은 생략한다.
o상주성명(喪主姓名)은 맏상주의 성명을 쓴다.
o망인칭호(亡人稱號)는 부고를 호상이 보내는 것이니 상주의 아버지면 「大人」, 어머니면 「大夫人」, 할아버지면 「王大人」, 아내면 「閤夫人」이라 쓴다.
o망인성명(亡人姓名)은 돌아가신 분의 이름을 쓴다.
※專人이 아닐때는 玆以로 그침

〈부고서식(訃告書式)〉

訃　　告　(한문식)

金德基大人學生○○公以宿患某月某日某時

別世(殞命)

專人訃告

年　月　日　謹喪　○○○上

○○位　座前

○노환(老患)은 늙은이가 돌아가셨을 때 쓰고 젊은이가 병으로 죽었을 때는 「숙환(宿患)」이라 하고 뜻밖의 죽음에는 「사고급사(事故急死)」라 쓴다.

○「별세(別世)」를 운명(殞命)이라고도 한다.

○자이(玆以)를 사람이 직접 전할 때는 「전인(專人)」이라 고쳐 쓴다.

조부상(祖父喪)에는 ○○○氏의 왕대인(王大人)○○○公(관직이 있을 때는 그것을 쓴다.)께서……

조모상(祖母喪)에는 ○○○氏의 왕대부인유인(王大夫人孺

訃 告(한문식)

○○○ (喪主 姓名) ○○

○○○ (亡人 姓名) 公○○○ 以老患 (亡人 稱呼)

於自宅別世玆以訃告

○年○月○日○時○分

永訣式 ○月 ○日 ○○時

永訣式場 ○○洞 ○○番地(自宅)

發靷 ○月 ○日 ○時

葬地 ○○郡 ○○面 ○○里(先塋下)

葬年 ○月 日

嗣子 ○○○

次子 ○○○

孫 ○○○

壻 ○○○

謹喪 ○○○ 拜上

人) 淸州韓氏께서……

아내상에는 실내유인(室內孺人) 광산김씨(光山金氏)라고 바꿔 쓴다. 그리고 신문광고로 할 때에는 「玆以訃告」로 하고 전인(專人)은 뺀다.

10. 습(襲)과 염(殮)

습(襲)이란 것은 향나무 삶은 물(香湯水)이나 쑥을 삶은 물로 시신(屍身)을 정결하게 씻는 것인데, 남자는 남자가 씻기고, 여자는 여자가 씻기는 것인 바, 시신의 옷을 벗기고 홑이불로 가리고 씻긴다. 이에 필요한 물건은 다음과 같다.

〈목욕 준비물〉

○물그릇…시신의 윗쪽과 아래쪽에 놓는다.

○새솜과 새수건 세벌…시신의 머리, 윗몸, 아랫몸을 씻고 닦는것으로 각각 놓는다.

○주머니 다섯개…목욕한 후 머리카락과 좌우 손톱, 발톱을 깎아 넣을 주머니

○빗…남녀 공용

목욕을 시킬 때는 시자(侍者) 손을 씻고 더운 물을 가지고 들어가면 상주 이하 모두 방 밖으로 나와서 북쪽을 향하여 서 있는다. 시자는 시신을 목욕시킨 후 수건으로 닦고 머리에 빗질을 한다. 손톱과 발톱을 잘라서 준비한 주머니에 넣었다가 대염(大殮)을 한 뒤에 이불속에 넣는다. 평시에 빠진 이(齒)가 있으면 역시 함께 주머니 속에 넣는다. 목욕한 물과 수건과 빗을 파놓은 구덩이에 넣는다.

이절차가 끝나면 상주가 자리로 들어온다.

다음으로 염(殮)을 하는데 시자(侍者)는 손을 씻고 따로 침상을 장막 밖에 마련해 놓고 수의를 펴 놓는다. 이때 준비할 수의는 다음과 같다.

11. 수의(壽衣)

○폭건(幅巾)…검은 명주베로 만들어 머리를 싸서 덮는다.

○두건(頭巾)…머리에 씌우는 수건과 같은 것으로 종이로 만듦

○망건(網巾)…머리카락을 싸는 것으로 검은 비단으로 한다.

○먹목(幎目)…얼굴을 싸는 것으로 명주베로 사방 한 자 두 치(35㎝)로 사각에 끈을 다는데 겉은 검은색, 안은 붉은색으로 한다.

○악수(握手)…손을 싸매는 것으로 길이 한 자 두치(35㎝) 폭이 다섯치(5㎝)로 한다.

○충이(充耳)…새솜으로 대추씨같이 만들어 귀를 막는 것이다.

○속옷(裏衣)…속적삼, 속바지

○겉옷…바지, 저고리, 버선, 대님, 요대(허리띠), 행전, 두루마기, 조대(條帶), 대대, 토수(吐手)(신명주베에 종이를 붙여서 만든신)

여자의 수의는 저고리, 적삼, 속곳, 단속곳, 바지, 큰 허리띠, 저고리를 함께 겹으로 펴 놓는다. 다음 속바지와 적삼을 입히고 망건을 씌우고 버선을 신긴 후에 다시 겉바지를 입히고 대님과 행전 요대(허리띠)를 맨 다음 네 사람이 시신 상하(上下)를 일제히 들어서 침상으로 옮긴다. 겹쳐서 펴놓은 겉옷을 아래로부터 위로 차츰 올려 가지고 좌우 손을 옷소매로 매고 옷을 여민 후, 매지는 말고 다시 이불을 덮어둔다. 이때 옷은 모홍상(붉은 치마), 청상(푸른 치마), 원삼조대, 대대, 머리가

멱목도(幎目圖)

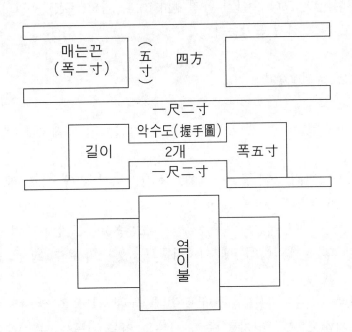

리는 관두, 멱목, 악수, 버드나무 비녀 등이다.

ㅇ천금(天錦)…시신을 덮는 홑이불
ㅇ지금(地錦)…시체밑에 까는 겹이불
ㅇ속포(束布)…시체를 묶는것 (한지나 삼베)
ㅇ반함(飯含)…버드나무 숟가락 한개, 쌀 한홉, 무공주(無孔珠) 세개, 무공주가 없으면 10원이나 100원짜리 동전으로 한다. 버드나무 숟갈로 쌀을 넣으면서 백석이요, 천석이요, 만석이요 한다.

O먼저 침상을 펴놓고 그 위에 두루마기와 바지를 오른쪽으로 여민다. 그리고 아직 폭건(幅巾)이나 심의(深衣)는 입히지 않고 신도 신기지 않는다.

12. 설전(設奠)

설전(設奠)이란 상(喪)을 당하고 지내는 처음 제사를 말한다.

전은 주(酒)·과(菓)·포(脯)·혜(醯)로서 왼쪽에 포, 오른쪽에 혜로 차린 상을 시신 동편에 놓고 집사가 손을 씻고 잔에 술을 부어 시신의 동쪽(시신의 오른쪽)에 드리되 어깨 부근에 놓고 애곡(哀哭)에 이어서 상주(喪主)가 반함(飯含) 한다.

이때 상주는 시상(屍床)의 동쪽에 앉아 서북쪽을 향하여 제사 지내고 모든 남자들 중 三년복을 입을 자들은 그 아래에 앉는다. 같은 성(姓)으로서 기년복(碁年服)이나 대공복(大功服), 소공복(小功服) 이하는 각각 복의 차례대로 그 뒤에 앉는데, 이들은 모두 서쪽을 향한다.

주부(主婦)와 여러 부녀들은 시상(屍床) 서쪽에 앉는데 같은 성의 부녀들은 역시 복(服)의 차례대로 그 뒤에 앉아서 동쪽을 향한다. 첩이나 종은 부녀들 뒤에 서며 이들은 포장을 쳐서 안뜰을 막아준다.

다른 성의 남자들은 포장 밖의 동쪽에 앉고 부인들은 포장 밖의 서쪽에 앉는다. 만일 부인상인때는 같은 성의 남자들은 포장 밖의 동쪽에 앉고 다른 성의 남자들은 포장 밖의 서쪽에 앉는다. 이것은 옛 관습 그대로이다.

13. 반함(飯含)

반함(飯含)이란 것은 시신의 입 속에 구슬과 쌀을 물려 주는 것을 말한다.

상주는 곡하며 왼쪽 소매를 벗어 바른편 허리춤에 꽂고 무공주(구멍이 뚫리지 않는 구슬) 세개를 담은 그릇을 받들고 생쌀(깨끗이 닦은것 반수저 가량)을 담은 그릇에 버드나무 수저를 꽂아 가지고 들어가서 멱건(幎巾)으로 시신 면상을 덮고 나서 상주는 시신 동편 발치로부터 서편으로 올라와서 동쪽을 향해 앉아 시신을 덮은 멱건(幎巾)을 들고 버드나무 수저로 쌀을 조금 떠서 오른편 입에 넣고 무공주 한개를 넣는다. 또 입 왼편에도 쌀 조금과 무공주 한개를 넣고 다음 입 가운데에도 쌀 조금과 무공주 한개를 넣는다. 이것이 반함인데 이 예를 마친뒤 상주는 다시 나오고 사환이 햇솜을 명주에 싸서 턱 아래를 채우고 폭건(幅巾)을 다시 씌운다. 다음 충이(充耳)로 좌우의 귀를 막고 멱목(幎目)을 덮고 신을 신기고 심의(深衣)를 거두어 여미되 옷깃은 산 사람과 반대로 오른편으로 여민뒤 조대(條帶), 대대(大帶)를 동심결(同心結)로 매고 악수(握手)를 맨다.

이것으로 습례(襲禮)가 끝난 것이다. 시신을 다시 이불을 덮어 시상에 모신다.

염습을 한 뒤에 모든 기물(器物)은 태울것은 태우고 땅에 묻을 것은 묻어서 없애 버린다.

이때 화롯불을 피운다. 영좌(靈座)를 꾸미고, 혼백(魂帛)을 만들고, 명정(銘旌)을 만들어 세운다. 이 의식이 끝나면 친구나 가까운 사람들이 들어가 곡해도 된다.

14. 혼백(魂帛)

혼백(魂帛)은 신주(神主)를 만들기 전에 마포(麻布)나 백지로 접어서 만드는데 근래에는 신주를 만들지 않는 경우가 대부분이기 때문에 빈소(殯所)가 있어서 만 二년간 빈소에서 모셨다가 대상(大祥)이 지난 후에 묘소에 묻는 것이 상례로 되었다.

접은 혼백에 五색 실로 만든 동심결(同心結)을 끼워 혼백함에 넣어 모시는 것이다. 깨끗한 백지로 고인의 옷과 지방을 써서 함에 넣기도 하고 사진으로 대신하기도 한다.

15. 소렴(小殮)

소렴(小殮)은 수의를 입히는 절차로서 사망한지 2일째의 아침에 행한다.

먼저 깨끗한 돗자리를 깔고 그 위에 지금(地錦)을 펴 놓은 다음 속포(束布) 20마를 일곱구비로 서려놓고 장포(長布)7자를 길이로 깐 다음 시신을 그 위에 모신후 위 아래 옷을 각각 겹쳐서 아래로부터 위로 올라가며 입힌후 베개를 치우고 옷을 접어서 시신의 머리를 반듯하게 고이고 몸을 바르게 한다. 그리고 새솜으로 어깨사이 빈 곳을 채우고 좌우를 걸어 맨다.

양쪽 다리는 옷으로 빈 곳을 채운 뒤 발끝까지 똑바르게 하고, 수의는 왼편으로부터 여미되 고름은 매지 않으며 손은 악수(握手)로 싸매고 멱목(幎目)으로는 눈을 싸매고 폭건(幅巾)과 두건(頭巾)을 씌우고 이불로 고르게 싼 다음 장포(長布) 두 끝을 찢어 각각 매고 속포(束布)로 묶은 다음 끊어서 속포 한 끝을 세 갈래로 찢어 아래로부터 차례로 묶어 올라간다. 그러니까 베폭은 일곱 폭이지만 묶는 매수는 21매가 되는 것이다.

망인(亡人)이 여자일 경우 수의를 입히는 것은 여자가 하고 그 뒤는 남자가 한다. 이것으로 소염례(小殮禮)를 마친다. 그리고 시신은 다시 시상에 모시고 애곡(哀哭)한 다음 상제들은 머리 푼 것을 걸어 올리고 남자는 포두건(布頭巾) 베중단을 입고 자리에 나가 애곡하고 집사가 전을 올리면 상제는 애통 망극할 뿐이다.

제물을 올릴 때에는 축관(祝官)이 집사를 데리고 손을 씻은 다음 음식을 들고 영좌(靈座) 앞으로 나아가 염습할때 올렸던 음식을 거두고 새 음식으로 바꾼다. 축관이 분향하고 손을 씻은 다음 술을 따라서 올리면 어른들은 모두 두번 절하고 상주는 절을 하지 않는다.

16. 대렴(大殮)

 대렴(大殮)은 소염(小殮)이 끝난 뒤 시신을 입관(入棺)하는
의식이다. 대염은 소염을 한 이튿날에 하는 것이니 죽은지 3
일만에 해당한다.

 먼저 관(棺)을 들어다가 시상(屍牀) 서쪽에 놓아두고, 집사
는 관 밑바닥에 칠성판(七星板)을 깔고 지금(地錦)을 깐다.

 다음으로 대염포(大殮布) 30자에 횡포 두 매를 놓고 매일폭
의 양끝을 반씩 쪼개면 좌우가 각 여섯쪽이며, 그 다음 장포
(長布) 한폭을 놓고 양 끝을 셋으로 쪼갠후 그 위에 대염금
(大殮錦)을 펴놓고 소염(小殮)한 시신을 그 위에 모신다.

 그리고 먼저 발을 여미고 다음에 머리를 여미되 먼저 왼편
을 여민 후 나중에 오른편을 여미고 다시 장포를 세매로 묶
고 횡포를 매는데 좌우로 다섯 쪽만 묶고 한쪽은 제쳐 놓으
니 모두 다섯매로 묶은 뒤 시신을 들어서 관속에 넣는데 조

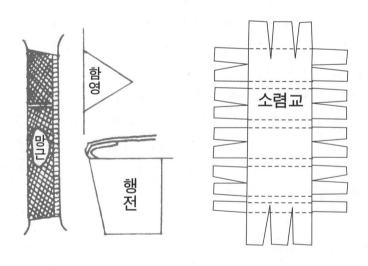

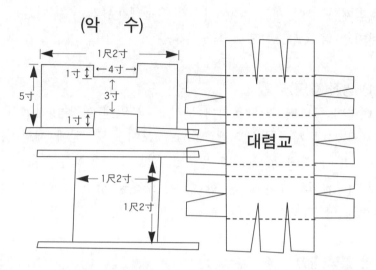

(악　수)

금도 기울지 않게 한다.

　이때 다섯 주머니에 담은 머리털, 손톱, 발톱을 관(棺) 상하
(上下)에 넣는다. 또 그 밖에 비어 있는 곳은 망인의 옷을 말
아서 채운다. 그러나 금옥(金玉)이나, 보배스러운 물건을 관
속에 넣어서 도둑을 맞는 일이 없도록 한다.

　다음으로 천금(天衾)을 관 속에 덮고 상주와 주부가 슬픔을
다해서 곡한다. 다른 부인들은 장막 속으로 물러난다. 이때 목
수를 불러 관 뚜껑을 덮고 은정(나무못)을 밖는다.

　다음은 시신(屍身)을 뉘였던 상(狀)을 치우고 관을 덮는다.
먼저 두꺼운 종이로 관을 싸서 노끈 50발로 묶고 또다시 초석
(짚자리)으로 싸고 백지로 싼 가느다란 동아줄로 묶고 다시
천금으로 관을 덮고 영좌(靈座)를 설치하고 전(奠)을 올리되

소염때와 같이 하고 상제 이하가 요질(腰絰)과 수질(首絰)을 벗지 아니하고 조석으로 곡을 한다.

(1) 영좌(靈座)

대염이 끝나면 관을 정침에 모시고 그 앞에 휘장을 치고 교의(의자)에 사진이나 혼백(魂帛)을 모시고 그 앞에 제상(祭床) 또 그 앞에 향상(香床)을 놓고 향로(香爐) 향합(香盒) 모사기(茅沙器) 촉대(燭臺) 한 쌍 띠 수진등 망인이 생시에 쓰던 물건을 갖다 놓는다.

(2) 명정(銘旌)

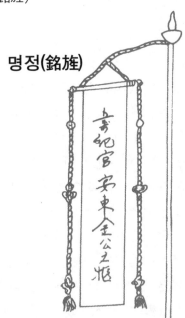

명정(銘旌)

  명정은 진홍빛 비단이나 명주의 전폭(全幅에 1m60㎝정도의
길이로 하여 백분(白粉)에 아교(阿膠)를 섞어서 금백(金帛)
으로 고인의 관직과 성명을 쓴다.

學生南平文公之柩
（處士）

孺人全州金氏之柩

남자   여자

(3) 공포(功布)

공포(功布)

공포는 상여의 길잡이로서
도로(道路)의 높고 낮음이
있을 때 또 길이 좌우로 꺾
일 때 이 공포(功布)로서
알린다. 이 공포를 사상례
(士喪禮)에서 말하기를 길
이는 석자로 하되 대공포

(大功布)로 한다고 되어있다.

17. 성복제(成服祭)

성복(成服)은 상복(喪服)을 입는 절차다. 대렴이 끝난 그 이튿날(죽은지 4일째) 상주 이하 복인들은 저마다 자기의 복을 입고 자기자리에 나간 뒤에 조곡(朝哭)을 하고 의식에 따라 조상을 한다.

먼저 영좌(靈座)앞에 제상(祭床)을 갖추어 제물을 차려놓고 혼백을 교의에 모시고 분향하고 잔을 올리는데 아들, 사위, 아우, 조카의 차례로 잔을 올리고 곡하며 재배하고 남자는 영구의 동편에서 여자는 서편에서 서로 마주서서 곡하고, 제 자손이 조부, 백숙부, 조모, 백숙모의 차례로 손윗사람 앞에 꿇어 앉아서 곡하며 절한다.

18. 복제도(服制度)

복제도는 첫째 참최(斬衰) 三년, 둘째 자최(齊衰) 三년, 장기(杖朞), 부장기(不杖朞)는 五개월, 三개월이며 셋째는 대공(大功) 九개월, 넷째는 소공(小功) 五개월, 다섯째는 시마(緦麻) 三개월이다.

(1) 참최(斬衰)

참최는 외간상(外艱喪)에 입는 것으로서 三년동안 복을 입

는다. 외간상은 아버지 또는 아버지가 안 계실 때 할아버지
의 상을 당해도 이 복을 입는다. 참최의 상복은 가장 거칠은
삼베로 만들되 아랫단을 마무리 했을 뿐 집지 않는게 특징이
다. 또 참최관이라는 것이 따로 정해져 있다.

(2)자최(齊衰)

자최는 보통 1년의 기상(期喪=朞年)을 말하지만 어머니가
돌아갔을 때 자최 三년(齊衰 三年)이라고 하여 삼년상을 치
른다.

상복 그림(앞판)

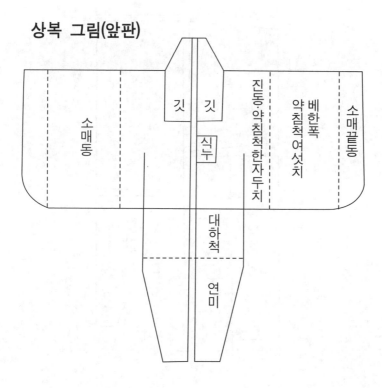

상복도(재단)

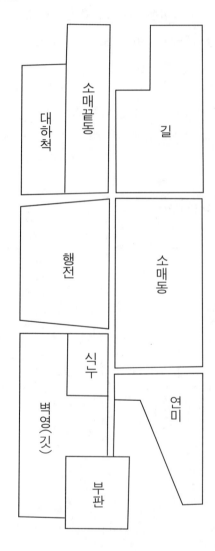

굴관 접는 법

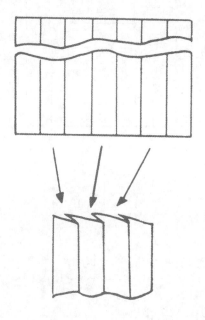

원래 옛법에 부모를 해와 달로 비유하여 가장 무거운 상을 입기 마련인데 옛 사람들은 그 경중(輕重)을 구별하기 위해 부모상(父母喪)을 「거상」이라고 했고 1년 이하의 것은 그냥 「복(服)」이라고 칭했던 것이다. 그러나, 아버지가 살아계시고 어머니가 먼저 돌아가셨을 때에는 자최 1년으로서 조부모의 1년상과 같다. 자최의 상복은 조금 굵은 삼베로 지어 입되 아래 단을 좁히고 접어서 꿰맨다.

상복 그림(뒤판)

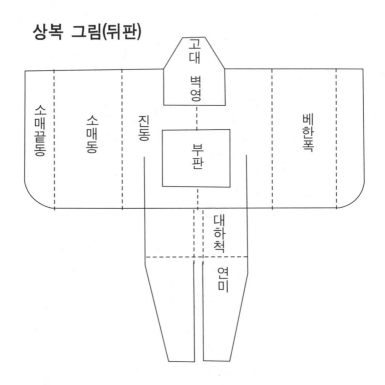

상복(喪服) - 남자

대소장군

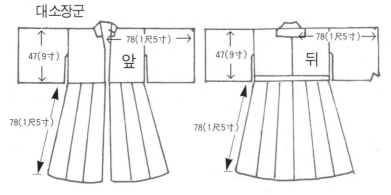

상복(喪服) - 여자

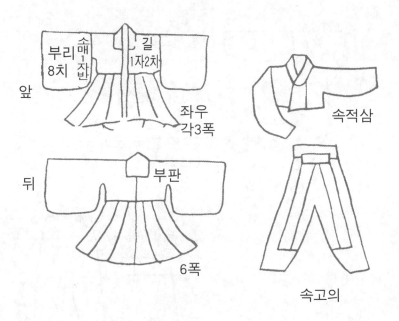

앞

부리
8치

소매
1
잣
반

길
1자2치

좌우
각3폭

속적삼

뒤

부판

6폭

속고의

도대와 대대

멱목

끈(실끈)

저고리3벌

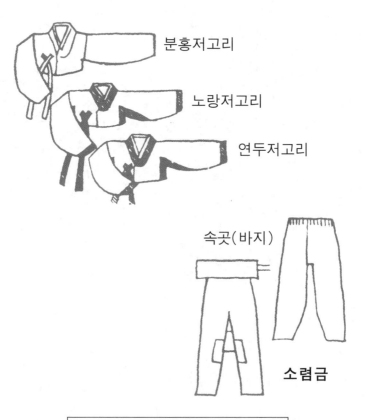

분홍저고리

노랑저고리

연두저고리

속곳(바지)

소렴금

동정(흰빛)
이불깃(자주)
이불(남빛)
금령은 없음

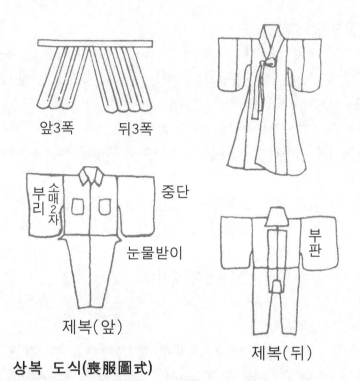

앞3폭　　　뒤3폭

부리　소매2자　　중단

제복(앞)

눈물받이

부판

제복(뒤)

상복 도식(喪服圖式)

	참최(斬衰) 3년	
굵은 삼베를 쓰되 아랫단을 꿰매지 않음		
	자최(齊衰) 3년	
3월, 5월 부장기(不杖朞)·장기(杖朞)1년		
조금 굵은 삼베를 쓰되 아랫단을 꿰맴		
	대공(大功) 9월	
삶아 익힌 좀 엉근 베를 사용		
	소공(小功) 5월	
삶아 익힌 좀 엉근 베를 사용		
	시마(緦麻) 3월	
삶아 익힌 가는 베를 사용		

(3)장기(杖朞)

장기란 적손(嫡孫)이 그 아버지가 죽고 조부가 있을 때 조모를 위한 복이다. 승중을 했을 때는 증조모, 고조모의 경우도 마찬가지다. 또 아버지가 죽었을 때 어머니를 위해서도 마찬가지다. 계모적모에게도 의복(儀服)으로 이와 같이 입는다. 며느리도 시아버지가 있을 때 시어머니를 위해서는 마찬가지다.

※三년복은 윤달을 상징한 것이며, 기년(期年)은 一年을 상징하였고, 9개월은 물건이 三시(時)에 이루어진 것을 상징하였으며, 五개월은 五행(行)을 상징하였고 三개월은 一년 四시(時)중의 한 시(時)를 상징한 것이다.

(4)부장기(不杖朞)

조부모, 백숙부모(伯叔父母) 형제, 중자(衆子)를 위해서 입는 복이다. 현재의 아들과 고모, 누이가 시집가지 않은 경우에도 마찬가지다. 시집을 갔어도 남편이나 자식이 없으면 역시 부장기(不杖朞)를 입는다. 다음으로 여자인데 남편의 형제의 아들을 위해서나 첩이 큰 부인을 위해서 첩이 남편의 중자를 위해서 시부모가 적부(嫡婦)를 위해서도 마찬가지다.

※五개월 복은 증조부를 위한 복이며 三개월 복은 고조부를 위한 복이다.

(5)대공(大功)

대공은 종형제(從兄弟)와 종자매(從姉妹)를 위한 복이다.

중손(衆孫) 남녀에게도 마찬가지다.

　대공(大功) 소공(小功)이라는 공은 삼베를 짠다는 공(功)이
니 거칠고 가는 것을 말한다.

대공(大功)

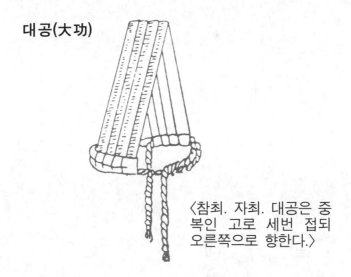

〈참최. 자최. 대공은 중
복인 고로 세번 접되
오른쪽으로 향한다.〉

　(6)소공(小功)

　소공은 종조부(從祖父)와 종조고(從祖姑)형제의 손자, 종형
제의 아들, 재종형제(再從兄弟)의 경우에 입는 복이다. 외조부
모와 외숙, 생질(甥姪)의 경우에도 마찬가지다. 의복(義服)으
로는 종조모와 남편 형제의 손자, 남편의 종형제의 아들을 위
해서 입는다. 형제의 아내와 남편의 형제에게도 마찬가지다.
제부(娣婦)와 사부(姒婦)끼리도 역시 소공복을 입는다. 장부
(長婦)가 차부(次婦)를 보고 제부(娣婦)라고 하고 제부(娣婦)

소공(小功)

〈세번 주름접는 것이 왼쪽
으로 향하고 그 외는 자최
와 같다.〉

(남)　　　(여)

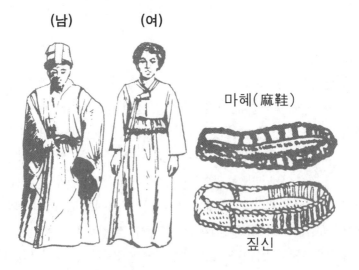

마혜(麻鞋)

짚신

굴건(屈巾)

벽적(辟積)은 바른쪽
으로 향함.
(소공 이하는 왼쪽)

삼끈

베끈

굴관
(굴건)

수질

최·공·시등의
이름은 상복
의 베 종류를
말함.

참최(右)와 자최(左)때의 요질

7寸
2分

산수
(散垂)

소공 이하는
끈을 안푼다.

산수
(散垂)

참최(右)와 자최(左)때의 수질

9寸

7寸
2分

삼끈

베끈

참최(右)와 자최(左)때의 교대

베로 만듬

요질보다 작게
삼으로 만듬

齊衰杖

斬衰杖

가 장부(長婦)를 보고 사부(姒婦)라 한다.

(7)시마(緦麻)

시마 三개월은 종증조부(從曾祖父) 종증조모 증조의 형제나 자매 그리고 형제의 증손과 증조부 증조모에게 입는 복이다. 종형제의 자매 외손 내외종형제에게도 마찬가지다. 의복(義服)으로는 남편의 형제의 증손과 남편의 종형제의 손자와 남편의 종형제의 아들에게도 역시 시마복을 입는다. 서모(庶母), 유모(乳母)와 사위, 장인, 장모에게도 마찬가지다.

(8)심상(心喪)

심상(心喪)이란 것은 대체로 몸에 베옷을 입지 않고 마음으로 슬퍼한다는 것으로서 원칙으로 스승에게 해당하는 것이며 마음으로 三년을 채운다는 말이다. 아비가 있을 때 어머니를 위해서도 마찬가지다. 적모나 계모에게도 이와 같다. 집을 나간 어미나 재가한 어미를 위해서나, 부모가 있을 때 자기를 길러준 부모를 위해서도 같다. 적손 증조모, 고조모에게도 마찬가지다. 남에게 양자간 사람이 본 부모에 대해서나, 며느리가 시아버지가 있을 때 시어머니를 위해서도 이와 같다. 첩의 아들의 아내가 남편의 적모(嫡母)를 위해서도 같다.

19. 문상(問喪=弔問)

조객(弔客)이 조복(弔服=白衣, 白帶)을 하고 전헌(奠獻)할 술과 과일 등의 조물(弔物)과 제문(祭文)을 가지고 와서 온 뜻을 전하면 상주이하 모두 곡하고 호상이 나와서 조객을 인도한다. 영좌에 들어가서 곡(哭), 재배(再拜)한 뒤 분향하고 잔을 올리며 제문을 읽는다. 예를 마치고나면 조객과 상제가 서로 마주 곡하고 객이 먼저 재배하고 상제가 머리를 조아리며 재배하면 객이 다시 답배한다. 다음 객이 상사(喪事)의 놀라움을 말하면 상주는 자기의 죄를 말하고 다시 재배하는데 객도 답배한다. 이어 서로 마주보며 곡하고 객이 먼저 그치면서 상제를 위로하고 물러가면 상제는 다시 곡하며 객을 보내는 것이다.

그러나 이것도 약식화되어 조객이 먼저 호상에게 성명을 통하고 들어가면 상주는 일어나 곡한다. 조객은 영구를 향하여 곡하고 두 번 절한 뒤 다시 상주에게 절하고 인사를 한다. 조객이 어른인 경우에는 상주가 먼저 절한다.

그리고 상(喪)에는 반드시 남주(男主)가 있어 남자 조문객을 대하고 또 반드시 여주(女主)가 있어 여자 조문객을 맞는다. 만일 부모의 상이라면 적자(適子)가 남주가 되고 적부(嫡婦)가 곧 여주가 된다. 그리고 문상은 원칙상 성복 후에 하도록 되어있다. 성복전에는 가까운 친척이나 특별히 상사로부터 또는 나라에서 사자(使者)가 왔을 때 조문을 받는다. 또 성복 후라도 돌아가신 분과 면식(面識)이 없거나 여자인 경우는 빈소에 들어가 절하지 않고 상주에게만 인사한다. 또 내간상에는 가까운 일가친척이 아니면 빈소에는 들어가지 않고 역시 상주에만 인사한다. 그러나 내간상이 조모나 어머니로서 고령일 때에는 이 내외법을 참작하지 않아도 된다.

(1)곡(哭)하는 요령

상주는 「애고 애고...」하며 몹시 애통하게 통곡하고 조객들은 「허희 허희...」하면서 서러워하는데 보통 「어이 어이...」로 소리 내어 하고 있다.

(2)인사하는 요령

조객이 성명을 통하고 나면 상가(喪家)에서는 불을 켜고 자리를 깔고 상주 이하가 각각 자리에 나가 영좌 동남쪽에 서서 모두 곡을 하면서 기다린다. 호상이 나가 맞으면 조객은 들어와서 상주에게 읍하고 말하기를,「상사란 웬말이요」또는 「얼마나 망극하오」「얼마나 상심되십니까」라고 인사한다. 호상이 안내하여 영좌 앞으로 나가면 슬프게 곡을 하고 두 번 절한 뒤 향을 피우고 무릎을 꿇고 앉는다. 만일 여러 사람이 함께 조문을 갔으면 어른 한사람만이 나가서 조상한다. 집사가 무릎을 꿇고 잔을 받들어 손님에게 주 면 손님은 이것을 받아서 다시 집사에게 주어 영좌 앞에 놓게 하고 호상이 일어나면 곡을 그치게 한다. 축관이 서쪽을 향하여 무릎을 꿇고 제문(祭文)을 읽고 손님이 가지고 간 부의(賻儀)의 명세를 바치고 나면 손님과 상주가 모두 슬피 곡한다. 남을 조상하는 날에는 음악을 연주하지 않고 술을 금하며, 고기를 먹지 않는다. 길이 멀어서 갈 수 없을 때는 편지로 위문하는 수도 있고 조전(弔電)을 칠 수도 있다.

〈한문식1〉

賻 儀

一金 ○ ○ ○원整

年　月　日

○ ○ ○謹上

○ ○ ○宅

護 喪 所　　入 納

〈한글식〉

삼가 조의를 표합니다.

일금 ○ ○ ○원정

년　월　일

○ ○ ○드림

○ ○ ○선생댁

호 상 소　　귀중

(3)부의(賻儀)

상가(喪家)에 부의를 보낼 때는 단자(單子)를 써서 봉투에 넣어 보낸다. 만일에 단자를 쓰지 않았을 때는 봉투의 표면에 물목을 표기한다. 또한 조물(弔物)은 물품을 따로 싸고 단자

〈한문식2〉

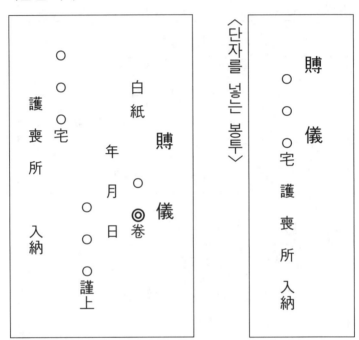

만 봉투에 넣어서 보낸다.〈그 문구와 서식의 보기〉

▶초상(初喪)때...근조(謹弔), 부의(賻儀), 조의(弔儀), 향촉대(香燭臺)

▶소・대상(小・大祥)때... 향전(香奠), 전의(奠儀), 비의(非儀), 비품(非品)

20. 조석전(朝夕奠)과 상식(上食)

아침이면 조전(朝奠)을 올리고 식사 시간에는 상식(上食)을 올린다. 저녁에는 석전(夕奠)을 올리고 석곡(夕哭)을 한다. 그 밖에도 곡은 수시로 하고 초하룻날에는 아침에 제물을 올릴 때 모든 반찬을 올리고 또 새 음식이 있으면 천신한다.

조전은 해가 뜨면 올리고 석전은 해가 진 뒤에 올린다. 조전이나 석전이 끝나면 음식을 치우고 술과 과실만 남겨놓는다.

상식(上食)은 조전의 의식과 같다. 조전을 올린 뒤에 술잔만 치우고 다른 음식은 치우지 않고 두었다가 다시 상식 음식을 올린다. 술을 잔에 따르고 밥그릇 뚜껑을 열며 수저를 바르게 한다. 조금 있다가 국 대신 숭늉을 올리고 잠시 후에 상을 치운다.

석전(夕奠)은 조전과 같다. 석곡(夕哭)을 할 때는 혼백(魂帛)을 받들어 영좌에 모시고, 상주 이하가 슬프게 곡을 한다.

21. 영결식(永訣式)

(1)치장(治葬)

사람이 죽어서 최후의 영결을 하기 전 먼저 장사지낼 만한 땅을 찾아 다듬어야 한다. 묘지 자리를 잡으면 장사지낼 날짜를 정하고 이 날짜를 미리 친척이나 친구들에게 알린다. 날짜를 정하면 조전(朝奠)때 영연(靈筵)에 고(告)한다.

◈ 〈영연(靈筵)에 고하는 고사(告辭)〉

금이득지어　군　리　좌지원장이　월　　일양봉감고
今已得地於○郡○里○坐之原將以○月○日襄奉敢告

날짜를 정하면 영역(塋域)에 공사를 시작하고 사토제(祠土
祭)를 지낸다.

이 날 상주가 조곡(朝哭)을 하고 나면 집사를 데리고 가서
묘지(墓地)로 정한 자리의 네 모퉁이를 파고서 각각 표목(標
木)을 세운다. 계속하여 먼 친척이나 손님 중에 한 사람을 가
려서 후토(后土) 즉 토지신(土地神)에게 고한다. 이 때 축관
은 집사를 데리고 표목 중간에 신위(神位)를 남향으로 마련
한다. 술잔에 술을 따르고 과일과 포(脯)를 진설한다. 상주
는 이 때 참례치 않는다.

◈〈토지신(土地神)에게 고하는 축문〉

유세차간지　모월간지삭　모일간지모관　성명
維歲次干支 某月干支朔 某日干支某官 姓名(官職이 없으면

감소고우
幼學某라고 쓴다) **敢昭告于**

토지지신 금위 모관성명 영건택조 신기보우 비무후간
土地之神 今爲 某官姓名 營建宅兆 神其保佑 俾 無後艱
근이 청작포과 지천우신 상 향
謹以 淸酌脯果 祗薦于神 尙 饗

【해설】○월○일 ○○○는 토지신에게 감히 고하나이다. 이
제 某○○의 묘를 마련하니 신께서 도우셔서 뒤에 어려움이
없도록 하여 주옵시기 바라옵고 맑은 술과 포과로서 올리오
니 흠향하소서.

선조의 묘(墓) 부근에 분묘를 쓸 때 선조의 묘에도 축문을
고해야 한다.

⊕ 〈동강선영축(同岡先塋祝)〉

유 세 차 간 지　모 월 간 지 삭　모 일 간 지　고 자 모
維歲次干支　某月干支朔　某日干支　孤子某(奉祀者名)

감 소 고 우
敢昭告于

현 고 모 관 부 군 지 묘　금 위　　모 관 부 군　영 건 택 조 우　　모 소
顯考某官府君之墓　今爲　某官府君　營建宅兆于　某所

근 이　주 과 용 신　건 고 근 고
謹以　酒果用伸　虔告謹告

【해설】○년 ○일 某○○는 고하나이다.

아버지의 묘를 이제 某公의 묘소가 계신 모처에 유택을 마련하게 되었아옵기 삼가 주과로 경건히 고하나이다.

(2)광중(壙中)

광중을 팔 때 금정기(金井機)를 땅위에 놓고 역사를 시작한다. 이것은 나무 네 개를 가지고 정(井)자 모양으로 만들어 관(棺)의 척수를 짐작하여 들어간다. 이 금정기 네 귀퉁이에는 말뚝을 박아 흔들리지 않게 한다.

광중(壙中)을 다 파고 나면 석회(石灰)에 모래를 섞어 관이 들어갈 만큼 발라서 곽(槨)과 같이 만든다.

(3)지석(誌石)

지석(誌石)은 돌 두 쪽을 가져다가 장사 지내는 날 광중(壙中)앞 가까운 곳에 묻는다. 지석은 근래에 와서는 오지그릇을 불에 구워서 쓰는데 이것은 정결해서 매우 좋다. 거기에 글자를 새기면 더욱 좋다.

▶〈지석(誌石) 뚜껑에 새기는 글〉

_{모 관 모 공 휘 모 지 묘}
某官 某公諱某之墓

▶〈誌石밑바닥에 새기는 글 〉

_{모관 모공휘모 자모 모군모동인 고휘모 모모씨 모}
某官 某公諱某 字某 某郡某洞人 考諱某 母某氏 某

_{봉 모년월일생 경력 모년월일종모년월일장우 모향}
封 某年月日生 經歷 某年月日終某年月日葬于 某鄕

_{모리모처 취모씨 모인지녀 자남모모관 여적모관모인}
某里某處 娶某氏 某人之女 子男某某官 女適某官某人

▶〈부인의 지석 뚜껑에 새기는 글〉

_{모 관 성 명 모 봉 모 씨 지 묘}
某官姓名 某封某氏之墓

▶〈부인의 지석 밑바닥에 새기는 글〉

_{서 년 약 간 적 모 씨 인 부 자 치 봉 호}
敍年若干 適某氏 因夫子 致封號

(4)천구(遷柩)

발인(發靷)하기 전날 조전(朝奠)때 천구할 것을 고한다. 이에 영구를 받들고 사당에 가서 뵙고, 마루로 옮기고 나서 대곡(代哭)을 시킨다.

五服을 입을 친척들은 모두 모여서 저마다 자기가 입을 상복을 차려 입고 제자리에 나아가 모두 곡을 한다.

조전(朝奠)을 올릴 때는 축관이 술을 따르고 북쪽을 향하여 무릎을 꿇고 엎드려 고사(告辭)를 읽고 일어나면 상주 이하가 모두 슬피 곡하고 두 번 절한다.

▶〈이 때 읽는 고사 천구청사축(遷柩廳事祝)〉

今以吉辰 遷柩敢告
(금이길진 천구감고)

【해설】관을 밖으로 옮기기를 청하나이다.

영구(靈柩)를 옮기려 할 때는 부인들은 피하고 상주 이하 모두가 서서 지켜본다.

축관이 혼백을 받들고 앞서 가서 사당 앞에가 뵈오면 집사는 제물을 가져다가 진설한다. 다음으로 명정이 따르고 일꾼들이 영구를 들어 모신다. 이 때 상주 이하는 모두 곡하면서 그 뒤를 따른다. 이 때 혼백으로 영구를 대신해도 된다. 그런 경우에는 제물이 앞에 가고 명정이 그 다음에 가고 혼백이 그 뒤를 따른다. 사당 앞에 이르면 북쪽을 향하여 혼백을 자리 위에 놓는다.

다시 영구를 마루로 옮길 때는 집사가 마루에 포장을 친다. 왼쪽으로 돌아서 영구를 자리 위에 모실 때 머리를 남쪽으로 두게 한다. 축관은 영좌를 마련하고 영구 앞에 제물 올릴 상을 준비한다. 그렇게 한 뒤에 상주 이하 모두가 제자리에 가서 앉아 곡한다.

그리고 모든 제기(祭器)를 진설했다가 해가 진 뒤에 조전(祖奠)을 올린다.

▶〈천구축(遷柩祝)〉

請遷柩于廳事(청사가 없으면 관을 세번 천동한다.)
(청천구우청사)

▶〈조전축(祖奠祝)〉

영천지례 영신불유 금봉구거 식준조도
永遷之禮 令辰不留 今奉柩車 式遵朝道

【해설】영원히 가시는 예이오며, 좋은 때가 머무르지 아니하여 상여를 받들겠사오니 아침길을 인도하여 주소서.

조전(祖奠)은 조전(朝奠)처럼 지낸다. 저녁상식을 지낸 후에 이 제사를 지내는데 저녁상식과 함께 겸해서 지내기도 한다.

22. 발인(發靷)

옛날에는 대여를 썼지만 이것은 가난한 사람으로는 할 수가 없으니 풍속에 따라서 상여를 쓰는 것도 무방하다. 다음날 날이 밝으면 영구를 옮겨 상여에 모시고 견전(遣奠)을 지낸다. 다시 말하면 집사가 조전(祖奠) 지낸 것을 치우면 축관이 북쪽을 향하여 무릎을 꿇고 고사를 읽는다. 이 때 일꾼들이 영

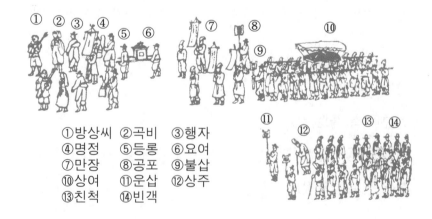

①방상씨 ②곡비 ③행자
④명정 ⑤등롱 ⑥요여
⑦만장 ⑧공포 ⑨불삽
⑩상여 ⑪운삽 ⑫상주
⑬친척 ⑭빈객

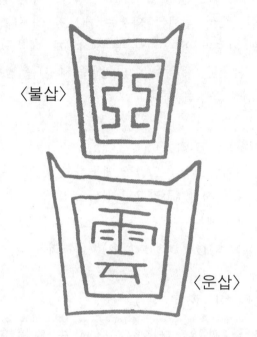

〈불삽〉

〈운삽〉

구를 옮겨 상여에 싣고 새끼로 튼튼히 맨다. 상주는 영구를
따라 곡하면서 내려가 영구 싣는 것을 지켜보고 부인들은 장
막 안에서 곡한다. 상여 맨 앞에는 방상(方相)을 세우고, 명정
이 그 다음이며, 영거(靈車)가 있고 그 다음에 상여의 순서로
한다. 상여 앞에는 공포(功布)가 서고, 곁에는 불삽(黻翣) 또
는 운삽(雲翣)을 세운다. 방상(方相)이란 초상 때 묘지에서
창을 가지고 사방 모퉁이를 지키는 사람이다. 방상(防喪)이라
고도 한다. 공포(功布)는 영구 위에 있는 먼지를 터는데 쓰는
것이다. 흰 무명 석자로 만들고 명정처럼 대나무에 매단다.

만장(輓章)이 있으면 같이 세운다. 삽(翣)이란 원래는 털 깃
으로 만들었으나 후세에 와서는 네모진 화포(畵布)에 길이
다섯 자의 자루가 있고 긴 털을 장식한다. 대부(大夫)는 불삽
을 쓰고 사(士)는 운삽을 쓴다. 신주(神主)는 밤나무로 만들
고 궤는 검은 옻칠을 한다.

만장(輓章) 쓰는 법

만장(輓章)이란 망인(亡人)을 애도하는 뜻에서 글을 지어 보
내는 것으로 만사(輓詞)라고도 한다.

만장 첫 머리에는 근조(謹弔)라 쓰고 다음으로 자기의 성명
을 쓰되○○(本)後人○○○(姓名)哭再拜라 쓴다.

▶〈친구에 대한 만장(보기)〉

소시수습 매동연 무단홀연 선화거 만경회해 상노년
少時修習 每同筵 無斷忽然 仙化去 晩境詼諧 相老年

송군휘루 석양천
送君揮淚 夕陽天

【해설】어렸을 때는 항상 자리를 같이하여 공부하였고, 늙어서
는 서로가 늙은이라고 농담하였더니 이제 아무 말 한마디 없
이 가버린단 말인가.

그대를 보내고서 눈물만 흘리고 있는데 어느 사이에 해는
서산으로 떨어져 세상은 어둠 컴컴해졌네.

▶〈일반적인 만장(보기)〉

증 장 인 생　일 몽 장　부 노 해 제　영 결 지　나 하 감 인
證場人生 一夢場 父老孩提 永訣地 奈何敢忍

송 사 행　해 가 호 곡　총 처 량
送斯行 薤歌呼哭 總悽凉

【해설】인간 세상이 꿈길 같다는 것은 알고 있었지만 그대를
만나지 못할까 생각하니 정말 꿈만 같소. 남녀노소가 모두 나
서서 영결(永訣)을 하니 상여소리 울음소리 눈물이 바다를
이루는구료.

23. 견전(遣奠)

견전(遣奠)이란 영구가 떠날 때에 지내는 제사다.

이 때 음식은 조전(朝奠)때와 같고, 축관이 술을 따라 올리

고 무릎을 꿇고 고사(告辭)를 읽고 나면 상주 이하는 모두 곡
하고 절을 한다. 제사가 끝나면 집사 중에 포(脯)를 거두어
상여에 넣는 사람도 있다. 이것은 예법에는 없지만 효심에서
나온 것 같다.

▶〈견전축(遣奠祝)〉

靈輀旣駕 往卽幽宅 載陣遣禮 永訣終天

【해설】상여를 매게 되었아오니 곧 무덤 일것입니다. 보내는
예를 베푸오니 영원토록 이별하옵심을 고하나이다.

다음으로 축관이 혼백(魂帛)을 모시고 따로 신주(神主)를 받
들어 혼백 뒤에 놓는다. 이 때 주인 이하 모든 사람들은 슬프
게 곡을 한다. 영구가 떠나면 방상(方相)이 앞에서 길을 인도
해서 간다.

명정(銘旌), 공포(功布), 만장(輓章), 요여, 요여배행, 영구(靈
柩), 영구시종, 상인(喪人), 복인(服人), 조객(弔客)의 순서로
출발한다. 요여배행은 복인이 아닌 친척이 배행하는 것이 보
통인데 복인이 배행하는 경우에는 건과행전을 벗고 따르는
것이 원칙이며 영구의 시중은 조카나 사위들이 하는 것이 예
법으로 되어있다.

24. 운구(運柩)

영구(靈柩)가 떠나는데 묘지가 멀거나 병으로 갈 수 없으면

상주나 그 밖의 여러 아들들은 화려하지 않은 수레를 타고 가다가 묘소앞 三백보(步) 쯤에서 내린다. 수레 대신 못난 말이나 나귀를 타기도 한다.

또한 상여로 운구할 때 묘지까지 이르는 도중 이른바 거릿제라고 하여 노제(路祭)를 지내기도 하는데, 이는 고인과의 친한 조객(弔客)이나 친척 중에서 뜻있는 사람이 스스로 조전자(弔奠者)가 되어 제물(祭物)을 준비하였다가 지내는 것이다. 운구도중 적당한 장소에 장막 혹은 병풍 등으로 제청(祭廳)을 마련 영여(靈輿)를 모시고 그 앞에 제물을 진설하고 상주 이하 여러 복인들이 늘어서면 조전자(弔奠者)가 분향(焚香)하여 술잔을 올리고 꿇어 앉아서 제문(祭文)을 읽으면 모두 재배(再拜)한다.

▶〈노제축문(路祭祝文)보기〉

유세차간지　　태세　　모월간지삭　모일간지　일진　유학
維歲次干支 (太歲) 某月干支朔 某日干支 (日辰) 幼學

모　　　　　　　　　감소고우
某 (弔奠者 姓名) 敢昭告于

현고모관부군　　　　　　　　지구
顯考某官府君 (某公.某對.某氏) 之柩 (조전자가 망인과의

상향
정의와 업적등을 칭찬하는 작사(作詞)) 尙饗

【해설】某(조전자)는 감히 某公의 관에 고하나이다(고인의 덕행과 업적등을 씀.) 흠향하소서.

영구가 묘소에 이르기 전에 집사는 먼저 영악(靈幄)을 마련하고 이미 도착한 손님들을 머물게 한다. 이 때 방상(方相)이

앞서 묘소에 이르면 창으로 광중(壙中)의 네 모퉁이를 치고, 영거(靈車)가 도착하면 축관이 혼백을 받들어 영좌에 모신다. 신주상자 역시 혼백 뒤에 모신다. 이 때 올리는 제물은 술, 실과, 포, 식혜로 한다. 견전(遺奠)에서 남은 포는 이 때에 치운다.

영구가 도착하면 집사가 먼저 광중 남쪽에 자리를 깔아 놓는다. 영구를 이 자리 위에 북쪽으로 머리를 두게 하고 모시면 집사자는 명정을 가져다가 대나무는 버리고 영구 위에 덮는다. 이보다 먼저 축관은 공포(功布)를 가져다가 영구의 먼지를 턴다.

상주 이하 남녀들이 모두 곡을 할 때 상주와 여러 남자들은 광중 동쪽에 서서 서쪽을 향하고 주부와 여러 부인들은 광중 서쪽 장막 속에 서서 동쪽을 향한다.

손님이 돌아가는 것은 주인이 폐백을 올린 후가 된다. 이 때 손님들이 영구 앞에 나가서 곡하고 두 번 절하며 상주도 절을 하고 손님들이 여기에 마주 절한다.

25.하관(下棺)과 성분(成墳)

상주는 곡을 그치고 하관에 참례한다. 천광 위에 가로 걸칠 만한 나무 두개를 걸치고 베나 혹은 밧줄을 널 상하에 넣어서 한 발 남짓한 나무에 그 줄을 매고 복인들이 정성껏 들어서 천광 위에 걸친 나무에 모셔놓은 뒤 하관 시간을 기다린다.

하관시가 되면 줄을 맨 나무를 상하 좌우로 살며시 들고 밑에 걸친 나무를 들어내며, 천천히 관을 내려서 바르게 놓고 널 밑에 놓은 줄을 뽑고 지관으로 하여금 좌향(坐向)을 바로 잡게한 뒤 널 양옆을 채운다. 공포로 널 위를 닦고 명정을 널 위에 펴고 폐백을 양 옆으로 갈라 놓으며, 운아(雲亞)는 좌운(左雲) 우아(右亞)로 갈라서 놓고 명정을 세 번 읽은 후 상주와 복인은 죄다 재배 곡한다. 곡을 마친 뒤 취토(取土＝광중 네 귀퉁에 길방(吉方)에서 가져온 흙을 놓는 것)하고 홍대를 깔고 회격(회다짐)으로 들어간다.

그리고 상주는 두루마기나 옷자락에 깨끗한 흙을 담아 관의 상하 좌우로 「취토! 취토! 취토!」세 번 외치면서 먼저 흙을 던진다.

흙을 채울 때는 한 자 쯤 채우고서 다진다. 다음에 지석(誌石)을 묻고 성분(成墳)을 한다.

▶〈이 때 읽는 축문(平土後祀土地之神祝)〉

유세차 간지 모월 간지 삭   모일 간지 유학모 감소고우
維歲次干支 某月干支朔 某日干支 幼學某 敢昭告于
토지지신 금위모관 폄자유택 신기보우 비무후간 근
土地之神 今爲某官 窆兹幽宅 神其保佑 俾無後艱 謹
이 청작포혜   지천우신 상향
以 淸酌脯醢 (果) 祗薦于神 尙饗

【해설】년월일 某는 토지신에게 감히 고하나이다. 이제 某의 묘를 마련하니 신께서 도우셔서 뒤에 어려움이 없도록 하여 주시기 바라옵고 맑은 술과 포과로서 올리오니 흠향하소서.

지석(誌石)은 두개의 좋은 돌을 쪼개어 한개는 밑돌로 하고 한개는 웃돌로 쓰는데 밑돌에는 관직, 성명, 주소, 생년월일, 사망년월일, 좌향을 쓰고(년월일은 干支로한다) 웃돌에는 모관 모공 지묘(某官某公之墓)라고 쓴 다음 짝을 맞추어 단단히 묶고 무덤 앞에 파묻는 것이다. 돌 대신 깨끗한 흰 사발 안쪽에 먹글씨로 전기(前記)의 기록을 돌려가며 쓰고 그것을 짚불에 잘 말린 뒤 파묻기도 한다.

만일 벽돌을 지석으로 쓸 때에는 석함(石函)에 넣어 묻거나, 나무궤에 담고 석회로 사면을 발라서 묻는다.

신주에 글씨를 쓰는데는 먼저 집사가 영좌 동남쪽에 책상을 마련하고 벼루와 붓을 준비하였다가 글씨 잘 쓰는 사람에게 시켜서 손을 씻고 쓰게한다.

쓰기를 마치면 축관이 신주를 받들어 영좌에 모시고 혼백은 상자에 넣어서 그 뒤에 놓는다. 이에 향을 피우고 술을 따른 후 무릎을 꿇고 축을 읽고 나면 상주 이하 모두 두 번 절하고 통곡한다.

▶〈이 때 읽는 축문(平土後題主祭祝)〉

維歲次干支　某月干支朔　某月干支　孤子(母喪에는 哀子)　某　敢昭告于

顯考某官府君　形歸窀穸　神返室堂　神主未成　伏惟 尊靈　魂箱猶存　仍舊是依

비석(碑石)은 좋은 돌을 골라서 하되 길이는 석자 정도로 하고 너비는 한 자 정도로 한다. 두께는 너비의 三분의 二쯤이 적당하다. 비석 밑에는 받침을 만드는데 그 높이는 비석 높이와 균형을 맞추어 할 것이다.

비석에 쓰는 글은 지석(誌石)에 쓰는 글과 같고, 다만 합장일 때는 다른줄에(某封某氏祔左)라고 쓴다.

반곡(返哭)

반곡(返哭)이란 상주 이하가 영거(靈車)를 모시고 천천히 집으로 돌아가면서 곡하는 것을 말한다.

집에 이르러 문이 바라보이면 모두 또 곡을 한다.

집에 도착하기 전에 집사가 전에 있던 곳에 영좌를 만들어 놓고 집에 도착해서는 축관이 신주를 모셔다가 그 자리에 놓고 혼백은 그 위에 놓는다. 이 때 상주 이하가 영좌 앞에서 슬피 곡을 한다.

조상(弔喪)온 사람이 있으면 처음에 하던 것과 같이 절을 한다. 기년(朞年)이나 九月 복에 해당하는 사람은 술과 고기를 먹고 다만 잔치만 열지 않는다. 이 때 소공(小功)이하 대공(大功)까지의 복인으로서 다른 집에 사는 사람은 집으로 돌아가도 좋다. 집으로 돌아오는 길에 조상하는 자가 있더라도 조례(弔禮)를 길에서 행하지 말고 집으로 돌아온 뒤에 행하는 것이 원칙 예법이다.

26.우제(虞祭)

도	찬	설	제	우	
영 위					
잔					
면	국	시접	밥	떡	
탕	고기	염 혜	초	헤어	탕
나물	젓	김치	김치	식혜	나물
포	과실	과실	과실	과실	건어
모사		향노		향합	

①초우(初虞)

우제는 장사지낸 날이 초우(初虞)가 되고 재우는 유일(柔日)에 삼우는 강일(剛日)에 지낸다. 유일은 십간(十干)의 乙. 丁. 己. 辛. 癸날을 말하고 강일은 십간(十干)의 甲. 丙. 戊. 庚. 壬. 날을 말한다. 따라서 재우는 이틀만이나 삼일만에 삼우는 삼일만이나 나흘만에 해당된다.

초우(初虞)의 경우 혹시 묘소가 멀더라도 이날을 넘기지 말 것이며 만일 집이 멀어서 당일로 돌아갈 수 없다면 중간에 자는 집에서라도 지낼 것이다.

〈우제의 절차〉

집사자가 제물을 차려 놓는다. 상주는 상장(喪杖)을 짚고 빈

소 문밖의 서편에서 곡을 한다. 우제로부터 담제(禫祭)까지는
참신(參神=신주에게 절하여 뵘)을 곡으로써 대신하고 상중
에 있는 제사는 이를 지내지 않는다. 또 축관과 집사자가 예
를 집행한다. 제수 진설은 그 집안 가풍에 따라 순서가 좀 다
를 수도 있다.

②강신(降神)

강신(降神)할 때는 축관이 곡을 그치도록 한다. 이 때 상주는
서쪽 뜰로 내려가서 손을 씻고 영좌 앞으로 나가 분향하고
두 번 절한다. 집사도 손을 씻고 한사람은 술병을 들고 상주
의 오른편에 서고 또 한 사람은 탁자위에 있던 잔반(盞盤)을
가지고 상주의 왼편에 선다. 상주와 집사가 모두 꿇어 앉아서
병을 가진 집사가 술을 따르면 주인은 이것을 받아 띠 위에
붓고 빈 잔반을 집사에게 준다. 집사는 이것을 받아 탁자 위
제자리에 놓는다. 상주는 엎드렸다가 일어나 조금 뒤로 물러
나와 두 번 절하고 본래의 자리로 간다.

 이렇게 강신이 끝나면 축관이 제물을 올리는데 집사가 이를
돕는다. 소반 위에 생선과 고기. 간(肝). 국수. 밥. 국을 받들어
가져다가 영좌 앞에 이르러 고기는 잔반 남쪽에 놓고 국수는
고기 위의 서쪽에 놓고 생선은 수저 남쪽에 놓고 밥은 잔반
서쪽에 놓고 국은 동쪽에 놓는다. 이것이 끝나면 축관과 집사
는 모두 제자리로 돌아간다.

③초헌(初獻)

초헌(初獻)이란 제사에 첫 번째로 잔을 신위(神位)에 드리는 것을 말한다.

그 절차는 상주가 영좌 앞으로 나아가면 집사가 영좌 앞에 있는 잔반을 가져다가 상주에게 주고 술을 따른다. 상주는 이 것을 받아 모사(茅沙) 위에 삼제(三除)하고 집사를 준 다음에 엎드렸다가 일어선다. 집사는 잔을 받아서 다시 영좌 앞에 놓 는다. 여기에서 집사는 밥그릇 뚜껑을 열어놓는다. 상주 이하 모두가 무릎을 꿇고 엎드리면 축관이 축판(祝板)을 가지고 상주 왼쪽으로 나와 무릎을 꿇고 축문을 읽는다. 축관이 축문 을 다 읽고 나면 상주는 곡하고 두 번 절한 뒤에 다시 제자리 로 와서 곡한다. 다른 사람들도 일제히 곡하다가 조금 후에 그친다. 이 때 집사는 빈 그릇에 술을 따르고 빈 잔반을 본래 의 자리에 놓아둔다.

〈초헌축(初獻祝)〉

維歲次干支 某月干支朔 某日干支 孤子(母喪에는 喪子) 敢昭告于

顯考學生府君 日月不居 奄及初虞(再虞 또는 三虞) 夙興夜處 哀慕不寧 謹以 (妻엔 並以) 清酌庶羞 哀薦 (妻엔陣此) 祫事 (再虞엔 虞事 三虞엔 成事) 尙饗

※해설 아버님 돌아가시고 어언 초우가 되었습니다. 밤낮으로 슬피 사모하여 편할 수가 없습니다. 삼가 맑은 술과 음식

으로 제사를 올리오니 흠향하옵소서.
※참고 「孫哀子」는 반혼축의 경우와 같이 구분하여 쓴다.
「夙興夜處 哀慕不寧」을 兄에 고할 때는 「悲痛無已 至情如何」
라 쓰고 처에게 고할 때는 「悲悼酸苦 不自勝堪」이라 쓴다 (學
生을 處士라고도 씀)

④아헌(亞獻)

아헌(亞獻)이란 두 번째로 신위에 잔을 올리는 것을 말한다.
이것은 주부가 하는데 모든 절차는 초헌 때와 같고 다만 축
문을 읽지 않는다.
 절은 네 번을 한다. 만일 장자가 사망하여 손자가 승중(承
重)이 되는 경우 손부(孫婦)가 하게된다.

⑤종헌(終獻)

종헌(終獻)은 상주 다음으로 가까운 사람이 하는데 남녀 어
느 쪽이든 무방하다. 절차는 아헌 때와 같고 이번에는 올린
술잔을 그대로 두어둔다.
 ● 유식(侑食) … 유식이란 식사를 즐겁게 들도록 한다는 말
이된다. 집사자가 잔받침에 술을 따라 첨잔하고 숟가락을 메
(밥그릇)에 꽂고 젓가락을 고쳐 놓는다. 이어 문을 닫고 제관
이 물러났다가 잠시 뒤 축관의 「에흠」하는 세차례의 헛기침
과 더불어 다시 제관들이 나온다.
 축관이 문을 열면 상주 이하는 본래의 자리로 가서 곡을 하
면서 계문(啓門) 사신(辭神)한다.

유식(侑食)할 때 문을 닫고 나오는 것을 합문(闔門)이라고 한다.

● 계문사신(啓門辭神) … 신(神)을 작별하여 가게 하는 것을 말한다. 집사는 국을 거두고 그 대신 숭늉(숙냉(熟冷))이라고도함)을 가져다가 국을 놓았던 자리에 놓고는 三초반(세번밥을 떠서 물에 마는것)한 다음 축관이 상주 오른쪽에 서서 서쪽을 향하여 이성(利成)을 고한다.

● 이성(利成) … 신위(神位)에 대하여 음식을 올리는 일이 끝났음을 말한다. 이(利)는 즉양(養)이요, 성(成)은 필(畢)이니 양례(養禮)가 끝났다는 말이다.

이때 집사는 수저를 대접에 내려놓고 밥그릇 뚜껑을 덮고 자리로 간다. 상주 이하는 모두 곡하면서 두 번 절하고 축관은 축문을 불사른다. 이로써 제사는 끝나고 모두 밖으로 나가면 집사가 제물을 치운다.

● 재우(再虞)·삼우(三虞) … 재우와 삼우제절차는 초우(初虞)와 같이 행하되 축문은「초우」를 「재우」또는 「삼우」라고치고 협사(祫事)를 재우는 우사(虞事), 삼우에는 성사(成事), 소상에는 대사(大事), 대상에는 상사(祥事)라고 고쳐 쓴다.

● 상식(上食) … 삼우제를 모두 마치면 조석의 전(奠)을 올리지 않고 조석으로 상식만 올리고서 곡한다. 상식은 보통 식사처럼 올리는 것이다. 즉 메·탕·찬(반찬)·다(숭늉)를 올린다. 제상에 먼저 메를 올리고 뚜껑을 열어 숟가락을 꽂고 젓가락을 수저 그릇 위에 가지런히 놓는다. 곡을 한 뒤 탕

(갱)을 올리고 숭늉을 올리고 숟가락으로 밥을 떠서(세번) 숭늉에 말고 조금있다가 수저를 전대로 놓고서 재배 철상한다. 그러나 잔대와 잔은 늘 제상에 놔둔다.

초하루와 보름은 삭망(朔望)이라고 하는 데 삭망 아침에는 전을 올린다.

이웃에서 음식이 들어오거나 햇것이 나오면 먼저 제연에 올리고 애통한다.

● 졸곡(卒哭) … 삼우(三虞)가 지난 후 석달만에 강일을 택해서 졸곡을 지낸다. 고례(古禮)에 의하면 대부(大夫)만이 석달 만에 장사를 지내고 사(士)는 한 달을 넘어서 지낸다. 가령 그믐에 사람이 죽었는데 다음날 열흘 전에 장사를 지낸다면 이것은 말만이 한달이지 사실은 한 달이 아닌 것이니 반드시 삼십일이 지나서 장사를 지낼 것이며, 그 뒤 석달만에 졸곡을 지낼 것이다.

졸곡을 하는 하루 전에 그릇과 음식을 준비하고 동이 틀 때 일찍 일어나서 채소와 실과 술·반찬을 진설한다. 축관이 출두하면 상주이하가 모두 들어가 곡하고 강신(降神)한다. 상주와 주부가 반찬을 올리고 초헌·아헌·종헌을 마치고 유식·합문 계문사신을 행한다.

이로부터 조석에 슬픈 마음이 나도 곡하지 않는다. 그리고 상주 형제들은 채소와 밥을 먹고 물을 마신다. 그러나 실과는 먹지 않는다. 제사지내는 의식은 모두 우제(虞祭)때와 같다. 초헌을 한 뒤에 축문을 읽는다.

〈졸곡축(卒哭祝)〉

維歲次干支 某月干支朔 某日干支 孤子某 敢昭告于

顯考某官府君 日月不居 奄及卒哭 夙興夜處 哀慕不

寧 謹以淸酌 庶羞哀薦 成 事 尙 饗

※해설 연월일 某는 감히 아버님께 고하나이다. 아버님 돌아
가시고 어언 졸곡의 때가 되었습니다. 밤낮으로 슬피 사모하
여 편할수 없사옵니다. 삼가 맑은 술과 여러 음식을 올리오니
흠향하시옵소서.

● 부제(祔祭) … 신주를 그 조상 신주 곁에 모실 때 지내는
제사로서 졸곡을 지낸 다음날 지낸다.

이 제사도 졸곡(卒哭)과 같이 차리지만 다만 사당에 지내는
것만이 다르다. 사당이 비좁으면 마루에서 지내는 수도 있다.
죽은 조고(祖考)나 조비(祖妣)의 자리는 한가운데에 마련하여
남쪽을 향하게 하고 죽은 사람의 자리는 그 동남쪽에 마련하
여서 서쪽을 향하게 한다. 어머니가 죽은 때에는 조고(祖考)
의 자리는 마련하지 않는다. 모든 음식 준비는 졸곡 때와 같
이 하여 이것을 셋으로 나누어 놓고 어머니 초상에는 둘로
나눈다.

목욕하고 머리에 빗질하고 동이 트면 일찍 일어나서 상주
이하가 영좌 앞에서 곡한다. 먼저 조고의 신주를 받들여 내다
가 영좌에 놓고 여집사가 조비의 신주를 받들어 내다가 그
동쪽에 놓는다. 만일 어머니 초상일 때는 조비의 신주만 모셔
놓는다.

〈신주를 모셔 내올 때 축문〉

今以
금 이

顯考某官府君 遠諱之辰 敢請 神主出就正寢
현 고 모 관 부 군   원 휘 지 신   감 청   신 주 출 취 정 침

※해설 돌아가신 날이 옴에 신주가 나오셔서 정침에 나아가시기를 감히 청하나이다.

이 절차가 끝나면 상주 이하가 다시 영좌에 나아가 곡하고, 축관은 주독(主櫝)을 받들고 사당으로 들어간다. 이때 모두가 차례대로 따른다. 새 신주를 모실 때는 향을 피우지 않는다.

이 의식이 끝나면 차례대로 서서 참신(參神)을 하고 강신(降神)한다. 참신이란 자리에 있는 자가 모두 두 번씩 절하여 조고(祖考)와 조비(祖妣)께 뵙는 것을 말한다.

이때 축관이 제물을 올리고 나면 초헌(初獻)을 하고 축문을 읽는다. 다시 아헌(亞獻), 종헌(終獻)이 끝나면 역시 유식(侑食), 합문(闔門), 계문(啓門), 사신(辭神)의 순서로 진행한다. 이때 축관은 신주를 모셔다가 각각 제자리에 놓고 새 신주도 모신다.

초헌이 끝나면 축관은 동쪽을 향하여 꿇어 엎드려 축문을 읽는다.

축문을 다 읽고 일어나면 상주는 두 번 절한다. 다음으로 축관은 새 신주 앞에 가서 다시 남향하여 엎드려서 축문을 읽는다.

다 읽고 일어나면 주인은 두 번 절한다. 이때는 아무도 곡을 안한다.

〈초헌(初獻)에 읽는 축문〉

유 세 차 간 지　모 월 간 지 삭　모 일 간 지　효 증 손 모　근 이　청
維歲次干支　某月干支朔　某日干支　孝曾孫某　謹以　清

작 서 수　적 우
酌庶羞　適于

〈새 신주에게 읽는 축문〉

유 세 차 간 지　모 월 간 지 삭　모 일 간 지　효 자 모　근 이　청 작
維歲次干支　某月干支朔　某日干支　孝子某　謹以　清酌

서 수　애 천 부 사 우
庶羞　哀薦祔事于

현 고 모 관 부 군　적 우　현 증 조 고　모 관 부 군　상 향
顯考某官府君　適于　顯曾祖考　某官府君　尙饗

27, 치상(治喪)뒤의 할 일

장례식이 끝나면 상주는 물론 상제들이 일보던 사람들에게 각각 치사의 인사를 잊어서는 안된다. 때에 따라서는 수고해 주신 분들에게 사례를 해야 할 것이다. 대개 주부들이 잘 살펴서 하겠지만 상주로서도 꼭 인사의 말을 해야 할 것이다. 또한 먼 곳에 있는 분이나 조장(弔狀)을 받은 사람에게는 답조장(答弔狀)을 보내는 것을 잊어서는 안된다.

그리고 차차 안정되는 대로 망인(亡人)의 유품을 정리한다든가 유언에 따라 해야 할 일이며, 재산 상속에 관하여 가족회의를 열어 의논해야 할 것이다.

하여간 모든 것을 망인의 생존시의 뜻을 받들고 앞으로의

밝고 복된 날을 기대해야 하고 또한 이루어야 하겠다.

※참고
① 근조(謹弔) 父母喪과 承重喪에 한하여 쓰고 그밖에는 근위(謹慰)라고 쓴다.

(弔狀보기)

	謹　　弔	
○　○　○(亡人稱呼)		
喪　　事		
年　　月　　日		
○　○　○(弔慰者)再拜		

(조장보기)

부친께서(또는 모친) 별세하셨다니 참으로 놀라운 일이오며, 부득이한 사정으로 곧 가서 조문치 못하고 서면으로서 삼가 조의를 표하나이다.
　　　　　　　　　년　　월　　일
　　　　　　　　　○　○　○근조
　　○　○　○귀하

(答弔狀보기)

복	몽	존	좌
伏	蒙	尊	座
부	사	위	문
祔	賜	慰	問
불	승	감	애
不	勝	感	哀

年　　月　　日

○　○　○(喪主)再拜

○　○　○氏 座前

(답조장보기)

부친께서(또는 모친) 상중에 정중하신 위문
과 부의(賻儀)를 보내주시어 감사하옵니다.
염려하여 주신 덕택으로 장례를 무사히 마
쳤아옵기에 삼가 감사의 뜻을 표하옵니다.

년　　월　　일

○　○　○(상주)재배

○　○　○귀하

② 상사(喪事) 손아래 사람인 경우에는 상변(喪變)이라고 쓴
다.

③ 애전(哀前) 父母과 承重喪에 있는 사람에게만 쓰고, 그밖
에는 복좌전(服座前)이라고 쓴다.

28. 소상(小祥)

소상(小祥)은 초상(初喪)을 치룬지 만 一년이 되는 날 지내
는 제사를 말한다.

옛날에는 날을 받아서 소상을 지냈지만 지금은 그저 첫 기
일(忌日)에 지낸다. 하루전에 상주 이하는 모두 목욕을 하고
제물을 준비하고 음식을 만든다. 또 연복(練服)도 준비한다.
날이 밝으면 일어나서 채소와 실과, 술, 반찬을 진설하고 상주
이하는 곡을 시작한다.

아버지가 살아 계시고 어머니가 먼저 돌아가면 이것을 장기
지상(杖期之喪)이라고 하여 돌아가신지 十一개월 만에 연사
(練祀)를 지내고 十三개월에 소상을 지내며, 十五개월에 담사
(禫祀)를 지낸다. 이것으로 三년상을 마치는 셈이다.

이 제사는 모두 졸곡(卒哭)의 절차와 같고 하루 전에 주인
이하가 목욕재계 하고 집안을 청소하며, 여러 부녀를 데리고
부엌을 말끔히 치운 뒤에 제찬(祭饌)을 마련한다.

이때 연복(練服)을 입게 되므로 남자는 수질(首絰)을 벗고
여자는 요질(腰絰)을 벗는다. 기년복(朞年服)만 입는 사람은
길복(吉服)으로 갈아 입어야 한다. 기년복을 입는 사람이라도

소상을 지내는 달이 다 가기 전에는 비단이나 호화스런 옷을 입지 않는다. 연복(練服)이란 빨아서 다듬은 옷을 말한다.

제사를 지내기 시작하면 강신하기 전에 상제들은 연복으로 갈아입고 기년복을 입는 사람들은 길복(吉服)을 입고 곡(哭)을 한다. 강신(降神)에서부터 사신(辭神)까지의 일체의 의식은 졸곡(卒哭) 때와 같다.

〈소상 축문(小祥祝文)〉

維歲次干支 某月干支朔 某日干支 孤子某(母喪에는 孤

哀子)(奉祀者名) 敢昭告于

顯考某官府君 日月不居 奄及小祥 夙興夜處 哀慕不

寧 謹以 淸酌庶羞 哀薦常事 尙饗

【해설】년월일 子某는 고하나이다. 아버지 돌아가신 날이 다시 돌아오니 영원토록 애모하는 마음을 이기지 못하여 삼가 맑은 술과 여러 가지 음식으로 공손히 전을 드리오니 흠향하시옵소서. 또 부친 상중에 모친이 별세하면 부친 영전에 모친 별세함을 고한다.

先妣某月 某日 棄世 敢告

또한 모친 상중에 부친이 별세하면 그 연유를 고하고 모든 행사를 부친 대신 할 것이다.

만일 장사 전에 부친이 별세하면 모친 장사시에 자식이 제주하고 재최 三년 복을 입는다.

⟨모친상중 부망고사(母親喪中 父亡告詞)⟩

^{선고불행이모월모일기제고 례률지 엄불감용잉 부재}
先考不幸以某月某日棄諸孤 禮律至 嚴不敢用仍 不在

^{모상지제장어모월모일효자모 체행연상감고}
母喪之制將於某月某日孝子某 替行鍊祥敢告(母親영전에

고하는 告辭)

^{선비제주기이망실측당십일월이연장이모월모일대행}
先妣 題主旣以亡室則当十一月而練将以某月某日代行

^{연사가증망극감고}
練事架增罔極敢告(父親영전에 고하는 告辭)

자식이 없는 사람이 죽고 장사 후 그 뒤를 이었을 때 양부
(養父)영전에 고사하고 성복한다.

⟨무후자상중입후개제고사(無後者喪中立後改題告辭)⟩

^{계자모 금이성복 감이개제지례 감고}
繼子某 今已成服 敢以改題之禮 敢告

조부(祖父)가 별세하여 장사 지낸 뒤 부친(父親)이 별세하면
그 아들이 남은 복(服)을 대수(代受)하는데 영전에 고사한다.

⟨조상중부망대복고사(祖喪中父亡代服告詞)⟩

^{고손   모죄역불천선고 기배상중   근준}
孤孫(祖母喪에는 哀孫)**某罪逆不天先告 棄背喪中 謹遵**

^{례제대수쇠질고지호천오정마궤 감고}
禮制代受衰絰叩地乎天五情摩潰 敢告

소상(小祥)이 지난 뒤로부터는 오직 삭망(朔望)에만 곡을 한
다. 이것은 아직 복(服)을 벗지 않는 사람에 한해서이다.

상주가 순서에 따라 분향 전작하고 두 번 절하면 모든 참석
자도 곡하고 재배(再拜) 한다. 상주는 상식(上食)하고 또 곡

하고 조빈(弔賓)이 오면 위문을 받는다.

상식에 진설했던 제수는 자정 전에 집사가 거두고 다시 새로운 제수를 차려놓고 제사를 지낸다. 즉 자정이 되어 제사를 지내려 할 때 상주 이하 모든 복인이 각각 자리에 선후집사가 복인으로 하여금 세수와 양치질을 시킨 다음 강복을 하되 상주는 수질·부판·벽령 등을 벗으며, 주부는 수질을 벗고 짧은 치마를 입으며, 부인들도 복의(服衣)를 벗은 후에야 상주가 영위 앞에 나아가 강신(降神)을 하는 것이다.

29. 대상(大祥)

대상(大祥)은 사망 후 만二년만에 지낸다. 즉 소상(小祥)을 지낸지 一년이 되는 것이다. 그러나 남편이 아내를 위해서는

十三개월 만에 대상을 지내며 이것이 첫 제사가 된다.

제사 절차와 축문은 소상때와 똑같이 하되「소상(小祥)」을 「대상(大祥)」으로 「상사(常事)」를 「상사(祥事)」라고만 고쳐 쓴다. 제사가 끝나면 축관이 신주를 받들고 사당에 들어가 모신다. 이 때 상주 이하 모두가 곡하며 따라 가다가 사당 앞 에서 곡을 그친다.

감실 문을 열고 신주를 바른 자리에 모시면 모두 두 번 절한 다. 이 때 축관이 문을 닫으면 모두 물러 나온다. 그리고 그 날 산소에 성묘하고 혼백을 산소 옆에 묻는다. 윤달에 별세한 사람은 원달(元月)로 쳐서 계산한다.

이로써 三년 상을 벗는 것이며 상복과 상장(喪杖)은 태워버 리거나, 상복을 가난한 사람이나 묘소지기에게 주기도 한다.

〈대상축(大祥祝)〉

維歲次干支 某月干支朔 某日干之 孤子某(奉祀子名)

敢昭告于

顯考某官府君 日月不居 奄及大祥 夙興夜處 哀慕不

寧 謹以 清酌庶羞 哀薦祥事 尙饗

【해설】년월일 子某는 감히 아버님께 고하나이다. 아버님의 대상을 맞았습니다.

날이면 날마다 슬피 사모하여 편할 수가 없아옵니다. 삼가 맑은 술과 음식을 올리오니 흠향하시옵소서.

30. 담제(譚祭)

담제(譚祭)는 대상으로부터 한 달이 지나 두 번째 달 즉 대상후 석달만에 정일(丁日) 또는 해일(亥日)에 지내는 제사니 삼년상(三年喪)을 무사히 마치므로 자손된 마음이 담담(淡淡)하고 평안하다는 뜻이다.

제사 지내는 절차는 신위(神位)를 영좌(靈座)가 있던 곳에 차리고 그 밖의 일들은 모두 대상(大祥)의 의식과 같다. 다만 三헌(獻)을 하는 동안은 곡을 하지 않고 사신(辭神)할 때만 곡을 한다. 축관이 신주를 받들어 사당에 다시 모시는 데도 곡을 하지 않는다.

그러나 고인(故人)을 그리는 마음이야 어찌 사라지리오. 항상 마음 속에는 애도(哀悼)의 빛이 자리잡고 있을 것이다.

그것을 달래는 것이 해마다 찾아오는 절기(節期)와 기일(忌日) 제사를 지내므로써 다시 생존의 고인을 더듬어 보는 것이다.

〈담제축(譚祭祝)〉

維歲次干支 某月干支朔 某日干之 孝子某(奉祀子名)

敢昭告于

顯考某官府君 日月不居 奄及禫祭 夙興夜處 哀慕不

寧 謹以 淸酌庶羞 哀薦禫事 尙饗

담제사가 끝나면 비로서 술을 마시는데 먼저 식혜를 마시고 고기를 먹기에 앞서 우성 건육을 먹는 것이 좋다.

이로서 망인에 대한 상례(喪禮)를 다한 것이니 완전히 탈상(脫喪)을 한 것이며 일반인(一般人)이 되었다 하여 길제(吉祭)라고 하는 것이다.

길제(吉祭)란 선대 조상에게 고사(告祀)를 하고 망령(亡靈)이 비로소 제사에 참례하는 제사이다. 길제는 부친이 별세해서 해상(解喪) 되며 五대 조고비(祖考枇)는 제사를 마치고 묘사(墓祀)에 옮겨지는 절차의 제사이다.

〈길제축(吉祭祝)〉

유 세 차 간 지　모 월 간 지 삭　모 일 간 지　오 대 손 모
維歲次干支　某月干支朔　某日干之　五代孫某(奉祀子

감 소 고 우
名) 敢昭告于

현 오 대 조 고 모 관 부 군
顯五代祖考某官府君

현 오 대 조 비 모 봉 모 씨　자 이　선 고 모 관 부 군 상 기　이 진
顯五代祖妣 某封某氏 玆以 先考某官府君喪期 已盡

고 인 제 례　사 지 사 대　심 수 무 궁　분 칙 유 한　신 주 당 조　천
古人制禮 祀止四代 心雖無窮 分則有限 神主當祧 遷

우 정 침　불 승 감 창　근 이　청 작 서 수　지 천 세 사　상 향
于正寢 不勝感愴 謹以 淸酌庶羞 祗薦歲事 尙饗

【해설】 년월일 이제 돌아가신 아버지의 상기(喪期)가 다 되었으므로 신주를 옮겨 사당에 들이려고 합니다. 五대 조고비(祖考妣)는 가까움이 다하여서 신주를 채천하여야 하겠으며 고조고비(高祖考妣)의 신주를 장차 고쳐 쓰겠슴으로 대의 차

례가 옮기게 됨에 슬픔을 이기지 못하여 주과로 삼가 고하나
이다.

31. 개장(改葬=移葬)

개장(改葬)은 일면 면례(緬禮) 라고도 하는데 풍수설(風水
說)에 의거하여 보다 좋은 장지로 이장(移葬)하는 것이다. 또
부득이 이장할 경우도 있으리라.

이 개장을 하자면 먼저 산신(山神=土地神)에게 설전하고
고축(告祝) 한 뒤 묘앞에 설전을 하고 고축하고 파묘(破墓)하
여 시체가 나오면 대칼(竹刀)로 흙을 긁고 삼베 이불을 칠성
판에 펴고 그 위에 백지를 깔고 시체를 모셔 수렴하는데 그
런 뒤 입관한다. 만일 시체에 흠이 있으면 청주나 소주로 해
골을 씻어 수렴(收殮)한다. 상주 복장은 시마(緦麻)의복을 입
는다.

〈토지신(土地神=山神)에게 축문〉

유세차간지 모월간지삭 모일간지 모   감소고우
維歲次干支 某月干支朔 某日干之 某(奉祀子名) 敢昭告于

토지지신 자유모친모관 복택자지 공유타환 장계폄 천우
土地之神 玆有某親某官 卜宅玆地 恐有他患 將啓窆 遷于

타소 근이 청작포과 지천우신 기우지신 상향
他所 謹以 淸酌脯果 祗薦于神 其佑之神 尙饗

토신제를 지내고 나면 묘소 앞에 제상을 차리고 초상 때와
같이 다시 제사를 지낸다.

〈파묘축(破墓祝)〉

유세차간지 모월간지삭 모일간지 모친모관모 감소고우
維歲次干支 某月干支朔 某日干之 某親某官某 敢昭告于

현모친모관부군 장우자지 세월자구 체백불녕 금장개장
顯某親某官府君 葬于茲地 歲月滋久 體魄不寧 今將改葬

복유존령 불진불경
伏惟尊靈 不震不驚

【해설】이곳에 장사 지낸지 오래 되어서 체백이 편안치 못할
까 염려되어 타소로 옮기고저 하오니 존령(尊靈)은 놀라지
마십시오.

이렇게 제사가 끝나면 그때부터 분묘를 파기 시작하는데 묘
의 서편부터 괭이로 한번 찍고「파묘!(破墓)」또 한번 찌고
「파묘!」하면서 사방을 찍은 다음에 흙을 파낸다. 시체가 나
오면 앞에 말한대로 정중하게 수렴한 뒤 새 묘지에 옮겨 놓
으면 역시 토신제를 드려야 한다. 의식은 전과 마찬가지다.

〈개장토지축(改葬土地祝)〉

유세차간지 모월간지삭 모일간지 모 감소고우
維歲次干支 某月干支朔 某日干之 某○○○ 敢昭告于

토지지신 금위모관부군 택조불리 장개장우차 신기보
土地之神 今爲某官府君 宅兆不利 將改葬于此 神其保

우 비무후간 근이 청작포과 지천우신 상향
佑 俾無後艱 謹以 淸酌脯果 祗薦于神 尙饗

【해설】년월일 某는 토지신에게 고하나이다. 이제 某의 무덤
이 불리하여 여기에 개장을 하겠아오니 신은 보호하시고 후
환이 없게 하소서, 삼가 주과와 포혜로서 천신하오니 흠향하
소서.

〈개장축(改葬祝)〉

유세차간지　모월간지삭　모일간지모　　　　감소고우
維歲次干支　某月干支朔　某日干之某(奉祝子名)　敢昭告于

현모관부군지묘　신개유택　사필봉영　복유　존령
顯某官府君之墓　新改幽宅　事畢封塋　伏惟　尊靈

영안체백
永安体魄

【해설】년월일 某의 묘를 새로 마련하여 일이 끝나 존령에 엎드려 바라옵건대 영원히 체백이 편안하옵소서.

개장(改裝)후 우제(虞祭)는 개장 당일 초우(初虞)만 지내고 재우와 삼우는 지내지 않는다.

〈개장 우제축(改葬虞祭祝)〉

유세차간지　모월간지삭　모일간지　모　　　　감소고우
維歲次干支　某月干支朔　某日干之　某(奉祝子名)　敢昭告于

현모친모관부군　신개유택　폄례이필　숙야마녕　제호망극
顯某親某官府君　新改幽宅　窆禮已畢　夙夜摩寧　啼號罔極

근이　청작서수　지천우사　상향
謹以　淸酌庶羞　祗薦虞事　尙饗

또한 묘(墓)를 개수(改修)하거나 석물(石物) 따위를 세울 때도 주과와 포를 설전하고 고축(告祝)을 한다.

〈석물(石物)을 세울때의 축문〉

유세차간지　모월간지삭　모일간지　효자모　감소고우
維歲次干支　某月干支朔　某日干之　孝子某　敢昭告于

현모친모관부군지묘　　　　복이사력　불체의
顯某親某官府君之墓(合葬이면 列書)　**伏以事力　不逮儀**

물다궐　금구비석용표묘도
物多闕　今具碑石用表墓道(石象動物이면 表를　正衛로 쓴

다) **伏**유**惟**존**尊**령**靈** 시**是**조**照**시**是**안**安**

〈석물(石物)을 세울때 산신(山神＝土地神)께 올리는 축문〉

유세차간지 **維歲次干支** 모월간지삭 **某月干支朔** 모일간지 **某日干之** 유학모 **幼學某** 감소고우 **敢昭告于**

토지지신금위모친모관 **土地之神今爲某親某官(姓名)之墓** 지묘 근구석물용표묘도 **謹具石物用表墓道**

신기보우비무후간 **神其保佑備無後艱** 근이 **謹以** 주과 **酒果** 지천우신 **祗薦于神** 상향 **尙饗**

32. 안장 길일(安葬 吉日)

달(月)에 일진(日辰)을 기준으로 보는 것인데 이 날에 장사를 지내면 모든 살(殺)이 제거되므로 좋다는 것이다.

正月　癸酉 丁酉 乙酉 辛酉 己酉 丙寅 壬午 丙午

二月　丙寅 壬申 甲申 庚寅 丙申 壬寅 己未 庚申

三月　壬申 甲申 丙申 癸酉 乙酉 丁酉 丙午 壬午

四月　乙酉 己酉 丁酉 癸酉 辛酉 壬午 乙丑 庚午
　　　丁丑 己丑 甲午

五月　甲申 丙申 庚申 壬申 甲寅 庚寅 壬寅 辛未 甲
　　　戌 庚辰 甲辰

六月　癸酉 乙酉 辛酉 壬申 更申 甲申 丙申 乙亥 甲
　　　寅 庚寅 辛酉

七月　癸酉 乙酉 丁酉 己酉 壬申 丙子 壬午 甲申 丙
　　　午 丙辰 壬子 壬辰 丙申

八月　壬申 甲申 丙申 庚申 壬寅 庚寅 壬辰 乙巳 丙
　　辰 丁巳 癸酉 乙酉 己巳

九月　壬午 丙午 丙寅 庚寅 壬寅 庚午 甲戌 戊午 辛
　　亥

十月　丙子 甲辰 丙辰 壬午 丙午 庚午 壬辰 甲子 庚
　　子 辛未 癸酉 甲午 乙未

十一月　庚寅 壬寅 甲寅 壬申 內牛 甲申 甲辰 丙申 庚
　　　申 壬子 壬辰

十二月　壬申 壬寅 甲寅 癸酉 甲申 丙申 乙酉 丙寅 戊
　　　寅 庚寅

여기까지는 중국의 주자가례(朱子家禮)에 의한 우리 나라의 옛 풍습으로 전해오는 상례(喪禮)절차이다.

33. 복(服) 입는 법(法)

①삼당(三堂)의 복법(服法)

기년(朞年)…一年　소공(小功)…五個月　대공(大功)…九個月
시마(緦麻)…三個月　자최(齊衰)…옷단 호는 것. 참최(斬衰)…
옷단 호지 않는것

○ 고조부모(高祖父母) 齊衰三個月.

○ 증조부모(曾祖父母) 齊衰五個月.

○ 종증조부모(從曾祖父母) 緦麻三個月.

○ 증조대고모(曾祖大姑母) 緦麻三個月(出嫁無服).

○ 조부모(祖父母) 齊衰一年.

○ 종조부모(從祖父母) 小功五個月.

○ 재종조부모(再從祖父母) 總麻三個月.

○ 종대고모(從大姑母) 小功五個月(出嫁總麻三個月).

○ 재종대고모(再從大姑母) 總麻三個月.

○ 부(父) 斬衰三年.

○ 모(母) 齊衰三年(父生時면 一年).

○ 백숙부모(伯叔父母) 朞年一年.

○ 종숙부모(從叔父母) 小功五個月.

○ 재종숙부모(再從叔父母) 總麻三個月.

○ 고모(姑母) 朞年一年(出嫁면 大功九個月).

○ 종고모(從姑母) 小功五個月(出嫁면 總麻三個月).

○ 재종고모(再從姑母) 總麻三個月(出嫁면 無服).

○ 형제(兄弟) 朞年一年.

○ 형수제수(兄嫂弟嫂) 小功五個月.

○ 종형제(從兄弟) 大功九個月(嫂는 總麻三個月).

○ 재종형제(再從兄弟) 小功五個月(嫂는 無服).

○ 삼종형제(三從兄弟) 總麻三個月(嫂는 無服).

○ 처(妻) 齊衰一年.

○ 자매(姉妹) 朞年一年.

○ 자매大功九個月 (出嫁면 小功五個月).

○ 재종자매(再從姉妹) 小功五個月(出嫁면 總麻三個月).

○ 삼종자매(三從姉妹) 總麻三個月(出嫁無服).

○ 장자(長子) 斬衰三年.

○ 차자(次子) 朞年一年.

○ 딸(女息) 朞年一年 (出嫁면 大功九個月).

○ 족하(足下) 朞年一年.

○ 차자부(次子婦) 大功九個月.

○ 질부(姪婦) 大功九個月.

○ 종질(從姪) 小功五個月.

○ 종질부(從姪婦) 緦麻三個月.

○ 재종질(再從姪) 緦麻三個月.

○ 재종질부(再從姪婦) 無服.

○ 질녀(姪女) 朞年一年(出嫁면 大功九個月).

○ 종질녀(從姪女) 緦麻五個月(出嫁면 緦麻三個月).

○ 장손(長孫) 朞年一年.

○ 차손(次孫) 大功九個月.

○ 손녀(孫女) 大功九個月(出嫁면 小功五個月).

○ 장손부(長孫婦) 小功五個月.

○ 차손부(次孫婦) 緦麻三個月.

○ 종손(從孫) 小功五個月.

○ 종손부(從孫婦) 緦麻三個月.

○ 재종손(再從孫) 緦麻三個月.

○ 재종손부(再從孫婦).

○ 종손녀(從孫女) 小功五個月.

○ 재종손녀(再從孫女) 緦麻三個月.

○ 장증손(長曾孫) 朞年一年.

○ 차증손(次曾孫) 緦麻三個月.

○ 증손녀(曾孫女) 緦麻三個月 (出嫁면 無服).

○ 장증손부(長曾孫婦) 小功三個月.
○ 차증손부(次曾孫婦) 無服.
○ 종증손(從曾孫) 緦麻三個月.
○ 종증손부(從曾孫婦) 無服.
○ 종증손녀(從曾孫女) 緦麻三個月(出嫁면 無服).
○ 장현손(長玄孫) 朞年一年.
○ 차현손(次玄孫) 緦麻三個月.
○ 현손녀(玄孫女) 緦麻三個月.
○ 장현손부(長玄孫婦) 小功五個月.
○ 차현손부(次玄孫婦) 無服.

②삼모(三母)의 복
○ 적모(嫡母) 父正室 齊衰三年.
○ 계모(繼母) 父後娶 齊衰三年.
○ 서모(庶母) 父妾 緦麻三個月.

③외당(外堂) 처당(妻堂)의 복
○ 외조부모(外祖父母) 小功五個月.
○ 처부모(妻父母) 緦麻三個月.
○ 외삼촌(外三寸) 小功五個月.
○ 외숙모(外叔母) 緦麻三個月.
○ 이모(姨母) 小功五個月.
○ 내종형제자매(內從兄弟姉妹) 緦麻三個月.
○ 외종형제자매(外從兄弟姉妹) 緦麻三個月.

○ 이종형제자매(姨從兄弟姉妹) 緦麻三個月.

○ 사위(女壻) 緦麻三個月.

○ 생질(甥姪) 小功五個月.

○ 생질부(甥姪婦) 緦麻三個月.

○ 생질녀(甥姪女) 小功五個月.

○ 외손(外孫) 緦麻三個月.

○ 외손부(外孫婦) 緦麻三個月.

④출계(出系)한 이의 생가복(生家服) 입는법.

○ 생가증조부모(生家曾祖父母) 緦麻三個月.

○ 생가조부모(生家祖父母) 大功九個月.

○ 생가종조부모(生家從祖父母) 緦麻三個月.

○ 생가대고모(生家大姑母) 緦麻三個月.

○ 생가부모(生家父母) 朞年一年 心喪三年.

○ 생가백숙부모(生家伯叔父母) 大功九個月.

○ 생가종숙부모(生家從叔父母) 緦麻三個月.

○ 생가고모(生家姑母) 大功九個月.

○ 생가종고모(生家從姑母) 緦麻三個月(出嫁면 無服).

○ 생가형제(生家兄弟) 大功九個月.

○ 생가종형제(生家從兄弟) 小功五個月.

○ 생가재종형제(生家再從兄弟) 緦麻三個月.

○ 생가재종수(生家再從嫂) 無服.

○ 생가자매(生家姉妹) 大功九個月.

○ 생가종자매(生家從姉妹) 緦麻三個月.

○ 생가재종자매(生家再從姉妹) 緦麻三個月.

○ 생가족하(生家足下) 大功九個月.

○ 생가질부(生家姪婦) 緦麻三個月.

○ 생가종질(生家從姪) 緦麻三個月.

○ 생가질녀(生家姪女) 大功九個月(出嫁면 小功五個月)

○ 생가종질녀(生家從姪女) 緦麻三個月(出嫁면 無服).

✧ 제 4 부 ✧

제례범절(祭禮凡節)

제 1 절 기제(忌祭)

〈기제의 대상〉 기제의 대상은 부모, 조부모및 배우자로 한다.
다만 무후한 3촌 이내의 존속 동행렬(同行列) 또는 비속의 친
족에 대하여는 기제를 지낼 수 있다.

〈기제의 일시〉 기제는 별세한 날 일몰 후 적당한 시간에 지
낸다.

〈제가〉 기제는 제주의 집에서 지낸다.

〈제주(祭主)〉 ①제주는 고인의 장자 또는 장손이 되며 장자
또는 장손이 없는 경우에는 차자 또는 차손이 제사를 주재한
다. ②상처(喪妻)한 경우에는 남편이나 그의 자손이, 자손이

없이 상부(喪夫)한 경우에는 아내가 제주가 된다.

〈참사자(參祀者)〉 기제의 참사자는 고인의 직계 자손과 근친자로 한다. 다만 부득이 참사할 수 없는 직계 자손은 자기가 있는 곳에서 묵념으로 고인을 추모하는 시간을 갖는다.

〈행사(行祀) 방법〉 기제는 양위가 모두 별세 하였을 경우에는 합설(合設)하는 것을 원칙으로 한다.

〈신위(神位)〉 신위는 고인의 사진으로 하되 부득이한 경우에는 지방으로 한다.

〈지방(紙榜)〉 지방은 한글로 백지에 먹으로 다음과 같이 쓴다.

①〈고인이 부모인 경우〉

아버님 신위

어머님ㅇㅇㅇ(본관성)씨 신위

〈조부모인 경우에는〉

할아버님 신위

할머님ㅇㅇㅇ(본관성)씨 신위

〈배우자인 경우에는〉

부군(夫君) 신위라 하며

망실(亡失) ㅇㅇㅇ(본관성)씨 신위

단서의 경우에는 그 신위에 제주와의 친족 관계를 표시한다.

②합설할 경우에는 양위의 지방을 다 모신다.

〈축문(祝文)〉 기제의 축문은 서식에 의하여 먹으로 쓴다.

〈제수(祭需)〉

①제수는 평상시의 간소한 반상의 음식으로 한다.

②제수는 자연스럽게 진설한다.

〈제복(祭服)〉제복은 깨끗한 평복의 정장으로 갖추어 입는다.

〈제식절차〉기제의 절차는 다음과 같다.

제 2 절 절사(節祀)

〈절사의 대상〉절사의 봉사대상은 직계 조상으로 한다.

〈절사의 일시〉절사는 추석절 아침에 지낸다.

〈제가〉절사는 제주의 집에서 지낸다.

〈제주〉제주는 종손(宗孫)이 되며 제사를 주제한다.

〈참사자〉참사자는 직계 자손으로 한다.

〈봉사방법〉봉사대상을 합사(合祠) 한다.

〈신위〉신위는 지방으로 한다.

〈지방〉지방은 한글로 백지에 먹으로 「선조 여러 어른 신위」
라 쓴다.

〈축문〉절사의 축문은 서식에 의하여 먹으로 쓴다.

〈제수〉제수는 기제에 준하되 메는 떡으로 가늠할 수 있다.

〈제복 및 제식절차〉제복 및 제식절차는 기제에 준한다.

제 3 절 연시제(年始祭)

〈연시제의 대상〉연시제의 대상은 부모, 조부모및 배우자로
한다.

〈연시제의 일시〉연시제는 음력 1월 1일 아침에 지낸다.

〈제가, 제주, 참사자 및 제복등〉제가, 제주, 참사자 및 제복
등은 기제에 준한다.

〈봉사방법〉봉사대상을 합사하는 것을 원칙으로 한다.

〈신위〉신위는 기제에 준한다.

〈지방〉지방은 기제에 준하되 합사하는 경우에는 봉사대상
을 열기한다.

〈제수〉제수는 기제에 준하되 메는 떡국으로 가름한다.

위령제(慰靈祭) 축문

1. 부조의 경우

> 년   월   일
>
> 아들(또는 손자) ○○는 아버님(또는 할아버님) 영전에 삼가 고하나이다. 오늘 이곳에 유택을 마련하였사오니 고이 잠드시고 길이 명복을 누리시옵소서

※어머니, 할머니의 경우는 위에 준한다.

2. 아내의 경우

> 년   월   일
>
> 남편 ○○○는 당신의 영 앞에 고합니다.
> 이곳에 유택을 마련하오니 고이 잠드시고 길이 명복을 누리소서

※자손이 없이 상부(喪夫)한 경우에는 아내가 위령제를 지내되 축문은 위에 준한다.

3. 삼촌 이내의 친족인 경우

 전 1,2 의 예에 준하되 다음 사항에 유의한다.

 ①손아래 동항렬(同行列) 또는 비속(卑屬)에 대하여는 "너의 영에 이른다" "누리기 바란다"로 바꿔쓴다.

 ②상례를 주재하는 자와 망인의 친족관계 칭호는 통례(通例)에 의한다.

탈상제(脫喪祭)의 축문

1. 부조의 경우

> 　　　　　　　　　　년　　월　　일
> 아들(또는 손자) ㅇㅇ는 아버님(또는 할아버님) 영전에 삼가 고하나이다.
> 세월이 덧없이 어느덧 상기를 마치게 되었사오니 애모하는 마음 더욱 간절하옵니다.
> 이에 간소한 제수를 드리오니 강림하시와 흠향하시옵소서

※어머니, 할머니의 경우는 위에 준한다.

2. 아내의 경우

> 년 월 일
> 남편 ㅇㅇㅇ는
> 당신의 영 앞에 고합니다.
> 당신이 돌아간지 벌써 100일이 되어 이제 상기를 마치게 되니 슬프고 아픈 마음을 금할 수 없습니다.
> 이에 간소한 제수를 드리니 흠향하소서

※자손이 없이 상부(喪夫)한 경우에는 아내가 위령제를 지내되 축문은 위에 준한다.

기제(忌祭)의 축문

1. 부조의 경우

>   년   월   일
> 아들(또는 손자) ○○는 아버님(또는 할아버님) 신위전에 삼가 고하나이다.
> 아버님(또는 할아버님)께서 별세하시던 날을 다시 당하오니 추모의 정을 금할 수 없습니다.
> 이에 간소한 제수를 드리오니 강림하시와 흠향하시옵소서

※①양위를 합설할 경우에는 점선의 부근에 열기한다.
②어머니, 할머니의 경우는 위에 준한다.

2. 아내의 경우

>   년   월   일
> 남편 ○○○는 당신의 신위 앞에 고합니다.
> 당신이 별세하던 날을 다시 당하니 옛 생각을 금할 수 없습니다.
> 이에 간소한 제수를 드리니 흠향하소서

※자손이 없이 상부(喪夫)한 경우에는 아내가 제주가 되고 축문은 위에 준한다.

3. 삼촌 이내의 친족인 경우

전 1,2 의 예에 준하되 다음 사항에 유의한다.

①손아래 동항렬(同行列) 또는 비속(卑屬)에 대하여는 "신위에 이른다" "제수를 차렸으니 운감하기 바란다"로 바꿔 쓴다.

②존속 또는 손위 동항렬에 대하여는 추모의 뜻을, 손아래 동항렬과 비속에 대하여는 추도의 뜻을 간결한 말로 표시한다.

③제주와 기제 대상의 친족 관계 칭호는 통례에 의한다.

절사(節祀)의 축문

　　　　　　　　　　　년　　월　　일

후손 ○○○는 선조 여러 어른 신위전에 삼가 고하나이다. 오곡이 무르익은 추석절을 맞이하니 여러 선조님의 높으신 은덕이 새삼 느껴지며 추모의 정이 더욱 간절하여집니다.

이에 간소한 제수를 드리오니 강림하시와 흠향하시옵소서

〈부도(附圖) 제 1〉

〈상장(喪章)의 크기와 모양〉

1. 감의 크기(두겹)   2. 접은 모양

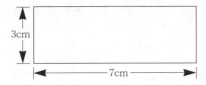 

지석(誌石)만들기

〈부도(附圖) 제 2〉

1. 돌 또는 벽돌의 경우
  (가) 크기와 모양
  (나) 기재 요령(記載要領)

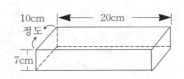

   ① 위쪽…○○○○○의 묘   ② 앞쪽…생년월일, 사망년월일
        (본관성명)

   ③ 뒤쪽…상주(喪主)이름   ④ 밑쪽…고인(故人)의 약력
  (다) 기록은 묵서(墨書) 양각(陽刻) 또는 음각(陰刻)으
로 한다.
2. 사발의 경우
  사발로 지석을 만들 경우에는 안쪽에 전기사항을 간략
하게 먹으로 기입하고 재를 채워 엎어 묻는다.

제 4 절 성묘(省墓)

〈성묘〉 후손의 선영(先靈)에 참배하고 묘역(墓域)을 살피되 그 시기는 각자의 편의대로 한다.

〈방법〉 성묘의 방법은 재배 또는 묵념으로 하고 제수는 각자의 편의대로 한다.

✦ 제 5 부 ✦

재래식 제례(在來式 祭禮)
〈고례(古禮)에 의한것〉

1. 제례(祭禮)의 뜻

제례(祭禮)란 제사(祭祀) 지내는데 대한 여러가지 예(禮)를 말한다.

그러나 이 예가 그리 복잡함이 없음에도 제대로 지켜지지 않고 있음은 현대인들이 그만큼 조상에 대한 자손으로서의 도의심(道義心)이 희박해진 결과라 하겠다.

「뿌리 없는 나무가 어디 있으며, 조상없는 자손이 어디 있느냐」는 옛 어른들의 가르침이 아니더라도 나를 낳아 길러 주시고 돌봐주신 선조에 대하여 정성껏 예로서 모시는 것은 자손된 당연한 도리라 하겠다. 따라서 생활에 바쁘고 일에 쫓기

는 오늘날이라 하지만 1년에 한번 돌아오는 기일(忌日) 만이
라도 보은감사(報恩感謝)의 뜻을 가지고 예를 지켜야 할 것
으로 믿는다.

 그러나 이 제사가 많은 제수(祭需)를 차려 놓아야만 되는 것
은 아니다. 남의 이목이 두려워서 분수에 넘치는 제상을 차린
다는 것은 조상에 대한 정성이 아니라 오히려 자신의 허영인
것으로 삼가 해야 할 것이다.

2. 제사의 종류(祭祀種類)

 제사(祭祀)에는 상중(喪中)의 우제(虞祭)와 소상(小祥), 대
상(大祥), 담제(禫祭)외에 시제(時祭), 다례(茶禮), 기제(忌祭),
묘제(墓祭)등이 있다. 그러나, 우제(虞祭)와 소상(小祥), 대상
(大祥), 담제(禫祭)는 상례편(喪禮篇)에서 자세히 설명 되었
기에 그 외의 것을 설명코져 한다.

 ⑴ 시제(時祭) 철을 따라서 1년에 네번 종묘(宗廟)에 지내던
제사였으나 현재는 거의 지내지 않고 있다.

 ⑵다례(茶禮) 음력으로 매달(每月) 초하루, 보름, 생일 등에
간단히 낮에 지내는 제사이며, 정월 1일의 연시제(年始祭)와
八月 추석(秋夕)에 지내는 절사(節祀)가 있다.

 ⑶기제(忌祭) 돌아가신 날 지내는 제사로 오늘날 보통 제사
라고 불리우는 것이 이것이다.

 ⑷묘제(墓祭) 시조(始祖)에서부터 모든 조상들의 묘소에 가
서 지내는 제사로 대개 한식(寒食)이나 十月에 날짜를 정하

여 지내고 있다. 우리들은 대개 이것을 시제라고도 한다.

3. 기제(忌祭)

기제(忌祭)의 봉사(奉祀) 대상은 제주(祭主)로부터 五대조까지 모시는 것이 우리의 풍속이다.

제사를 드리는 시간은 모두가 잠든 조용한 밤 1시 전후가 가장 적당할 것이며 제사는 제주(祭主)의 가정에서 지낸다.

그러나, 특별한 지위나 사회적인 기제(忌祭)일 경우에는 다른 장소를 마련하여 행사(行祀) 한다.

제주(祭主)는 고인의 장자(長子)나 또는 장손(長孫)이 되며 장자나 장손이 없을 때는 차자(次子)또는 차손(次孫)이 제사를 주관한다.

상처(喪妻)한 경우에는 남편이나 그의 자손이 없이 상부(喪夫)한 경우에는 아내가 제주가 된다. 참사자(參祀者)는 고인의 직계 자손으로 하며 가까운 친척이나 친지도 참석할 수 있다.

부득이 참석할 수 없는 자 또는 자손은 자기가 있는 곳에서 묵념으로 고인을 추모하는 시간을 갖는다.

행사(行祀) 방법은 양위가 모두 별세하였을 경우에 합설(合設) 하는 것을 원칙으로 한다.

신위(神位)는 고인의 사진으로 하되 사진이 없으면 지방(紙榜)으로 대신한다. 지방은 깨끗한 백지에 먹으로 쓰며 길이 22cm 폭 6cm정도로 한다.

●지방(紙榜)은 목욕 재계하고 의관을 정제 하고서 끓어 앉아 작성해야 한다.

十八세 미만에 죽은 자식은 「亡子秀才」라 쓰고 숙부는 「顯中季考」라고 쓴다. 지방은 남좌여우「男左女右」로 쓰며 또한 그렇게 세워놓고 제사를 지낸다.

고조부의 지방 (高祖父母 紙榜)	증조부모의 지방 (曾祖父母紙榜)
顯高祖考學生　府君　　神位　　顯高祖姙孺人全州金氏　神位	顯曾祖考學生　府君　　神位　　顯曾祖姙孺人慶州李氏　神位

조부모의 지방 (祖父母紙榜)

顯祖妣孺人 光山金氏 神位

顯祖考學生 府君 神位

부모의 지방 (父母紙榜)

顯妣孺人 坡州尹氏 神位

顯考學生 府君 神位

백부모의 지방 (伯父母紙榜)

顯伯母孺人 全州李氏 神位

顯伯父學生 府君 神位

숙부모의 지방 (叔父母紙榜)

顯叔母孺人 密陽朴氏 神位

顯叔父學生 府君 神位

형의 지방
(兄紙榜)

顯兄考學生 府君　神位
顯兄婢孺人 安東金氏　神位

동생의 지방
(弟紙榜)

亡弟　學生(이름)　神位

남편의 지방
(男便紙榜)

顯辟學生 府君　神位

아내의 지방

亡室孺人 全州金氏　神位

자식의 지방

亡子秀才 (이름) 之靈

4. 축문(祝文)

축문(祝文)은 신명(神明) 앞에 고하는 글이며 그 내용은 제위(祭位) 분께 간소한 제수나마 흠향 하시라는 뜻을 고하는 글이다.

〈출주고사(出主告辭) 사당에서 신주를 모셔 내올때 읽는 축문〉
금 이　현고모관부군　원휘지신　감청　신주출 취정침
今以 顯考某官府君 遠諱之辰 敢請 神主出就正寢

【해설】돌아가신 날이 왔음으로 신주가 나오셔서 정침에 나가시기를 감히 청하옵니다.

〈기제축(忌祭祝) 조부모의 경우〉
유세차간지　모월간지삭　모일간지　효손모
維歲次干支 某月干支朔 某日干支 孝孫某(奉祀者名)
감소고우
敢昭告于
현조고　모관부군　현조비　모봉모씨　세서천역　현조고
顯祖考 某官府君 顯祖妣 某封某氏 歲序遷易 顯祖考
휘일부림　추원감시　불승영모　근이　청
(祖母는 祖妣) 諱日復臨 追遠感時 不勝永慕 謹以 淸
작서수　공신전헌　상향
酌庶羞 恭伸奠獻 尙饗

【참고】曾祖 高祖의 제사 때에도 축문은 이와같이 서식으로 쓰되 다만 제위와 奉祀者만이 각각 촌수에 따라 달리 쓰이게 된다.

【해설】모년 모월 모일 효손 某는 김히 고하나이다. 할아버지 할머니 해가 바뀌어서 할아버지 돌아가신 날이 다시 돌아오니 영원토록 사모하는 마음을 이기지 못하여 삼가 맑은 술

과 여러가지 음식으로 공손히 전을 드리오니 흠향 하시옵소
서

〈忌祭祝(부모의 경우)〉

유세차간지　모월간지삭　모일간지　효자모
維歲次干支　某月干支朔　某日干支　孝子某(奉祀者名)

감소고우
敢昭告于

현고모관　　　부군　현비유인모봉모씨　세서천역　현
顯考某官(學生)府君　顯妣孺人某封某氏　歲序遷易　顯

고학생부군　　　　　　　　　　　　　　　　　　휘일부림
考學生府君 (어머니忌日이면 **顯妣孺人某貫某氏**) **諱日復臨**

추원감시　호천망극　근이　청작서수　공신전헌　상향
追遠感時　昊天罔極　謹以　淸酌庶羞　恭伸奠獻　尙饗

【해설】모년 모월 모일 효자 某는 감히 고하나이다. 아버지
어머니 해가 바뀌어서 아버지 돌아가신 날이 다시 돌아오니
하늘과 같이 크고 넓으신 은혜를 다할 수 없어 영원토록 사
모하는 마음을 이기지 못하여 삼가 맑은 술과 여러가지 음식
으로 공손히 전을 드리오니 흠향 하시옵소서

〈忌祭祝(남편의 경우)〉

유세차간지　모월간지삭　모일간지　주부모　　　감소
維歲次干支　某月干支朔　某日干支　主婦某(姓名)　敢昭

고우
告于

현벽모관부군　세서천역　휘일부림　추원감시　불승감
顯辟某官府君　歲序遷易　諱日復臨　追遠感時　不勝感

창　근이　청작서수　공신전헌　상향
愴　謹以　淸酌庶羞　恭伸奠獻　尙饗

【해설】모년 모월 모일 주부 某는 삼가 고하나이다. 해가 바
뀌어서 남편이 돌아가신 날이 다시 돌아오니 슬픈 마음을 이

기지 못하여 삼가 맑은 술과 여러가지 음식으로 공손히 전을
드리오니 흠향 하시옵소서

〈忌祭祝(아내의 경우)〉

維歲次干支 某月干支朔 某日干支夫某(姓名) 敢昭告于

亡室某封某氏 歲序遷易 亡日復至 追遠感時 不自勝

感 玆以 淸酌庶羞 伸此奠儀 尙饗

【해설】모년 모월 모일 부 某는 삼가 고하나이다. 돌아가신
아내 ○○이여! 해가 바뀌어서 그대가 돌아가신 날이 다시
돌아오니 영원토록 사모하는 마음과 스스로 많은 느낌을 이
기지 못하여 여기 맑은 술과 여러가지 음식으로 전을 드리오
니 흠향 하소서

〈忌祭祝(형의 경우)〉

維歲次干支 某月干支朔 某日干支弟某(弟名) 敢昭告于

顯兄學生府君 歲序遷易 諱日復臨 情何悲痛 謹以 淸

酌庶羞 恭伸奠獻 尙饗

【해설】세월이 흘러서 형님의 제사날을 다시 맞으니 형제지
간의 정리로 비통한 마음 한량 없습니다. 이제 삼가 맑은 술
과 여러가지 음식을 차려 공손히 드리오니 응감하소서

〈忌祭祝(아우의 경우)〉

維歲次干支 某月干支朔 某日干支 兄告于 亡弟某(아

우姓名) 歲序遷易 亡日復至 情何可處 茲以 淸酌 陳
此奠儀 尙饗

【해설】세월이 흘러서 아우의 죽은 날이 다시 돌아오니 형제 지간의 정을 어찌할 바를 모르겠네. 여기 맑은 술과 음식을 차려 놓았으니 응감하여 주게.

〈忌祭祝(아들의 경우)〉

維歲次干支 某月干支朔 某日干支 父告于 亡子某(아 들姓名) 歲序遷易 亡日復至 心燬悲念 茲以 淸酌 陳 此奠儀 尙饗

【해설】세월이 흘러 너의 제사날을 다시 맞으니 아비의 마음 은 불타는것 같고 비통한 마음 한량없어 이에 맑은 술과 음 식을 차렸으니 응감하여라.

〈一年탈상(脫喪)때 祝文〉

維歲次干支 某月干支朔 某日干支 孝子某(이름) 敢昭 告于
顯考學生府君 日月不居 奄及朞祥 夙 興夜處 哀慕不 寧 三年奉喪 於禮至當 事勢不逮 魂歸墳墓 謹以 淸酌 庶羞 哀薦祥事 尙饗

【해설】모년 모월 모일 효자 某는 감히 고하나이다. 아버지 돌아가신지 1년이 되었습니다. 사모하는 마음 이기지 못하여

3년을 모셔야 하오나 시속에 따라 혼은 분묘로 돌아가시기를
바라오며 이제 맑은 술과 여러가지 음식으로 공손히 전을 드
리오니 흠향 하시옵소서

〈묘제축(墓祭祝)〉
유세차간지 모월간지삭 모일간지 몇대손모　감
維歲次干支 某月干支朔 某日干支 ○代孫某(奉祀者名) 敢
소고우
昭告于

현몇대조고 모관부군지묘 기서유역 상로기강 첨소봉영
顯○代祖考 某官府君之墓 氣序流易 霜露旣降 瞻掃封塋
불승감모 근이 청작서수 지천세사 상향
不勝感慕 謹以 淸酌庶羞 祗薦歲事 尙饗

【참고】「霜露旣降」은 季節 에 따라 쓰는 것이니 正月에는
「歲律旣更」端午에는「時物暢茂」秋夕에는「白露旣降」이라 쓴
다.

【해설】년 월 일 몇대 손 某는 몇대 할아버지 묘소에 감히 고
하나이다. 절후(節後)가 바뀌어 이미 서리가 내려왔기에 봉분
을 쳐다보고 그리워 하는 마음을 이기지 못하여 삼가 맑은 술
과 여러가지 음식으로 세사(世祀)를 올리오니 흠향 하옵소서.

〈묘제시 산신축(墓祭時 山神祝)
유세차간지 모월간지삭 모일간지 모　　감소고우
維歲次干支 某月干支朔 某日干支 某(奉祀者名) 敢昭告于
토지지신 공수세사우 현몇대조고 모관부군지묘 유시보
土地之神 恭修歲事于 顯○代祖考 某官府君之墓 維時保
우 실뢰신휴 감이주찬 경신전헌신 상향
佑 實賴神休 敢以酒饌 敬伸奠獻神 尙饗
【해설】토지신에게 감히 고하나이다. 몇대조의 묘소에 삼가

세사(世祀)를 올리는 바 때로 도우신 신의 보우(保佑)에 힘입
어 여기 술과 음식으로 전을 드리오니 흠향하소서

5. 제수(祭需)

제수란 제사에 쓰이는 제물을 말하는 것으로 어디까지나 깨
끗이 차려야 한다. 그러므로 제수를 차리는 주부나 기타 사람
들도 몸을 깨끗이 목욕하고 임하는 것이 정성의 표현이 될것
이다.

주부는 제삿날 몇일 전부터 제사에 대한 계획과 준비로서
제수의 종류, 분량, 제주(祭酒)등에 이르기까지 집안 어른들과
상의해야 한다. 또한 제사에 써야할 제기(祭器)등도 꺼내어
깨끗이 닦는다.

마련해야 할 제물은 다음과 같다.

①메(밥) ②삼탕(三湯=소탕, 육탕, 어탕) ③삼적(三炙=소
적, 육적, 어적) ④채소(菜蔬=삼색 나물, 즉 콩나물, 숙주나물,
무나물) ⑤침채(沈菜=동치미) ⑥청장(淸醬) ⑦청밀(淸密=
꿀, 조청) ⑧편(餠=백편) ⑨포(脯=북어, 건대구, 건문어, 건
전복, 건상어, 암치, 오징어, 육포) ⑩유과류(油果類=산자, 채
소, 강정, 매작강정) ⑪당속류(糖屬類=옥춘, 오화당, 원당, 방
당, 매화당, 각당) ⑫다식(茶食=녹말, 송화, 흑임자) ⑬전과
(煎果=연근, 생강, 유자) ⑭실과(實果=생실과, 숙실과) ⑮제
주(祭酒=청주) ⑯경수(更水=숭늉) ⑰시접(匙楪)=수저와 대
접) ⑱모사(茅沙) ⑲위패(位牌) ⑳향로와 촛대로써 五탕 五적

으로 할 때는 소, 육, 어, 봉, 잡탕의 五탕 및 소, 육, 어, 봉, 채
소적의 오적으로 하고 나물도 오색으로 갖추는 법이다. 그리
고 제수 음식 장만에는 고추가루와 마늘을 쓰지 않는다. 집안
형편에 따라서는 기본되는 제물 외에도 각종 유밀과 정과 요
리등을 진설하기도 하지만 너무나 형식에 끌려 허례를 차릴
필요는 없다. 제물의 진설이 끝나면 곧 지방을 써 붙이고 향
로에 향불을 피움으로써 기제는 시작되는 것이다.

○제물(祭物)

제수진설도

한분을 모실때

紙榜(단위진설)				
수저	국	잔	밥	초
국수	육물	적	어물	떡
탕	탕	탕	탕	탕
포	숙채	간장	식혜	나물
대추	밤	배	감	망과

모사　　　향로　　　향합

제수진설도

양위를 모실때

紙榜(양위진설)							
국	잔	밥	수저	국	잔	밥	떡
초	국수	떡	육물	적	어물	국수	초
탕		탕	탕		탕		탕
자반	포	숙채		간장	식혜		김치
대추		밤	배		감		망과

모사　　　향로　　　향합

6. 제사(祭祀)순서

①강신(降神)···강신이란 신위께서 강림하시어 음식을 드시
기를 청한다는 뜻이다.

①강신(降神)

제주 이하 모든 참사(參祀)자가 차례대로 선 뒤 제주가 신위 앞에 나아가 꿇어 앉아 분향하고 우집사(右執事=子侄이 한다)가 술을 잔에 차지 않게 조금 따라서 제주에게 주면 제주는 받아서 모사(茅沙) 그릇 위에 세번으로 나누어 붓고 빈 잔은 우집사에게 다시 주고 일어나서 두 번 절한다. 이때 향을 피움은 위에 계신 신(神)을 모시고자 함이요 술을 따름은 아래 계신 신을 모시고자 함이라 한다.

②참신(參神)…참신은 강신을 마친 뒤 제주이하 모든 참사자가 두 번 절한다. 신주(神主)를 모실 경우는 참신을 먼저하고 지방(紙榜)인 경우에는 강신을 먼저한다.

②참신(參神)

③초헌(初獻)…제주가 신위 앞에 나아가 꿇어 앉아 분향한 후 좌집사가 잔을 제주에게 주면 우집사가 잔에 술을 가득

③초헌(初獻)

붓고 제주는 강신할 때와 같이 오른손으로 잔을 들어 모사에
조금씩 세번 기울어 부은 뒤에 양손으로 받들어 집사자에게
주면 집사자는 그것을 받아서 올린다.

먼저 고위(考位 아버지 위)앞에 올리고 두 번째 잔을 받아서
그대로 비위(妣位 어머니 위) 에 올리고 저를 고른 뒤 재배한
다.

④독축(讀祝)…독축이란 축문을 읽는 것을 말한다. 축문은
초헌이 끝난 다음 제주이하 모든 참사자가 끓어 앉고 제주
옆에 축관이 앉아 읽는다.

이 축문은 엄숙한 분위기를 조성하기 위해서도 목청을 가다
듬어 천천히 크게 읽어야 한다. 축문을 다 읽고 나면 일동은
일어나 두 번 절한다.

④독축(讀祝)

⑤아헌(亞獻)

⑤아헌(亞獻)…아헌이란 두 번째 잔을 올리는 것을 말한다. 아헌은 주부가 하는 것이 예의이나 주부가 올리기 어려울 때는 제주의 다음 가는 근친자가 초헌과 같이 한다.

⑥종헌(終獻)…종헌이란 끝잔 올리는 것을 말한다. 종헌은

⑥종헌(終獻)

아헌자의 다음가는 근친자가 아헌과 같이 하며 잔을 받아서
모사에 세 번 기울였다가 올린다.

집안에 따라서는 저(箸)를 고르는 수가 있다.

⑦첨작(添酌)…첨작이란 유식이라고도 하는데 제주가 다시
신위 앞에 나아가 꿇어 앉은 뒤 우집사가 다른 술잔에 술을
조금 따라 제주에게 주면 이것을 좌집사가 잔을 받아 종헌자
가 드릴 때에 채우지 않은 잔에 세번으로 나누어 첨작하고
두 번 절한다.

⑦첨작(添酌)

⑧계반삽시(啓飯揷匙)…계반삽시란 메 그릇의 뚜껑을 열어
놓고 수저를 꽂는 것으로 수저 방향이 동쪽으로 가게 꽂는다.

(제사 지내는 사람을 향해서 오른편이 동쪽, 왼편이 서쪽이
다)

⑧계반삽시(啓飯插匙)

⑨합문(闔門)…합문이란 참사자 일동이 방에서 나와 문을
닫는 것을 말하는데 이것은 신위께서 조용히 음복하실 시간
을 드리는 것으로 3~4분 기다린다.

⑨합문(闔門)

⑩개문(開門)…개문이란 문을 여는 것을 말한다. 제주가 「에헴, 에헴, 에헴」하고 기침을 세 번하고 문을 열고 들어간다.

⑩개문(開門)

⑪헌다(獻茶)…숭늉을 갱과 바꾸어 올리고 메를 조금씩 세 번 떠서 숭늉에 말아놓고 저(箸)를 고르고 참사자 일동이 2~3분간 읍하고 있다가 큰 기침을 하고 고개를 든다.

⑪헌다(獻茶)

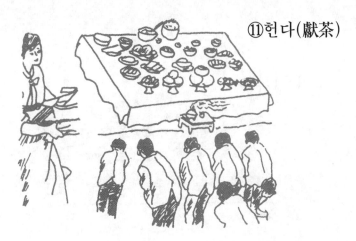

⑫철시복반(撤匙復飯)…숭늉 그릇에 놓인 수저를 거두고 메 그릇에 뚜껑을 덮는다.

⑫철시복반(撤匙復飯)

⑬사신(辭神)…참사자 일동이 두 번 절하고 신주는 사당으로 모시고 지방과 축을 불사른다.

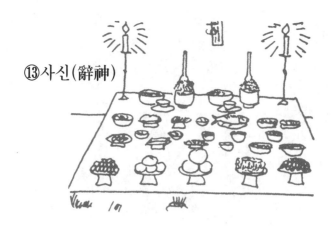

⑬사신(辭神)

⑭철상(撤床)…철상이란 모든 제수를 물리는 것으로 제수는
뒤에서부터 물린다.

⑭철상(撤床)

⑮음복(飮福)…음복이란 조상께서 물려 주시는 복된 음식이
란 뜻으로 제사가 끝나면 참사자(參祀者)와 가족이 모여 앉

⑮음복(飮福)

아서 식사를 한다. 또한 음식을 친족과 이웃에 나누어 주기도
하고 이웃 어른을 모셔다가 대접하기도 한다.

7. 연중 명절 제사(年中名節祭祀)

①연시제(年始祭)…정월 초하룻날 세배로 드리는 차례이다.
모시는 대상은 부모, 조부모 및 배우자로 한정되나 증조부모,
고조부모의 차례를 올리는 것도 좋으리라. 제상은 조부모 내
외분, 부모 내외분 배우자로 각각 마련해도 무방하나 합사하
는 경우에는 지방을 한 종이에 나란히 쓴다. 정초에는 우리
고유의 풍속으로 어느 가정에서나 떡국을 끓여 먹음으로 제
사에도 메 대신 떡국으로 올린다.

축문은 읽지 않고 헌작(獻酌)도 한번으로 한다.

②한식 성묘(寒食省墓)…한식은 청명(淸明)의 다음 날로 동
짓날로부터 백 五일째 되는 날이다. 이날은 조상에 제사를 지
내고 성묘를 하는 것으로 옛날부터 전해 내려오고 있다.

한식(寒食)이란 말은 옛날 중국에서 동지(冬至)뒤 백 五일째
되는 날은 비와 바람이 세찬 계절로 해당되어 불을 때지 않
고 찬밥을 먹었다는 풍속에서 비롯된 말이다. 원래 성묘는 춘
하추동(春夏秋冬)에 한번씩 하기로 정해져 있었으니 봄에는
한식, 여름에는 단오, 가을에는 추석, 겨울에는 음력 十월 초
하루이다.

그러나 근래와 같이 바쁜 세상에서는 이것이 지켜지지 않고

있으나 한식 절후는 一년중 만물이 소생하는 계절로 식목일 (植木日)과 청명일(淸明日)이 전후해서 있음으로 산소를 찾아가서 분묘(墳墓)를 매만져 다듬고 식목을 하거나 또한 이장(移葬) 같은 것도 바람직한 일이다.

　③추석제사(秋夕祭祀)…추석은 음력으로 八월 보름(十五일), 우리 나라에서는 설 명절과 함께 가장 크게 치는 민속명절이다.

　한가위, 가윗날, 중추절을 가배일 이라고도 하는데 더위가 물러가고 백곡이 익어 일년중 농촌에서는 그 어느때 보다도 풍성한 계절이다.

　추석날이 되면 서로 멀리 흩어졌던 가족들도 돌아와 조상에게 햇곡식으로 차례를 올리고 성묘를 한다. 차례 모시는 대상은 직계 조상으로 하며 제수와 절차는 기제(忌祭)와 같이 한다.

8. 종교식 제례(宗敎式 祭禮)

　①기독교의 추도식

　기독교에서는 제사를 지내지 않는다. 그렇다고 죽은 이를 아예 추모하지 않는다는 뜻이 아니고 고인(故人)을 신격화(神格化)하여 숭배하지 않는다는 것으로 그것은 오직 신은 하나님 한 분 밖에 없기 때문이다. 따라서 고인의 기일(忌日)이 돌아오면 가족이 모여서 추도식을 갖되 주례자(목사)를 모시

●. 찬송
●. 기도
●. 성경 낭독
●. 찬송
●. 기념추도
●. 묵도
●. 찬송
●. 주기도문

고 다음과 같은 순서로 진행한다.

찬송-대개 423장이나 501장을 부르는데 그 선택은 주례목사의 임의로 하며 일동이 부른다.

기도-목사가 혼자 대표로 하는데 그 내용은 돌아가신 이를 생각하고 유족들이 슬퍼만 할 것이 아니라 하늘 영광을 바라보고 위안과 소망을 갖게 하여 달라는 내용의 기도이다.

성경낭독-열왕기상 2장 1절에서 3절까지 잠언 3장 1절에서 10절까지 누가복음 16장 19절에서 31절까지 묵시록 21장 1절에서 8절을 목사가 봉독한다.

찬송-대개 75장을 함께 부른다.

기념추도-고인의 행적이나 유훈을 주례목사가 말한다.

묵도-일동이 약 3분간 묵념한다.

찬송-505장을 일동이 함께 부른다.

주기도문으로 식을 끝낸다.

②천주교의 제사

장례후 3일, 7일, 30일이 되면 연미사를 드린다.

또한 일반의 묘제(墓祭) 대신 묘지 방문 이라는 것이 있어서 1년중 날을 택해서 교우들이 묘지를 찾아가 잔디를 입히든가 잡초를 뽑아 준다. 가능하면 교우들은 추사이망 참례날 단체적으로 묘지를 방문함이 좋을 것이다.

③불교의 추도식

불교(佛敎)에서는 추도의식이라하여 소기(小朞)와 대기(大朞)를 맞거나 고인의 생일에 절을 찾아가서 다음과 같은 절차로 추도식을 갖는다.

● 개식(開式)- 사회하는 법사(法師)의 개회 선언으로 시작된다.

● 삼귀의례(三歸依禮)-불(佛), 법(法), 승(僧)의 삼보(三寶)에 귀의 한다는 예를 베푼다.

● 독경(讀經)-법주가 반야심경(般若心經)을 읽는다.

● 묵도(默禱)-참석자 일동이 방에 들어가 앉아서 드린다.

● 추도문 낭독(追悼文朗讀)-고인의 약력 보고와 함께한다.

● 추도사(追悼辭)-범주가 추도와 위안을 겸하여 한다.

● 감상(感想)-내빈 중의 대표자가 나와서 위로의 말을 한다.

● 소향(燒香)-유족이 먼저 분향하고 다음으로 참사자가 분향한다.

● 답사(答辭)-내빈의 감상(感想)에 대한 답례로 제주가 한다.

● 폐식(閉式)-개식을 선언한 법사가 폐식을 선언한다.

이 외에도 재(齊)와 영반(靈飯)이 있는데 재는 49재와 77재가 있다.

④일반 추도식(一般追悼式)

고인(故人)이 사회적으로나 공익(公益)으로 업적이 있어서 크게 이바지 했을때 친지와 가족들, 그리고 고인을 따르던 사람들이 모여 추도식을 올리게 되는 것을 말한다.

참례자들은 개인별로 분향 배례한 다음 유가족에게 인사하고 자리로 돌아간다.

이때는 정중하고 엄숙해야 하며 화려한 옷 차림은 피해야 한다.

장소는 교회, 강당, 묘소 앞에서 거행하는데 다음의 식순으로 진행한다.

- 개식(開式)-사회자의 선언으로 시작된다.
- 묵념(默念)-일동이 약 1분간 고인을 추모하는 뜻에서 한다.
- 약력보고(略歷報告)-생전에 고인과 친분이 두터웠던 사람이 한다.
- 추도사(追悼辭)-생전에 고인과 친분이 두터웠던 사람이 약력보고와 함께 한다.
- 추도가(追悼歌)-학교 혹은 교회 합창단이 부른다.
- 분향(焚香)-참례자 전원이 한다.

⑤위령제(慰靈祭)

전쟁이나 천재지변으로 많은 생명이 희생 되었을때 합동으로 그들의 영혼을 위로하고 또한 추모하는 제사이다.

제단(祭壇)에 지방(紙榜)이나 사진을 모시고 다음과 같은 절차로 진행한다.

- 제례거행선언

- 주악
- 일동 경례
- 약력 보고
- 추모사
- 분향 헌작
- 일동 경례
- 주악
- 예필선언

위령제 추도식에 있어서 분향 헌작의 의식이 상당한 혼란을 일으키는 일이 많으므로 꼭 필요한 연고자와 대표자 몇명으로 제한하여 혼잡을 피하고 시간을 절약할 수도 있다.

9. 제문(祭文)

● 친정부모 제문 보기

유세차(維歲次) 경오(庚午) 신유삭(辛酉朔) 초八日 계미(癸未)는 내아(乃我) 아버님(어머님)의 소상지일야(小祥之日也)라 전석갑신(前夕甲申)에 출가여식(出家女息) 전주김실(全州金室)은 근이비박지수(謹以非薄之羞)로 사백곡고우(四拜哭告于).

영상지전 왈(靈床之前曰) 오호(嗚呼)라 인생세간(人生世間)이 아침 이슬같고 바람앞에 등불같다더니 평소에 그렇게도 건강하시고 백세의 장수(長壽)를 누리신다 하시더니 조물주(造物主)의 시기인지 천지신명(天地神命)의 도움이 없었던지

갑작스런 병환으로 우리 오빠 형제분들의 지성(至誠) 하옵신 시탕(侍湯)으로 조석(朝夕)을 시중들었으나 모처럼의 시약(施藥)도 효력을 보지 못하고 영영 돌아오지 못하는 길을 떠나 버렸으니 출가외인 딸자식은 아무 쓸모 없사오나 우리 오빠 지극(至極)하신 효심(孝心)에 그저 하늘이 무너지는듯 하옵니다. 애고 애고 아버님이시어! 이 몹쓸 딸자식은 한번 와서 병구원도 못한일 생각하면 가슴이 찢어 지는듯 사친지도(事親之道)는 남녀가 다를 바 없아오나 삼종지의 고례(三從之義古例)에 따라 적인종부(適人從夫)로 모든 형편이 달라짐으로 더욱 마음 아픔이 이루 헤아릴 수가 없소이다. 오호(嗚呼)라 아버님이시여! 평일에 우리 남매를 길러낼제 금지옥엽(金枝玉葉)같이 사랑하시며, 저 자식이 배고플까, 이 자식이 추울까 상시로 어루만지며 애지중지 하시면서 상중보옥(常中寶玉)같이 여기시고 의방(義方)을 가르켜 사람 노릇하기를 지도하신 여러 말씀 지금까지 들리는듯 귀에 쟁쟁, 보이는듯 눈에 삼삼, 이 여식의 조그마한 가슴 속에 태산같은 핏덩이가 뭉쳐 있나이다. 우리 남매들은 양육지덕택(養育之德澤)으로 순조롭게 교육을 마치고 명문귀족(名門貴族)에 남혼여가(男婚女嫁) 시켜 좋은 열매 맺도록 꽃씨만 심으시고 참된 결실(結實)도 못 보신채 어디로 가시고 다시 돌아오지 못하십니까. 오호라 작년 이날이 원수려니 오늘 이날이 작년 이날인가 일거 월추하여 날짜는 다시 돌아 왔건마는 우리 아버지는 어찌 못돌아 오시는고. 애고 애고 옛글에 춘초(春草)는 년년록(年年錄)이요. 왕손(王孫)은 귀불귀(歸不歸)라 하였은 즉 뒷

동산에 매화는 다시 피건마는 어찌 우리 아버님은 한번 가시고 다시 못돌아 오시나요. 오호통재(嗚呼痛哉)라 북망산(北邙山) 검은 구름 소녀의 가슴에 쌓인 울분이며 태평양 넓은 바다 구비치는 파도소리 소녀의 원한인듯 잠시 울음 진정하고 영상(靈床)을 우러러보니 혼백상(魂魄床)만 적적하고 피어 오르는 향연(香煙)만 구불구불 촛불 눈물 소녀의 한치 간장 마디마디 도려낸듯 옛날 쓰시고 입으시던 관상(冠裳)에서는 아버님의 체취(體臭)가 풍기는듯 하오나 말씀 한마디 없으시니 오호라 유명(幽明)이 달라 옛날에 그렇게도 애지중지 하시던 소녀가 왔다고 골백번 불러봐도 대답 없으시니 애고 애고 답답하여라. 그러나 아버님 영혼이 계시오면 딸자식의 일배주(一盃酒)와 몇줄 안되는 글로서 서럽고 애절한 이 사정을 감청(鑑聽) 하신 후 흠향하시와 고요히 잠드시옵소서.
오호통재상향(嗚呼痛哉尚饗)

10. 잔치

(1)백일(百日)잔치

아기가 태어나서 백일 되는 날에 축하의 뜻으로 음식을 장만하고 일가 친척과 이웃들을 초대하여 잔치를 베푼다.

음식으로는 백설기, 수수, 경단, 송편같은 떡 종류와 미역국, 나물, 흰밥등으로 다음과 같은 식탁을 준비하면 훌륭할 것이다.

①흰밥 ②미역국 ③김치(계절의 김치외에 동치미를 겸하면

좋다.) ④ 나물(도라지, 시금치등) ⑤생선조림 ⑥겨자 냉채(편육, 배 미나리 알지단) ⑦갈비찜 ⑧대추, 밤설기떡, 송편, 수수, 경단 ⑨생과일 ⑩식혜 또는 더운차.

초대는 가까운 친척 친지나 아기의 출생에 대하여 특별히 관심을 가지고 염려하여 주신 사람, 아기의 순산을 도와서 애써 주신 분들에 한하는 것이 좋겠다.

또한 초대할 때는 미리 알려서 상대방의 시간 예정에 지장이 없도록 하여야 모처럼의 초대가 불편 없이 또 빠짐 없이 모일 수가 있을 것이다.

백일 선물로서는 아기용으로 백일 이후 앞으로 쓸수 있는 것이 좋으리라.

①아기의 의류(베이비용 케프, 새크코-드, 담요, 기저귀등) ②장난감(공, 오뚜기, 딸랑 딸랑 소리 나는것) ③식품류(우유, 설탕, 과즙)등이다.

(2)첫돌 맞이 잔치

아기를 낳아서 첫돌이 되는 날에 축하의 뜻으로 음식을 장만하고 친족과 친지들을 초대하여 아기의 재롱을 보면서 즐겁게 베푸는 잔치다.

〈첫돌 아기 차림새〉

(아들의 경우)
①보통 연한 가지색 바지

②연두 저고리
③남조끼
④연두색 마고자
⑤분홍 두루마기
⑥남쾌자(금박이)
⑦검은색 복건(쾌자와 복건은 보통 갑사감으로 만듬)
⑧다홍띠(쾌자에 매는 띠)
⑨수놓은 누비 버선(버선 코에 수를 놓아 누빈 버선)
⑩수 주머니

(딸의 경우)
①노란 단속곳
②다홍이나 진분홍 치마
③노랑 색동 반호장 저고리(앞섶을 여러가지 원색 조각으로
색을 맞추어서 아주 잘게 모아 붙인 감으로 만들고, 깃, 고름,
끝동, 겨드랑이에는 다홍으로 호장을 대고 동은 색동을 달아
만든 저고리.)
④연두색 마고자나 남쾌자
⑤수놓은 누비 버선
⑥수놓은 작은 염장과 갖은 노리개, 괴불장도, 은괴불, 북, 또
는 은에다 칠보(七寶)로 칠한것
⑦금 박은 조바위
⑧오복 주머니(오색으로 만든 작은 주머니)
위와같은 차림새는 옛부터 내려오는 풍습입니다.

〈돌 잡히기〉

떡, 과실, 쌀, 돈, 붓, 책, 활, 실, 등을 큰 상에 차려 놓고 돌 차림을 한 애기에게 뜻 가는 대로 무엇이든 집게 하는 것으로 원뜻은 재롱을 보는 것이나 한편 옛부터 전해 내려오는 말로는 붓, 책등 지필묵(紙筆墨) 을 먼저 잡으면 자라서 공부 잘하고, 쌀이나 돈을 잡으면 돈에 유복할 것이고, 실을 먼저 잡으면 명(命)이 길고 활을 잡으면 무사(武士)가 될것이라고 일컬어 왔는데 이것은 모두 관념적인 것이라고 보겠다.

〈손님 상차리기〉

손님상은 돌에 차린 떡 등을 위주로 하겠지만 식사 시간이면 되도록 식사 준비를 하여야겠다.

①주식(흰밥) ②국(애탕국) ③나박 김치 ④생굴전(봄철에는 생선보다 생굴, 조개전이 특미가 있다.) ⑤신선로(손이 안가게 신선로를 만들자면 쇠고기, 조개, 삶은 달걀, 표고 버섯 등으로 전골처럼 만들고 신선로만을 사용 하도록) ⑥생미역과 생문어, 오이 냉채 ⑦육포와 어포 ⑧나물(도라지와 미나리) ⑨대합, 조개찜 그리고 후식으로는 송편, 수수, 경단, 백설기, 생과실, 더운 홍차등이 적당하다.

돌날의 선물로는 아기의 의류로서 아기 양복, 스웨터, 모자, 양말, 구두등 장난감으로는 손으로 끄는 자동차, 기차, 비행기, 고무공, 인형, 동물, 그림책등이 좋다.

식품류로는 과실, 과자로 몇일 두고 먹을 수 있는것이 애기의 간식용으로 좋으리라.

(3)회갑(回甲) 잔치

회갑(回甲)이란 우리나라 나이로 61세가 되는 해의 생일을 말한다. 한편 주갑(周甲) 화갑(華甲) 환갑(還甲) 이라고도 한다.

일반적으로 이날의 잔치를 수연(壽宴) 이라고 부르는데 인간의 장수(長壽)에 대한 축하연이란 뜻이다.

회갑(回甲)은 자녀들이 주동이 되어 부모에 대한 은혜와 위로를 드리고 친척과 친지들을 초청하여 잔치를 베풀고 하객(賀客)들은 회갑을 맞는 분에게 기념품을 드리면서 더욱 장수를 비는 것이다.

또한 회갑주가 사회적으로 저명인사(箸名人士)일 경우에는 뜻있는 사람들이 발기(發起)하여 기념 사업을 벌이기도 한다.

〈헌수(獻壽)〉

헌수라 함은 회갑을 맞는 사람에게 자녀들이 큰 상을 차려서 술잔을 올리고 절을 하면서 축수(祝壽)를 하는 것으로써 장남으로부터 차례대로 한 다음 이어서 친척들, 손님들이 축배를 올리고 또한 축사도 한다.

〈수연상(壽宴床) 차리기〉

①다식(茶食)…흑임자다식, 송화다식, 녹말다식

②건과(乾果)…대추, 은행, 호도

③생과(生果)…사과, 감, 배, 귤, 실과등

④유과(油果)…약과, 강정, 빈사과

⑤편(餠)…백편, 꿀편, 찰편, 싱검, 초편, 주악

⑥당속(糖屬)…팔보당, 졸병, 꿀병, 온당, 옥춘

⑦정과(正果)…청매 정과, 연근 정과, 산자 정과, 모과 정과, 생강 정과, 유자 정과

⑧포(脯)…어포, 육포, 건적포

⑨적(炙)…쇠고기적, 닭적, 화양적

⑩전(煎)…생선전, 갈남, 고기전

⑪초(抄)…전복초

〈수연의 식순(壽宴 式順)〉

①개식(開式) ②헌화(獻花) ③식사(式辭) ④약력(略歷) ⑤헌수(獻壽) ⑥하사(賀詞) ⑦축사(祝辭) ⑧축가(祝歌) ⑨송시(頌詩) ⑩영창(詠唱) ⑪예사(禮辭) ⑫폐식(閉式)

〈수연 청첩장 서식〉

(한글식)

○○○님께
삼가 아뢰옵니다.
다름이 아니옵고 이달 ○○날은 저의 아버
님(또는 어머님)회갑이 옵기로 자식된 기쁨
을 조금이라도 나타낼까 하여 변변치 못한
자리를 마련하오니 바쁘신중 이라도 이날
○○시까지 저의 집으로 오시면 영광이겠습
니다.
　　　　　　　　　년　　월　　일
　　　　　　　　　　　　○○○ 올림

(한문식)

謹啓 時下 孟夏之際에 高堂의 萬福하심을
頌祝하나이다.
就悚 來○月○日은 慈親(또는 家親)의 回甲
이옵기로 子息된 기쁨을 萬分之一이라도 表
할까 하여 壽宴을 略設하옵고 貴下를 招請하
오니 掃萬하시와 当日 下后○○時에 鄙家로
枉臨하여 주신다면 다시 없는 榮光으로 생각
하겠읍니다.
　　　　　　　　　년　　월　　일
　　　　　　　　　　　○○○謹拜

〈수연 축하 서식(壽宴祝賀書式)〉

○○선생님께

삼가 수연을 축하하나이다.

一금 ○○○원정

년　월　일

○○○ 올림

祝儀

春堂(또는 慈堂) 壽宴時

一金 ○○○원整

년　월　일

○○○謹拜

〈수연(壽宴) 축하 문구〉

○축 수연(祝 壽宴)

○축 희연(祝 禧宴)

○수의(壽儀)

○축의(祝儀)

○축 환갑(祝 還甲)

○하의(賀儀)

○축 회갑(祝 回甲)

○경의(慶儀)

○환갑을 축하하나이다.

○회갑을 축하하나이다.

○수연을 축하하나이다.

○삼가 수연을 축하하오며 만수무강 하시기를 빕니다.

(4)진갑(進甲)·칠순(七旬)·팔순(八旬) 잔치

회갑(回甲)을 치룬 이듬해 생일을 진갑이라 하여 또 잔치를 베푼다. 회갑때와 같이 성대히 하지는 않고 가정 형편에 따라 친지들을 초대하여 대접하면서 이날을 기념하고 축하하여 부모님의 마음을 기쁘게 해 드린다.

칠순(七旬)은 七十세가 되는 해의 생일날에 자손들이 잔치를 베풀어 장수를 축하하는 것인데 칠순 잔치를 고희(古稀) 또는 희연(稀宴) 이라고도 한다.

팔순(八旬)은 역시 八十이 되는 해의 생일날에 베푸는 잔치로 산수(傘壽)라 하고 이 이후에는 미수연(米壽宴)이라 해서 八八세 되는 해에 자손들의 성의에 따라 또 잔치를 베푼다.

또 90세를 졸수(卒壽), 99세를 백수(白壽), 100세를 기이지수(期頤之壽)라고 하며, 이 밖에도 결혼 六十주년을 기념하는 회혼례(回婚禮)가 있다.

사람이 살아서 회갑(回甲)을 넘기고 칠순 팔순을 넘겨 장수
한다는 것은 본인 자신은 물론 그 자손된 사람으로서는 매우
기쁘고 즐거운 일이다.

그러나 이런 날을 맞이해서 좋은 음식을 마련하고 친지와
지인들과 함께 축하하는 것은 어디까지나 성스럽고 경사스러
운 일이나 지나친 허례는 삼가하는 것이 좋으리라.

✦ 제 6 부 ✦

사주법(四柱法)

사주라 함은 그 사람의 태어난 해(年), 달(月), 일(日), 시(時)의 네(四柱)기둥을 가지고 역리학(易理學)으로 타고난 일생 운명을 판별(判別)하는 동양철학(東洋哲學)이다.

1.낳은 해(生年)로 본 사람의 운명(運命)

〈子年生〉 쥐해에 낳은 사람(쥐띠)

이해에 낳은 사람은 타고난 운명이 마치 가을 소슬한 바람

에 떨어진 낙엽과 같고 잎 떨어진 수목과 같아 재생의 봄을 기다리는 것과 같은 운명이므로 일생을 통하여 기복(起伏)이 많다.

그러므로 평생(平生)을 통하여 시비와 곡절(曲折)이 많아 일에 성패(成敗)가 끊이지 않는다. 성품은 무척 날카롭고 냉랭하여 고상한 기품이 엿보이고 마음이 일정하게 고르지 못하고 인색할 때는 한없이 인색하고 또 후덕(厚德)할 때는 무척 후덕하여 갈피를 잡을 수 없게 마련이다. 큰 일을 당해도 걱정 없이 진행을 하지만 평소에 남을 의심하는 버릇이 있으므로 집에서나 밖에서나 사업상 남을 믿으려 하지 않고 특히 금전(金錢)에 대해서는 더욱 의심을 두게 되어 큰 몫을 이루지 못하며 남과 화목하게 지내지 못한다. 그러므로 남을 믿지 않고 의심을 두다가 실패(失敗)를 하고는 후회와 한탄을 하게 되는 경우가 많은 법이므로 큰 사업을 해도 진심으로 도와줄 사람들이 옆에서 조력을 하지 않아 항상 외롭다. 초년과 중년에 고생한 사람이면 말년에 대길(大吉)한 법이다.

〈丑年生〉 소해에 낳은 사람(소띠)

소와 같은 운명을 타고났기 때문에 한평생 한가로울 때가 없으므로 부지런히 뭣인가 해보려고 하지만 뜻대로 소원성취(所願成就)를 하기가 어렵다. 마치 눈 속에 파묻힌 초목과 같고 물 속에 박혀 있는 금은(金銀)과 같다. 성질은 과묵 정직하고 성실하며 부지런 하지만 한번 노하면 불과 같아 여간해서는 속에 간직한 화를 풀지 않는 성미다.

또 대담한 듯 하면서도 속으로는 유순하여 결단성이 없고 크게 성공을 하기는 어렵지만 실패를 당해 중도에서 자포자기(自暴自棄)하지 않고 또 칠전팔기(七顚八起)하여 어느 정도 실패를 만회하는 끈기가 있다. 타고난 운명이 성공이 쉽지는 않아도 근면(勤勉)성실(誠實)하여 한 평생 쉬어볼사이 없이 활동을 해야 하는 고달픈 신세이다. 또 초년에는 행복하다고 하는 일도 대가 없이 이루어져 밥은 거르지 않고 무난히 살아가나 중년에 들어서서 고생이 많고, 하는 일마다 별 재미를 보지 못하다가 말년에 가서는 길(吉)한 징조가 있다.

〈寅年生〉 호랑이해에 낳은 사람(범띠)

호랑이는 원래 만동물(萬動物)의 왕으로 그 위엄이 사해(四海)에 떨치는 법이므로 이 사람의 한 평생은 춘풍(春風)을 맞아 활짝 만발한 갖가지 꽃과 같이 팔자가 좋고 하는 일마다 안되는게 없으며 만인의 숭앙을 받아 마치 청산(靑山)에 다니는 봉황과 같은 운명이다.

항상 남의 밑에 들기를 싫어하며 지기도 싫어하고 성질은 활달 강직하고 솔직 담백하며 모든 일에 패기(覇氣)가 만만하여 사업에 있어서나 가정에 있어서도 포용력과 통솔력이 강하다. 또 남을 도우려고 하면 앞뒤와 나중에 보수를 바라지도 않고 무조건 도와주고 생색도 내지 않는다.

그러나 자신의 능력만을 믿고 날뛰기 때문에 간혹 실패를 하나 그런 때에도 낙심하거나 자포자기하는 법이 없고 언변과 풍채와 도량이 크기 때문에 관덕도 있고 식복도 있다.

하지만 세심한 점이 있어 남의 사정을 잘 돌보지 만은 과격한 성격 때문에 심복 하는 사람이 적어 외로울 때도 있다. 초년에 고생을 했으면 중년과 말년에는 부귀를 누리게 된다.

〈卯年生〉 토끼해에 낳은 사람(토끼띠)

이 사람은 한평생 번영하는 사업과 가업을 이끌어 나가기에 바쁘다. 마치 물 속에 들어앉아 승천(昇天) 할려는 용의 형국이며 화창한 봄볕을 받아 꽃이 만발한 것과 같은 팔자다. 성질은 유순하며 너그럽기도 하며 주위 사람으로부터 인망(人望)을 모으기도 하지만 여색(女色)을 탐하여 게으른 편이므로 처음에는 무슨 일에든지 열의를 내다가도 막바지에 가서는 열이 식어 결국은 일의 성패가 많게 마련이다.

결단성이 적은 반면에 허영심이 강해 사치를 탐하고 방탕하기 쉽다. 또 풍채는 당당하고 속이 넓은 것 같으나 그렇지 못하고 자식 복은 많은 운명이다.

〈辰年生〉 용해에 낳은 사람(용띠)

풍채와 용모가 헌앙하여 대장부와 같은 호걸의 풍모가 당당하여 어떤 사업이고 성패간(成敗間)에 규모를 크게 벌려 망하면 아주 망하고 흥하면 크게 흥하는 운명이다. 일신상 악운은 별로 없지마는 간혹 거만하고 교만 방자한 기질 때문에 한 사업에 손을 댔다고 하면 남의 충고를 받아들이지 않아 실패를 보는 경우도 있다. 성격이 강인하여 남이 안 된다고 충고하는 것도 생각대로 억지로라도 밀어 부치는 기질이 있으므로 고집이 세다는 평을 받기도 한다. 그러나 항상 의식구조에는 걱정이 없이 일생을 보낼 수 있으며 초년부터 말년을 통해 때로는 고초를 겪을 때가 있기는 해도 순탄한 평생을 보내는 것만은 틀림이 없고 잘하면 부귀(富貴) 영화(榮華)도 누린다. 간혹은 수억만(數億萬)의 재산도 모을 수가 있다.

〈巳年生〉뱀해에 낳은 사람(뱀띠)

성품이 고상하고 재주가 뛰어나며, 용맹도 뛰어나 대인 관계에 사교성이 능란하여 그 수단이 비상한 기질이 있다.

남을 위한 동정심도 강하나 시기심이 많아 교분을 맺었다가도 서로 헤어지는 수가 많다.

언뜻 남이 보면 팔자가 좋은 것 같이 보이지만 실상 알고 보면 그리 남이 부러워할 정도로 좋은 편은 아니다. 또 심한 고초를 겪을 팔자도 아니며 고생을 하면 중년이고, 말년이면 복락을 누릴 수 있을 팔자이다.

또 직업의 선택은 종교가나 예술가가 되어야 대길(大吉)할 운명이다. 조심해야 할 것은 남을 시기하지 말고 인화(人和)와 넓은 도량으로 친구를 사귀어야 한다.

〈午年生〉 말해에 낳은 사람(말띠)

　이 사람은 모든 생각을 자신의 마음속에 두는 일이 없고 속에 있는 생각을 밖으로 툭 털어놓는 기질이다. 사치함을 좋아하여 잘난 체 하기와 남의 앞장에 서서 큰소리 치기를 좋아한다. 그러므로 사람을 대할 때도 쉽게 사귀는가 하면 또 떨어질 때도 아무 미련 없이 헤어지기를 좋아한다.

　또 사람을 대할 때도 친절하며 후덕한 체하지만 실지로 알고 보면 그렇지 못하고 박정하여 냉랭하기만 하다. 그러나 금전에 있어서는 부족을 느끼지 않아 사치한 생활을 할 수도 있다. 잘못하면 자수로 돈을 벌었다가도 내버리는 운명을 타고났기 때문에 조심 해야하고 초년에 고생하면 중년에 약간 고생을 면하고 말년에 가면 좋은 일이 있을 것이다.

〈未年生〉 염소해에 낳은 사람(염소띠)

　여름철 산과 들의 녹음에 휩싸여 짙은 내음을 풍기기 마련 인데 별안간 불길에 휩싸여 나무와 풀이 불길 때문에 타버리 는 운명이므로 이 사람의 운명은 평생을 통하여 가련한 탄식 이 많다.

　성질은 유순하고 끈질기며 속마음에는 큰 뜻을 품었건만 때 를 만나지 못해 모든 계획은 수포로 돌아갈 운명이다. 그러므 로 걱정과 근심이 항상 끊이지 않으며 남을 도와 자신을 희 생하면서까지 남을 돌보아 주건만 그런 도움을 받은 사람들 이 고맙게 생각하기보다는 냉대를 할려고 하니 딱하기만 하 다. 또 일상 생활에 너무 생각이 많아 눈앞에 거액의 황금을 두고도 차지하지 못하는 성품이다.

　부모 유산이 있다면 길할 운명이나 일생에 걸쳐 부모의 유 산이 없으면 고초를 받게 될 것이다.

〈申年生〉잔나비해에 낳은 사람(원숭이띠)

타고난 성품이 민첩하며 교제에 능하고 지혜가 있어 남을 업신여기는 기질이 있는게 탈이다. 도량이 좁고 또 속이 얕아 작은 일에도 노하기를 좋아하며 모든 일에 열성을 보이는 듯 하면서도 그렇지 못하고 모든 일에 노력하는 체 하면서도 내용을 알고 보면 그렇지 못하다. 부귀도 있고 복락도 있으나 패하기 쉬운 운명이다. 초년에 곤궁한 사람은 중년에 조금만 노력을 하면 말년에는 차츰 계획한대로 일이 성사(成事)가 되어 부귀를 누릴 수도 있다. 여색(女色)을 삼가야 하며 투기 사업은 결코 하지 말아야 한다. 농사를 짓거나 군인이 되면 많은 복락이 따를 운명이다.

〈酉年生〉닭의 해에 낳은 사람(닭띠)

성격이 개방적이어서 활발하며 일을 하거나 사람을 대하는 품이 주밀하고 치밀하여 원만하기 때문에 많은 사람이 따르게 마련이다. 또 명예를 중히 여기고 의(義)를 깊이 깨달아 알아서 처신하면 대성(大成)하지만 재주를 이용하여 적은 금전을 노리면 오히려 실패하기가 쉽다.

모든 일을 처음 시작할 때는 열의를 보이지만 종국에 가서는 열이 식어 버리는 기질이 있기도 하다.

처첩을 많이 거느릴 팔자이나 그렇게 되면 손재수와 구설수가 따르기 마련이어서 실패가 많다. 계획한게 있으면 불이 일 듯 성하지만 망할 때는 또 급격히 몰락하므로 그런 패운(敗運)이 깃들기 전에 예방을 해야 한다. 또 허영과 사치를 버려야 하며 너무 조급하게 굴지 말고 성실하게 일을 이루어 나가면 된다. 말년에는 대길할 운명이다.

〈戌年生〉 개해에 낳은 사람(개띠)

이 사람은 성실하여 정직할뿐 아니라 황금을 초개같이 생각하여 청렴하기 짝이 없다. 또 대인관계나 사업상에도 일체 거짓을 하지 않는 기질이다. 그런가 하면 의리가 깊어 불의(不義) 한 일에 가담하지 않는 강직한 성품이다.

그러나 도량이 넓지 않고 생각하는게 깊지 않아 자신의 뜻에 맞지 않으면 친구를 높여 관용할 줄을 모르는게 흠이다. 그런가 하면 여색을 탐하는 기질이 있고 이 여색을 즐기는 성질을 계속 부리면 사업의 패망이 올뿐 아니라 일평생 고생길에 들어서야 한다. 또 근면하게 노력만 하면 크게 성업을 이룰 운명이기 때문에 잘만 하면 운수 대통할 팔자다. 어쨌든 이 사람은 초년부터 말년까지 의식에 대한 걱정은 없는 운명이므로 그 점은 높이 사야 할 것이다.

〈亥年生〉 돼지해에 낳은 사람(돼지띠)

산속의 계곡이나 바위 사이에서 솟아흐르는 물과 같은 팔자를 타고 났기 때문에 도량이 넓고 생각하는 폭이 넓으며 또 겸허하여 만인의 위에 오를 수 있는 운명이다.

이 사람은 누구의 도움을 받는게 아니고 자수성가 할 팔자이기 때문에 평생 의식이 풍요한 팔자다. 초년시부터 복락이 생겨 소년시에 벌써 등과하여 큰 벼슬을 할 자이며 중년에 접어 들면 대복을 누릴수가 있는 운명이다. 돼지해에 낳은 사람은 평생에 사오생과 사오년을 조심해야 한다.

궁 합 법

2002 壬午 1歲	1987 丁卯 16歲	1972 壬子 31歲	1957 丁酉 46歲
2001 辛巳 2歲	1986 丙寅 17歲	1971 辛亥 32歲	1956 丙申 47歲
2000 庚辰 3歲	1985 乙丑 18歲	1970 庚戌 33歲	1955 乙未 48歲
1999 己卯 4歲	1984 甲子 19歲	1969 己酉 34歲	1954 甲午 49歲
1998 戊寅 5歲	1983 癸亥 20歲	1968 戊申 35歲	1953 癸巳 50歲
1997 丁丑 6歲	1982 壬戌 21歲	1967 丁未 36歲	1952 壬辰 51歲
1996 丙子 7歲	1981 辛酉 22歲	1966 丙午 37歲	1951 辛卯 52歲
1995 乙亥 8歲	1980 庚申 23歲	1965 乙巳 38歲	1950 庚寅 53歲
1994 甲戌 9歲	1979 己未 24歲	1964 甲辰 39歲	1949 己丑 54歲
1993 癸酉 10歲	1978 戊午 25歲	1963 癸卯 40歲	1948 戊子 55歲
1992 壬申 11歲	1977 丁巳 26歲	1962 壬寅 41歲	1947 丁亥 56歲
1991 辛未 12歲	1976 丙辰 27歲	1961 辛丑 42歲	1946 丙戌 57歲
1990 庚午 13歲	1975 乙卯 28歲	1960 庚子 43歲	1945 乙酉 58歲
1989 己巳 14歲	1974 甲寅 29歲	1959 己亥 44歲	1944 甲申 59歲
1988 戊辰 15歲	1973 癸丑 30歲	1958 戊戌 45歲	1943 癸未 60歲

간지	오행	간지	오행	간지	오행	간지	오행	간지	오행
甲子 乙丑	海中金	丙寅 丁卯	爐中火	戊辰 己巳	大林木	庚午 辛未	路傍土	壬申 癸酉	劍鋒金
甲戌 乙亥	山頭火	丙子 丁丑	澗下水	戊寅 己巳	城頭土	庚辰 辛巳	白臘金	壬午 癸未	楊柳木
甲申 乙酉	泉中水	丙戌 丁亥	屋上土	戊子 己丑	霹靂火	庚寅 辛卯	松柏木	壬辰 癸巳	長流水
甲午 乙未	沙中金	丙申 丁酉	山下火	戊戌 己亥	平地木	庚子 辛丑	壁上土	壬寅 癸卯	金箔金
甲辰 乙巳	覆燈火	丙午 丁未	天下水	戊申 己酉	大驛土	庚戌 辛亥	鉤釧金	壬子 癸丑	桑梧木
甲寅 乙卯	大溪水	丙辰 丁巳	沙中土	戊午 己未	天上火	庚申 辛酉	柘榴木	壬戌 癸亥	大海水

　납음오행(納音五行)으로 궁합을 보는 법은 궁합을 볼 남녀의 생년육갑(生年六甲)을 다음 표에서 각각 찾아 그 생년육갑의 아래에 있는 오행(五行·金木水火土)을 맞추어 해당되는 궁합의 해설을 본다.

　예를 들면 정해년(丁亥年)에 출생한 남자와 임진년(壬辰年)에 출생한 여자의 궁합을 본다면 정해년의 납음오행은 옥상토(屋上土)이며 임진년의 납음오행은 장류수(長流水)이니 이들의 궁합은 土水(또는 水土)이다. 이와같이 남녀가 서로 오행을 맞추어 남자를 먼저 여자를 나중에 하여 상생(相生)되면 궁합이 좋은 것이고 상극(相剋)되면 나쁜 것이니 가급적이면 상극은 피하여 하지 말아야 할 것이다.

상생과 상극

상생(相生)은,

목생화   화생토   토생금   수생목
木生火, 火生土, 土生金, 水生木 이라 한다.

상극(相剋)은,

목극토   토극수   수극화   화극금   금극목
木剋土, 土剋水, 水剋火, 火剋金, 金剋木 이라 한다.

例一

갑자생 남자   경오생 여자   갑자   금   경오   토
甲子生 男子요 庚午生 女子라면 甲子는 金이요 庚午는 土니
토생금   길   갑자생 여자   경오생 남자
土生金이니 吉하다. 물론 甲子生 女子와 庚午生 男子도 이와
     길
같이 吉하다.

例二

갑자생 남자   무진생 여자
甲子生 男子요 戊辰生 女子라면 어떻게 되는가?
갑자   금   무진   목   금극목   불길   갑자
甲子는 金이요 戊辰은 木이니 金剋木하므로 不吉하다. 甲子
생 여자   무   남자   흉
生 女子와 戊辰生 男子라 해도 이와 같으니 凶하다.

상생과 상극론

[男金女金]

용 변 화 어
龍變化魚

용이 변하여 고기가 된다.

남 녀 동 궁 부 상 의
男女同宮不相宜

남녀가 동궁됨이 서로 좋지 못하다.

평 생 무 익 부 동 거
平生無益不同居

평생 이익이 없으니 서로 동거하지 못한다.

우 마 전 재 다 모 실
牛馬錢財多耗失

소와 말과 돈과 재물이 많이 손해나게 되니

관 재 연 면 유 백 화
官災連綿有百禍

관재가 연달아 나고 백가지 화가 있게 된다.

[男金女木]

유 어 실 수
游魚失水

노는 고기가 물을 잃은것 같다.

매 봉 관 재 상 유 재
每逢官災常有災

간간이 관재를 만나고 항상 재앙이 있으니

부 모 자 손 불 상 합
父母子孫不相合
부모 자손이 서로 화합하지 못한다.

우 마 재 보 진 산 실
牛馬財寶盡散失
소와 말과 재물과 보화가 다 산실하게 되니

부 부 상 이 각 공 방
夫婦相離各空房
부부가 서로 이별하고 각각 공방수가 있다.

【男金女水】

사 마 득 태
駟馬得馱
사마가 짐을 얻은 모양이다.

금 수 동 궁 희 익 신
金水同宮喜益新
금수가 동궁하므로 기쁨이 더욱 새로우니

과 동 초 목 갱 봉 춘
過冬草木更逢春
겨울을 지난 초목이 다시 봄을 만났다.

만 당 자 손 효 양 영
滿堂子孫孝養榮
자손이 만당하고 영화스럽고 효양하니

오 매 불 망 사 초 봉
寤寐不忘似初逢
자나깨나 있지 아니하고 처음으로 만난것 같다.

【男金女火】

^{수 마 중 태}
瘦馬重駄

여윈 말이 짐을 얻은 형상이다.

^{금 철 봉 화 자 분 멸}
金鐵逢火自焚滅

금과 철이 불을 만나므로 스스로 멸망하니

^{부 부 역 여 수 중 화}
夫婦亦如水中火

부부가 역시 물속의 불같이 된다.

^{전 재 입 택 환 자 산}
錢財入宅還自散

전재가 집에 들어오면 자연히 흩어지니

^{생 득 세 말 명 장 부}
生得歲末命長富

혹 말년까지 사는 것을 얻으면 명이 길고 부자가 된다.

【男金女火】

^{산 득 토 목}
山得土木

산이 토목을 얻은 형상이다.

^{화 당 옥 각 주 루 상}
華堂玉閣珠樓上

화려한 옥집 구술로 장치한 다락 위에

부 부 상 락 자 손 창
夫婦相樂子孫昌
부부가 서로 즐기고 자손도 창성하더라.

백 곡 창 고 무 부 영
百穀倉庫無不盈
백가지 곡식이 창고에 가득 차니

노 비 우 마 견 무 궁
奴婢牛馬見無窮
종이며 소와 말이 한정없이 있더라.

【男木女木】

주 실 계 견
主失鷄犬
주로 닭과 개를 잃어버린다.

양 목 동 거 빈 성 패
兩木同居頻成敗
양목이 동거하면 자주 성패가 있으니

부 부 말 년 병 필 중
夫婦末年病必中
부부가 말년에 반드시 병중에 있게 된다.

선 시 부 귀 후 시 빈
先時富貴後時貧
먼저는 부자로 살고 나중에 가난하게 사니

전 재 자 손 추 풍 락
錢財子孫秋風落
돈과 재물과 자손이 추풍에 낙엽과 같다.

【男木女金】

^{와 우 부 초}
臥牛負草

누운 소가 풀을 짊어진 형상이다.

^{금 도 유 래 벌 림 목}
金刀由來伐林木

칼날이 와서 수풀과 나무를 자르니

^{여 금 남 목 필 상 부}
女金男木必喪夫

여자는 금이요 사내는 나무가 되므로 반드시 남편을 상실한다.

^{조 조 곡 읍 하 시 절}
朝朝哭泣何時絶

아침마다 울게 될 일이 어느 때나 없어지게 되는가.

^{각 리 타 향 필 견 사}
各離他鄕必見死

각각 타향으로 떠나 반드시 죽음을 본다.

【男木女水】

^{조 변 성 응}
鳥變成鷹

새가 변하여 매가 된다.

^{수 목 상 봉 명 복 창}
水木相逢命福昌

수목이 서로 만나니 수와 복이 창성하고

영화부귀만세환
榮華富貴萬世歡
영화와 부귀가 만세토록 기쁘게 한다.

노비왕성우마흥
奴婢旺盛牛馬興
노복이 왕성하고 우마가 흥왕하니

연년위고정일품
年年位高定一品
해마다 벼슬이 높아가 일품에 오른다.

【男木女火】

삼하봉선
三夏逢扇
더운 여름에 부채를 만난 형상이다.

평생동락동부귀
平生同樂同富貴
평생을 동락하고 한가지로 부귀하니

오남이녀칭선인
五男二女稱善人
오남 이녀에 선인이라는 칭호를 받는다.

부부상생신귀호
夫婦相生神鬼護
부모가 상생하므로 귀신이 보호한다.

상부상처각명장
喪夫喪妻各命長
늙어서 상부 상처할 운이니 명이 길겠다.

【男木女土】

입 동 재 의
入冬裁衣

겨울이 오므로 옷을 만드는 형상이다.

토 목 상 거 수 상 상
木土相居雖相傷

목토가 서로 살고 있으므로 비록 서로 상한다 하겠으나

약 무 토 지 목 하 생
若無土地木何生

만일 토지가 없으면 나무가 어찌 살 수 있으랴.

신 수 유 증 비 위 환
身雖有症非爲患

몸이 비록 병들었으나 근심이 되지 아니한다.

【男水女水】

병 마 봉 침
病馬逢針

병든 말이 침을 만난 형상이다.

수 수 동 거 희 사 다
水水同居喜事多

물과 물이 동거하므로 기쁜 일이 많으니

세 간 재 물 연 부 절
世間財物連不絶

세간의 재물이 연하여 그치지 아니한다.

^{자 손 노 비 세 세 창}
子孫奴婢世世昌

자손과 노비가 대대로 창성하니

^{주 야 환 락 위 익 창}
晝夜歡樂位益昌

밤낮을 가릴것 없이 즐거우며 벼슬이 더욱 창성한다.

[男水女金]

^{삼 객 봉 제}
三容逢弟

세 사람이 아우를 만난 형상이다.

^{수 금 상 생 의 상 화}
水金相生意相和

금수가 상생하므로 뜻이 서로 화하니

^{삼 남 사 녀 상 유 존}
三男四女常有存

삼남 사녀가 항상 보존된다.

^{우 마 노 비 부 귀 영}
牛馬奴婢富貴榮

소와 말과 종, 그리고 계집종이 있으며 부귀하고 영화하니

^{칠 보 금 은 영 창 고}
七寶金銀盈倉庫

일곱가지 보화 금은이 창고에 가득하다.

[男水女木]

교변위룡
蛟變爲龍

교룡이 변하여 용이 된다.

자손창성무지엽
子孫昌盛茂枝葉

자손이 창성하고 가지와 잎이 성하니

상생성취백년길
相生成就百年吉

상생되므로 성취하여 백년이 길하다.

부귀장수어사족
富貴長壽於斯足

부귀 장수가 이만큼 만족하니

임목함양무궁장
林木涵養無窮長

수풀과 나무가 함양되므로 무궁하게 자란다.

【男水女火】

화락봉서
花落逢暑

꽃이 떨어지니 더위를 만났다.

수화상극유래흉
水火相剋由來凶

수화가 상극하면 유래가 흉하게 되니

동거일실부상화
同居一室不相和

한집에 동거하여도 화하지 못한다.

부 부 항 상 귀 신 책
夫婦恒常鬼神嘖
부부가 항상 귀신이 시켜 말다툼하다.

상 부 상 처 비 명 장
喪夫喪妻非命長
상부하고 상처하니 명이 길지 못하다.

[男水女土]

만 물 봉 상
萬物逢霜
만물이 서리를 만난 형상이다.

수 토 상 극 다 재 액
水土相剋多災厄
수토가 상극되므로 재액이 많으니

부 부 병 거 시 불 상
夫婦竝居是不常
부부가 동거하여도 떳떳하지 못하다.

자 손 불 효 빈 한 거
子孫不孝貧寒居
자손이 불효하고 가난하게 사니

백 곡 재 보 산 사 방
百穀財寶散四方
백가지 곡식과 재물이 사방으로 흩어진다.

[男火女火]

용 변 위 어
龍變爲魚

용이 변하여 고기가 되는 형상이다.

양 화 상 봉 시 불 의
兩火相逢是不宜

두 불이 서로 만나니 좋지 못하며

매 조 상 쟁 다 재 난
每朝相爭多災難

매일 서로 다투니 재앙이 많다.

만 고 재 보 자 소 멸
滿庫財寶自消滅

창고에 재물과 보배가 스스로 없어지고

선 부 후 빈 각 분 산
先富後貧各分散

먼저는 부자나 뒤에 가난해 각각 분산한다.

【男火女金】

용 실 명 주
龍失明珠

용이 명주를 잃은 형상이다.

화 중 유 금 자 분 망
火中有金自焚亡

불 가운데 금이 있으므로 스스로 타서 망하니

부 부 응 지 구 불 화
夫婦鷹知久不和

부부가 오랫동안 불화할 것을 알겠다.

財寶便作火災消
재 보 편 작 화 재 소

재물과 보배가 화재를 많이 보게 되니

吉小凶多奈何富
길 소 흉 다 나 하 부

길한 것 적고 흉한 것 많으니 어찌 부자 되리요.

[男火女木]

鳥變成鶴
조 변 성 학

새가 변하여 학이 되는 형상이다.

木火相逢兩相親
목 화 상 봉 량 상 친

나무와 불이 만나게 되면 서로 친하게 되니

子孫滿堂永無災
자 손 만 당 영 무 재

자손이 만당하며 길이 재앙이 없다.

榮華富貴滿朝庭
영 화 부 귀 만 조 정

영화 부귀가 조정에 가득차게 되니

上下和睦世世安
상 하 화 목 세 세 안

위아래가 화목하고 대대로 편안하다.

[男火女水]

노각도교
老脚渡橋

늙은 다리로 다리를 건너는 중이다.

수화상봉시불상
水火相逢是不詳

수화가 서로 만나니 좋지 못하다.

동실동거불상화
同室同居不相和

한집에 같이 살아도 서로 불화한다.

수취재곡속위산
雖聚財穀速爲散

비록 재물과 곡식이 모이나 곧 흩어진다.

패가경산무락사
財家傾產無樂事

패가하고 살림을 파하므로 좋은 일이 없다.

【男火女土】

인변성선
入變成仙

사람이 변하여 신선이 된다.

화토상봉명합장
火土相逢命合長

불과 흙이 서로 만나면 수명이 길게 된다.

오남이녀세대창
五男二女世代昌

오남 이녀로써 대대로 창성하게 된다.

정 기 쟁 패 영 중 중
旌旗爭佩榮重重

병부를 갖게 되므로 영화가 겹친다.

봉 각 대 상 위 고 강
鳳閣臺上位高强

중서성(中書省) 좋은 집에 벼슬이 높고 강하다.

[男土女金]

조 변 성 응
鳥變成鷹

새가 변하여 매가 되는 형상이다.

토 금 병 거 수 명 장
土金竝居壽命長

흙과 금이 어울려 살면 수명이 길게 되니

주 야 희 락 만 사 창
晝夜喜樂萬事昌

밤낮으로 기쁘게 되며 만사가 창성하다.

자 손 패 인 식 록 고
子孫佩印食祿高

자손이 인끈을 차므로 식록에 높으며

연 년 상 위 정 일 품
年年上位定一品

해마다 벼슬운이 높아 일품 지위에 오른다.

[男土女木]

고 목 봉 추
枯木逢秋

고목이 가을을 만난 형상이다.

토 목 원 래 초 재 화
土木元來招災禍

흙과 나무가 원래 재화를 불러오니

형 장 뢰 옥 가 불 절
形杖牢獄家不絶

매맞고 감옥에 갈 재앙이 집에서 끊이지 않는다.

가 무 재 물 심 간 난
家無財物甚艱難

집안에 재물이 없어 심히 가난하게 되니

생 리 사 별 다 고 액
生離死別多苦厄

죽고 살건 다 이별하여 고액이 많다 함이다.

【男土女水】

음 주 비 가
飮酒悲歌

술마시고 슬피 노래하는 상이다.

토 수 병 거 생 다 고
土水竝居生多苦

흙과 물이 아울러 살면 고생이 많게 되니

관 재 구 설 영 불 절
官災口舌永不絶

관재와 구설이 영구히 그치지 않는다.

자 손 고 독 전 재 산
子孫孤獨錢財散

자손이 고독하고 돈과 재물이 흩어지니

부 모 친 척 불 화 목
父母親戚不和睦

부모 친척이 서로 화목하지 않는다.

【男土女火】

어 변 성 용
魚變成龍

고기가 변하여 용이 되는 형상이다.

토 화 상 생 제 일 영
土火相生第一榮

흙과 불이 상생하므로 제일 영화스러우니

자 손 효 양 명 장 수
子孫孝養命長壽

자손이 효양하고 수명이 길다.

연 년 경 하 중 중 진
年年慶賀重重進

해마다 경사와 하례가 있어 거듭 나아가니

부 귀 공 명 처 처 영
富貴功名處處榮

부귀 공명이 곳곳마다 있고 영화가 온다.

【男土女土】

개 화 만 지
開花滿枝

꽃이 피어 가지에 가득찬 형상이다.

이 토 병 거 창 고 만
二土竝居倉庫滿

두 흙이 아울러 살면 곡식이 창고에 가득차니

자 손 효 양 명 장 수
子孫孝養命長壽

자손이 효양하고 수명이 길다.

매 년 길 경 록 중 래
每年吉慶祿重來

매년 길하고 경사가 있어 녹이 거듭 오니

부 귀 공 명 만 년 창
富貴功名萬年昌

부귀공명이 만년이나 창성한다.

오행상극중 상생법

상극 중에서도 상생이 있다. 이것은 통변(通變)의 도(道)를
쓴 것이다.

사 중 검 봉 금 봉 화 희 성 형
沙中劍鋒金 逢火喜成形

사중 검봉금은 불을 만나므로 기쁘게 그릇을 이룬다.

벽 력 산 하 화 득 수 복 록 영
霹靂山下火 得水福祿榮

벽력화와 산하화는 물을 얻어야 복록 영화를 얻게 된다.

평지일수림 무금불취영
平地一秀林 無金不就榮

평지에 수기 있는 나무는 금이 아니면 영화를 이룰 수 없다.

사중대역토 비목오평생
沙中大驛土 非木誤平生

사중 대역 흙은 나무가 아니면 평생을 그르치고 만다.

천하대해수 우토자연형
天河大海水 遇土自然亨

천하 대해수는 흙을 만나야 자연 형통한다.

남녀 원진 구기(男女怨嗔拘忌)

우리 혼인 풍속에서는 원진(元辰)을 꺼린다. 원진은 곧 성상
(星相)의 흉살을 일컫는 말이다.

남녀의 생년 간지(干支)를 맞추어 궁합을 보는데,
다음과 같이

쥐띠(子)와 염소띠(未)

범띠(寅)와 닭띠(酉)

용띠(辰)와 돼지띠(亥)

소띠(丑)와 말띠(午)

토끼띠(卯)와 잔나비띠(申)

뱀띠(巳)와 개띠(戌)

등은 서로 원진이 된다.

이 살(煞)에 걸린 이들이 서로 혼인하면 부부간에 평생 불화하여 생이별 하거나 사별한다고 한다. 이것에 대한 일반적인 용어가 있는데 다음과 같다.

서 기 양 두 각
鼠忌羊頭角

쥐는 염소머리의 뿔을 꺼린다.

우 진 마 불 경
牛嗔馬不耕

소는 말이 밭갈지 않는 것을 노여워 한다.

호 혐 계 취 단
虎嫌鷄嘴短

호랑이는 닭의 부리가 짧음을 미워한다.

토 한 후 불 평
兎恨猴不平

토끼는 잔나비 같지 않음을 한스러워 한다.

용 증 저 면 흑
龍憎猪面黑

용은 돼지의 낯이 검은 것을 미워한다.

사 경 견 한 성
蛇驚犬恨聲

뱀은 개가 짖는 소리에 놀란다.

이상을 원진살(怨嗔煞)이라 하는데 혼인하고자 할 때는 이

악살(惡煞)을 피하여 생이별하고 사별하는 괴로움을 피해야
할 것이다.

◈ 제 7 부 ◈

백방길흉부작(百方吉凶符作)

만사대길

악귀불침부(첩문부)
惡鬼不侵符(貼門符)

칠 성 부  七 星 符

소원을 이루는 부

만사대길

인동부(引動符)

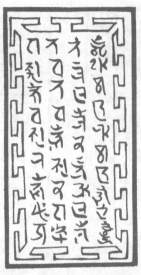

관음부 모든신이 자복하는 부

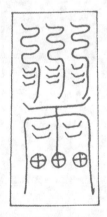

관재구설(官災口舌)을
자연히 소별시키는 부

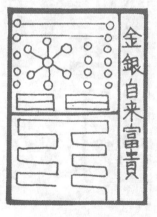

금은 자래부
(황금이 자연히 오는부)

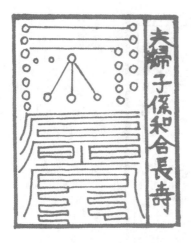

부부와 자손이 화합하며
명이 길어지는 부

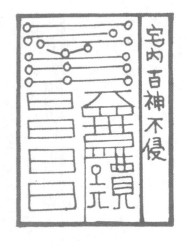

가내에 백신이
침노치 못하는 부

근심걱정이 없어지는 부

도(道)를 닦고 신선(神仙)되기
를 희원(希願)하는 부

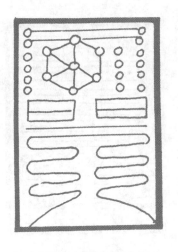

금은자래부귀부
（金銀自來富貴符）

만사대길부

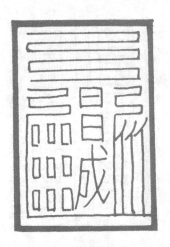

위인염불부
（爲人念佛符）

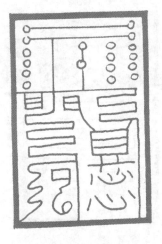

삼광백령뇌전불침부
（三光百靈雷電不侵符）

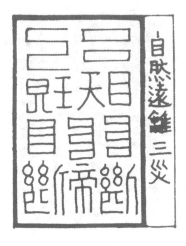

삼재가 자연히 멀리가는 부

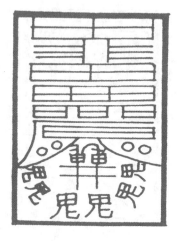

화재를 예방하는 부
(火災豫妨符)

귀신이 범치 못하는 부

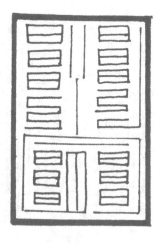

멸죄성불부
(滅罪成佛符)

소망을 이루는 부

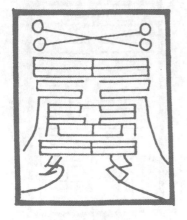

소망성취부
(所望成就符)

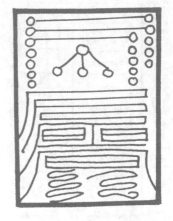

부부자손화합장수부
(夫婦子孫和合符)

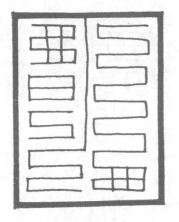

지옥을 헤치고
정토에 나오는 부
(破地獄生淨土符(一))

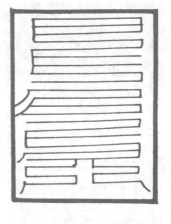

(破地獄生淨土符(二))

관직을 원하는 부

삼재소멸부
(三災消滅符)

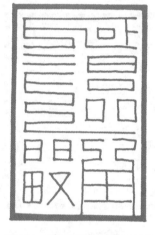

제죄능멸부(諸罪能滅符)
모든 죄를 능히 멸한다.

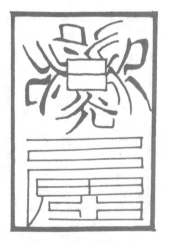

귀신이 들어오지 못하는 부
(鬼神不侵符)

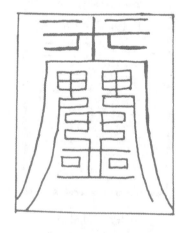

삼재소멸부제살천형성

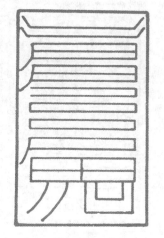

해산을 순조롭게 하는 부

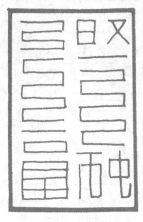

견굴토예방부
(犬堀土豫防符)

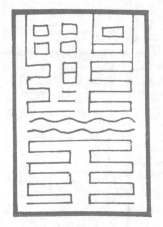

당득견불부
(當得見佛符)
마땅히 부처를 친견한다.

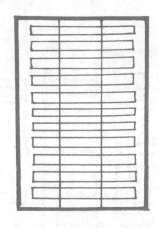

능피쟁송지액부
(能避爭訟之厄符)
능히 쟁송의 액을 피한다.

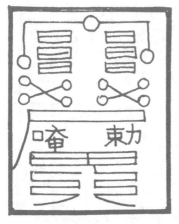

도적을 막는 부
(盜賊不侵符)

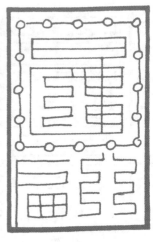

악귀불침부
(惡鬼不侵符)

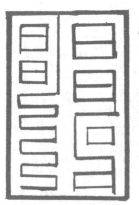

왕생정토부
(往生淨土符)

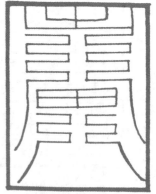

견군밀호부
(見君密護符)

집을 편안하게 하는 부
(家宅便安符)

선신이 수호해 달라는 부
(善神守護符)

정토왕생부
(淨土往生符)

불설벽은부

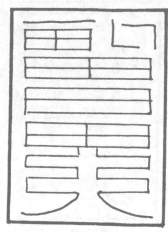

잡귀불침부
(雜鬼不侵符)

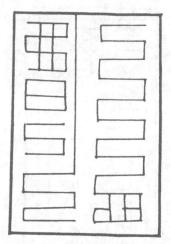

지옥을 면하는 부
(兌地獄符)

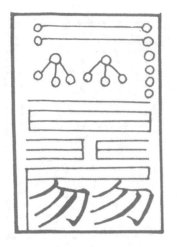

정토를 원하는 부
(靈生淨土符)

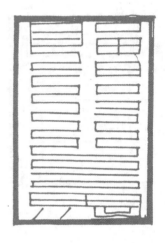

피열부(열병을 피한다)
(避熱符)

타인과 화합하는 부

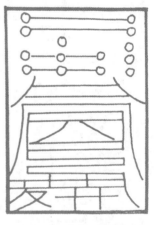

질병을 없애고 수복을
비는 부
(疾病消除增福壽符)

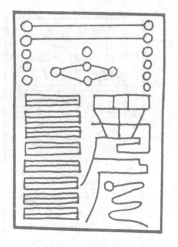

산녀태혈능출부
（產女胎血能出符）

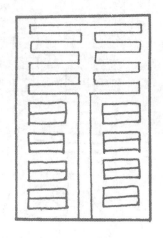

만겁불수생사부
（萬劫不受生死符）

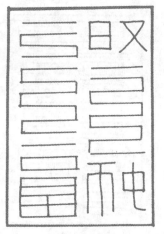

흙을 팔때 부
（茱土符）

벽사부（辟邪符）

「범을 그리고 범의 머리위에
이부적을 써 놓고 문 윗편에
붙이면 학질병과 모든 귀신을
없애며 허물이 없어지는 부적」

파군부
（破軍符）

무슨 동토든지 동토난
데 쓰는 부

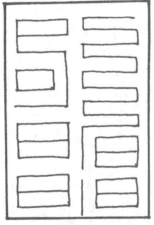

왕을 친견하는 부
（見大王符）

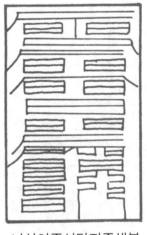

난산인주서탄지즉생부
（難産印朱書呑之卽生符）

아이 밴 데 남녀 아는 법

十 五 歲　　正三五七十一十二月　　男

　　　　　　　　　　　　　　二四六八九十月　　女

十 六 歲　　二四五六七八九十十二月　　男

　　　　　　　　　　　　　　正三十一月　　女

十 七 歲　　正三十一月　　男

　　　　　　　　　　　　　　二四五六七八九十十二月　　女

十 八 歲　　二四五六七八九十十一十二月　　男

　　　　　　　　　　　　　　正三月　　女

十 九 歲　　正三五六十一十二月　　男

　　　　　　　　　　　　　　二四七八九十月　　女

二 十 歲　　三四五六七八九十十一十二月　　男

　　　　　　　　　　　　　　正二月　　女

二十一歲　　正二月　　男

　　　　　　　　　　　　三四五六七八九十十一十二月　　女

二十二歲　　二三月　　男

　　　　　　　　　　　　正四五六七八九十十一十二月　　女

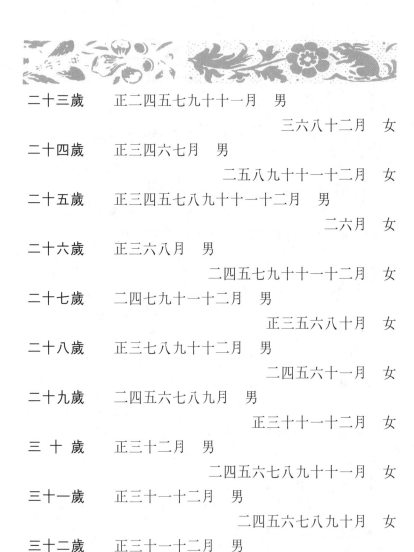

二十三歲　　正二四五七九十十一月　　男

　　　　　　　　　　　三六八十二月　　女

二十四歲　　正三四六七月　　男

　　　　　　　　　　　二五八九十十一十二月　　女

二十五歲　　正三四五七八九十十一十二月　　男

　　　　　　　　　　　　　二六月　　女

二十六歲　　正三六八月　　男

　　　　　　　　　　　二四五七九十十一十二月　　女

二十七歲　　二四七九十一十二月　　男

　　　　　　　　　　　正三五六八十月　　女

二十八歲　　正三七八九十十二月　　男

　　　　　　　　　　　二四五六十一月　　女

二十九歲　　二四五六七八九月　　男

　　　　　　　　　　　正三十十一十二月　　女

三　十　歲　　正三十二月　　男

　　　　　　　　　　　二四五六七八九十十一月　　女

三十一歲　　正三十十一十二月　　男

　　　　　　　　　　　二四五六七八九十月　　女

三十二歲　　正三十十一十二月　　男

　　　　　　　　　　　二四五六七八九十月　　女

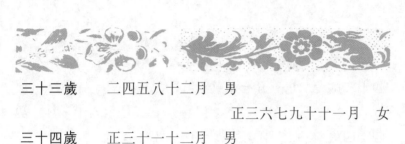

三十三歲　　二四五八十二月　　男

　　　　　　　　　正三六七九十十一月　　女

三十四歲　　正三十一十二月　　男

　　　　　　　　　二四五六七八九十月　　女

三十五歲　　正三四八十二月　　男

　　　　　　　　　三五六七九十十一月　　女

三十六歲　　正二二五八九十一月　　男

　　　　　　　　　四六七十十二月　　女

三十七歲　　正三四五八十十二月　　男

　　　　　　　　　二六七九十一月　　女

三十八歲　　二四五七九十一月　　男

　　　　　　　　　正三六八十十二月　　女

三十九歲　　正三五八十十二月　　男

　　　　　　　　　二四六七九十一月　　女

四　十　歲　　二四六七九十一月　　男

　　　　　　　　　正三五八十十二月　　女

四十一歲　　正二三四七八十十二月　　男

　　　　　　　　　正六九十一月　　女

四十二歲　　二四六八九十一月　　男

　　　　　　　　　正三五七十十二月　　女

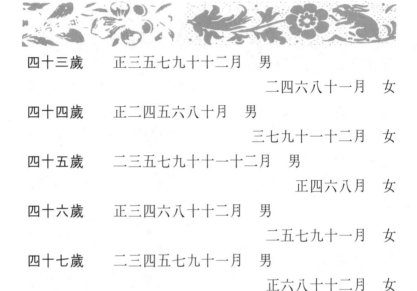

四十三歲　　　正三五七九十二月　　男

　　　　　　　　　　　　二四六八十一月　　女

四十四歲　　　正二四五六八十月　　男

　　　　　　　　　　　　三七九十一十二月　　女

四十五歲　　　二三五七九十十一十二月　　男

　　　　　　　　　　　　正四六八月　　女

四十六歲　　　正三四六八十十二月　　男

　　　　　　　　　　　　二五七九十一月　　女

四十七歲　　　二三四五七九十一月　　男

　　　　　　　　　　　　正六八十十二月　　女

四十八歲　　　正三五六十十二月　　男

　　　　　　　　　　　　二四七八九十一月　　女

四十九歲　　　正二四六七十十二月　　男

　　　　　　　　　　　　三五八九十一月　　女

윷노리 점(栖科占)

　매년 정월 일년동안 평안하기를 바라면서 윷점을 본다. 방법은 윷을 세 번 땅에 던져 다음과 같은 운수를 보는 것이다.(도 一, 개 二, 걸 三, 윷 四로 계산함)

　도도도(一一一)＝쥐가 곡식을 얻을 수로서 봄 여름은 흉하고 가을 겨울은 길하다.(鼠得穀)

　도도개(一一二)＝물고기가 물을 잃는 수이니 좋지않다.(魚失水)

　도도걸(一一三)＝어둔 밤에 촛불을 얻는 수라 소원이 이루워진다.(暗得燭)

　도도윷(一一四)＝나무가 봄을 만나는 수라 차츰 운이 트인다.(木春逢)

　도개도(一二一)＝옥에 티가 없는 수인데 여자라면 임신한다.(玉無珉)

　도개개(一二二)＝죄인이 공을 세우는 수라 좋은 소식이 있다.(罪成功)

　도개걸(一二三)＝나비가 불에 뛰어드는 수라 몸조심하라.(蝶赴火)

　도개윷(一二四)＝소나무가 비를 만나니 운수가 대통이다.(松帶雨)

　도걸도(一三一)＝학이 둥지를 잃는 수라 이사갈 수다.(鶴失巢)

도걸개(一三二)＝굶주린 사람이 먹을 것을 얻었으니 잉태할
수다.(飢得食)

도걸걸(一三三)＝거북이 궤에 갇힌 수이므로 몸조심하라.
(龜入筐)

도걸윷(一三四)＝용이 바다에 들어가는 수라 운수대통.(龍入
海)

도윷도(一四一)＝나무에 뿌리가 없으니 불길 하다.(樹無根)

도윷개(一四二)＝추운데 옷을 얻는수라 아들을 낳는다.(寒得
衣)

도윷걸(一四三)＝죽은 사람이 살아나는 수라 좋은 일이 있
다.(死還生)

도윷윷(一四四)＝가난한 사람이 보물을 얻었으니 부귀를 얻
으리라.(貧得寶)

개도도(二一一)＝해가 구름속에 들어가니 차차 불운해진
다.(日入雲)

개도개(二一二)＝장마에 반짝 햇빛을 보니 영화가 있을 거
다.(霖見暉)

개도걸(二一三)＝활과 시위가 갖추어 졌으니 생남한다.(弓得
車)

개도윷(二一四)＝새가 날개를 잃으니 관직에서 물러난다.(鳥
無翼)

개개도(二二一)＝말이 무거운 짐을 지고 허덕거리니 공없는
일을 한다.(馬馱重)

개개개(二二二)＝학이 하늘나라로 올라가는 수라 성공한

다.(鶴上天)

개개걸(二二三)＝매가 먹이를 얻는 수로 운수가 길하다.(鷹得食)

개개윷(二二四)＝수레에 짐이 없으니 곤궁하다.(車無穀)

개걸도(二三一)＝아이가 젖을 먹는 수로서 식생활이 넉넉하다.(兒得乳)

개걸개(二三二)＝환자가 약을 얻으니 소원이 성취된다.(病得藥)

개걸걸(二三三)＝바람이 불어 파도가 치니 몸조심 할 것.(風起浪)

개걸윷(二三四)＝활은 있되 화살이 없는 수니 불길하다. 기회를 보고도 놓친다.(弓無箭)

개윷도(二四一)＝호랑이가 산에 들어간 수로서 남의 밑에 들 괘.(虎入山)

개윷개(二四二)＝쥐가 물에 빠졌으니 신수가 다 불길하다.(鼠入水)

개윷걸(二四三)＝소경이 눈을 뜬 수로 반가운 소식이 있다(盲開眼)

개윷윷(二四四)＝바다에서 배를 얻으니 진학이나 취직이 된다.(海得船)

걸도도(三一一)＝임금이 신하를 얻는 수로 만사가 순조롭다.(君得臣)

걸도개(三一二)＝더위에 부채를 얻는 수인데 춘하는 평안하고 추동은 별로 좋지 않다.(熱得扇)

걸도걸(三一三)＝매가 발톱을 잃었으니 매사가 될듯하면서 안된다.(鷹無爪)

걸도웃(三一四)＝구슬을 강물에 빠뜨린 수로 관직에서 물러 나거나 한다.(珠投江)

걸개도(三二一)＝탐욕이 과도하니 하늘은 거짓된 마음을 돕지 않는다.(慾天心)

걸개개(三二二)＝새가 그물을 벗어 났으니 불행을 벗어난다.(鳥脫網)

걸개걸(三二三)＝가뭄에 비를 만나는 수로 부귀하고 득남한다.(旱得雨)

걸개웃(三二四)＝고양이가 쥐를 노리는 꾀로 죄를 짓게되면 면하기 어렵다.(猫窺鼠)

걸걸도(三三一)＝소와 범이 싸우는 수로 몸조심하고 남과 다투지 말라.(牛鬪虎)

걸걸개(三三二)＝꽃이 열매를 맺는 수로서 생남하겠다.(花結實)

걸걸걸(三三三)＝새가 날개를 얻으니 크게 성공한다.(鳥得翼)

걸걸웃(三三四)＝중이 환속하는 괘로 이사를 가게 된다.(僧退俗)

걸웃도(三四一)＝지붕에 기와가 없는 수로 재산을 잃거나 구설을 듣게 된다.(蓋無蓋)

걸웃개(三四二)＝말이 굴레를 벗어난 괘로 갈 곳이 없다. 희망이 없다.(馬脫勒)

걸윷걸(三四三)＝나그네가 길을 얻었으니 운이 트인다.(行得路)

걸윷윷(三四四)＝꽃이 봄을 만나 활짝 피니 시집장가 가겠다.(花逢春)

윷도도(四一一)＝아버지가 자식을 얻을 괘로 영화를 누린다.(父得子)

윷도개(四一二)＝아무리 애를 써도 공이 없다. 헛수고만 한다.(事無功)

윷도걸(四一三)＝용이 비를 만나는 수로 모든 일이 순조롭다.(龍得雨)

윷도윷(四一四)＝소경이 잠자는 수로서 모든 일이 답답하기만 하다.(盲得眼)

윷개도(四二一)＝친한 벗이 잘 되었으니 남의 덕을 본다.(友爲貴)

윷개개(四二二)＝농가에 소가 없는 괘로 힘만 들었지 소득이 없다.(農無牛)

윷개걸(四二三)＝어리석은 사람이 깨달음을 얻는 수로 벼슬을 하겠다.(愚得聰)

윷개윷(四二四)＝사람에게 살 집이 없으니 의식이 곤란하다.(人無屋)

윷걸도(四三一)＝귀머거리가 듣게 되는 수로 취직, 번성하겠다. (聾得聰)

윷걸개(四三二)＝근심중에 기쁨이 있는 수로 차츰 운이 트인다. (愁得喜)

윷걸걸(四三三) = 잃은 것을 다시 찾는 괘로 실패했다가 다시 복구하겠다.(失更得)

윷걸윷(四三四) = 나그네가 말을 얻는 수로 재수가 있다.(行保馬)

윷윷도(四四一) = 살얼음을 밟는 수로서 항상 불행이 뒤따른다.(履薄永)

윷윷개(四四二) = 물고기가 낚시에 걸리는 수로 일에 장해가 생긴다.(魚吞釣)

윷윷걸(四四三) = 홀아비가 장가갈 수로 재수가 있고 장사가 잘된다.(夫得寡)

윷윷윷(四四四) = 무슨 일이든 마음먹은 대로 척척 된다.(將勝戰)

족당관계(族黨關係)와 계촌(系寸)

조·부·자(祖·父·子)의 계촌법(系寸法)

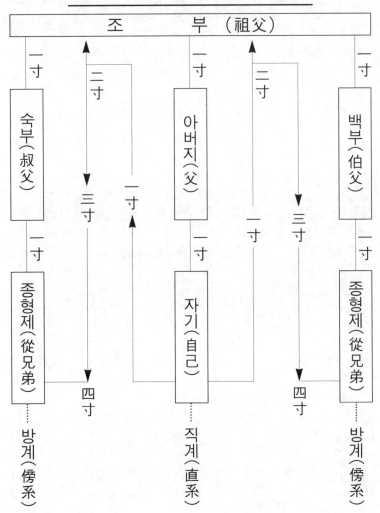

친족관계(親族關係)의 계촌법(系寸法)

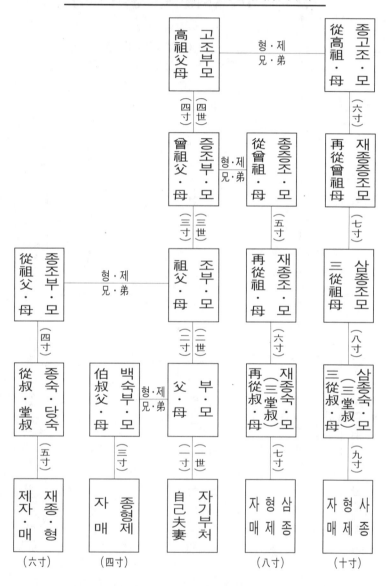

내종간(內從間)의 계촌법(系寸法)

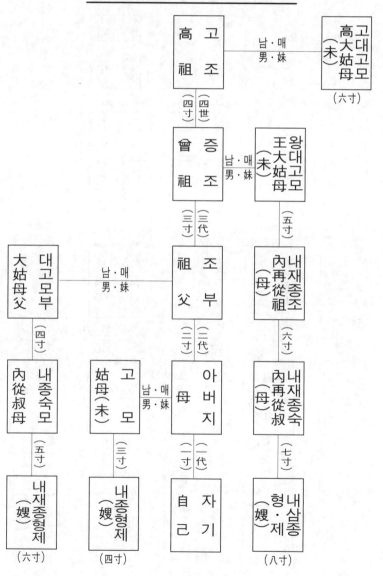

외가간(外家間)의 계촌법(系寸法)

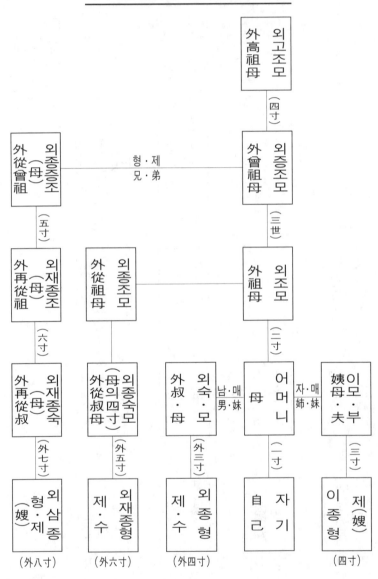

자타칭호(自他稱號)

▶친척간(親戚間)

주체(主體)	生死	자기로부터 주체자를 일컬을 때	주체자에게 자기를 일컬을 때	타인에게 주체자를 일컬을 때	타인의 주체자를 자기가 일컬을 때
父	生	아버님, 아버지, 父主	子,不肖子, 小子, 迷子, 不孝者	家親,嚴親, 老親,家嚴, 家君,家大人	春父丈,春丈 堂丈,大庭 尊堂
	死	生時와 같음. 顯考 (祝文)에 씀	生時와 같음. 孤子(祝文· 弔狀)에 씀	先人,先考 先親,先君	先丈,先大人 先考丈,先府君
母	生	어머님, 어머니, 慈主	子,不肖子, 小子, 不孝者	母親,慈親 慈庭,慈主	大夫人,慈堂 萱堂
	死	生時와 같음. 顯妣 (祝文)에 씀	生時와 같음. 哀子(祝文· 弔狀)에 씀	先妣,先慈親, 先母親	先大夫人, 先慈堂
祖父	生	할아버님, 할아버지, 祖父님,祖父主	孫子,小孫, 孫,不肖孫, 不孝孫	祖父,王父	王大人,王尊丈 王府丈,祖父丈
	死	祖考,生時와 같음 顯祖考 (祝文)에 씀	生時와 같음. 孝孫 (祝文)에 씀	祖考,王考, 先祖考, 先王考	王考丈, 先王尊丈 先王大人

祖母	生	할머님, 할머니, 祖母님,祖母主	祖父와 같음	祖母, 孝祖母	王大夫人, 尊祖母, 尊王大夫人
	死	祖妣,生時와 같음 顯祖妣 (祝文)에 씀	同 上	祖妣, 先祖妣	先祖母님, 先王大夫人
伯·仲·叔·季父	生	伯父,큰아버님 仲父,작은아버님 叔父,셋째아버님 季父,끝재아버님	조카,繼子 猶子,姪子	伯父,仲父 叔父,季父	伯父丈,仲父丈 叔父丈,季父丈
	死	生時와 같음	生時와 같음	先伯父,先仲父 先叔父,先季父	先伯父丈, 先仲父丈, 先叔父丈, 先季父丈.
(仲季母는 不稱) 伯·叔母	生	伯母,큰어머님 아주머니,仲,叔, 季에는叔母(몇 째작은 어머니)	伯父예와 같음	伯母, 仲叔季 에는 (몇째 叔母)	尊伯母夫人 某외는 隨稱
	死	生時와 같음	同 上	先伯母,仲, 叔季는 隨稱	先伯母夫人 그 외는 隨稱
從祖父	生	從祖父님	從 孫	從 祖	貴從祖丈
	死	上 同	上 同	先 從 祖	先從祖丈
從祖母	生	從祖母님	從 孫	從 祖母	貴從祖母님
	死	上 同	上 同	先從祖母	先從祖母님

兄	生	兄님,兄主,伯兄 仲兄,叔兄. (몇째兄님)	舍弟,家弟, 仲弟,叔弟, 季弟.	舍伯,舍兄, 舍仲,家伯, 家仲.	伯氏丈,伯看丈 仲氏丈,元方兄
	死	生時와 같음	生時와 같음	先伯,先兄, 先仲兄.	先伯氏丈 光仲氏丈
弟	生	아우,舍弟 동생,舍季 卯君	舍兄,家兄, 舍伯,舍仲.	舍弟,家弟, 仲弟,叔弟, 季弟.	令弟氏,賢弟氏, 令季氏,賢季氏.
	死	之弟	生時와 같음	之弟,亡仲弟, 亡季,亡叔弟.	弟氏, 季弟.
從叔	生	아저씨, 堂叔主, 從叔主.	堂姪, 從姪.	鄙從弟, 鄙堂叔.	堂阮丈, 堂從叔丈
	死	生時와 같음	生時와 같음	先從叔, 先堂叔	先阮堂丈 先從叔丈
從兄	生	從兄, 四寸兄님	從兄	從伯, 鄙從兄, 堂弟.	令從叔丈 令從伯氏丈.
	死	生時와 같음	生時와 같음	先從伯, 先從兄.	先從氏丈, 先從伯氏丈.
從弟	生	從弟, 四寸아우	從兄, 從.	鄙從弟, 堂弟.	令從季氏 賢從季氏
	死	生時와 같음	生時와 같음	亡從弟	故從季氏
夫	生	서방님,夫子	拙妻,妻	家夫,家夫子 바깥양반	令君子, 賢君子.
	死	顯辟 (祝文에 씀)		亡夫	先令君子

妻	生	마누라,아내,안댁	拙夫,家夫	家人,室人,拙妻	閤夫人,賢閤,內相,室內,令夫人.
	死	亡妻,亡室	生時와 같음	亡室,亡妻	故賢閤,故令夫人
姉		누님,姉主	동생,아우	姉氏	令姉氏
妹		누이,舍妹	오빠,家兄	舍妹	舍妹氏
嫂		아주머니,嫂氏,兄嫂,弟嫂.	媤弟	兄嫂氏 弟嫂氏	令兄嫂氏 令弟嫂氏
子	男	큰아이,몇째아이	아비	家兒,家豚,家督,집兒,迷兒.	胤兄,胤友,胤君,令胤,賢胤.
	女	女兒,몇째딸(女息)	아비	女息,家嬌,互雛	令愛,令嬌,따님
六寸以上 祖父行		六寸,再從父,再從大父,八寸,三從祖,三從大父,十寸,四從祖,四從大父.	六寸,再從孫 八寸,三從孫 十寸,四從孫	六寸,鄙再從祖 八寸,鄙三從祖 十寸,鄙四從祖	六寸,貴再從祖丈 八寸,貴三從祖丈 十寸,貴四從祖丈
以上十寸 叔父		族父主,族大父.	族孫	鄙族大父	貴族大父

七寸以上 叔父行	七寸,再從叔, 再堂叔,九寸, 三從叔,三堂叔, 十一寸,四從叔.	七寸,再從姪, 再堂姪,九寸, 三從姪,三堂姪, 十一寸,四從姪.	七寸,鄙再從叔, 鄙再堂叔,九寸, 鄙三從叔, 鄙三從叔, 十一寸,鄙四從.	七寸,貴再從叔丈, 九寸,貴三從叔丈, 十一寸, 貴四從叔丈
十一寸以上 叔父行	族 叔	族 姪	鄙 族 叔	貴 族 叔丈
六寸以上 兄弟行	六寸,再從兄 八寸,三從兄 十寸,四從兄	六寸,再從弟 八寸,三從弟 十寸,四從弟	六寸,鄙再從氏 八寸,鄙三從氏 十寸,鄙四從氏	六寸,貴再從氏 八寸,貴三從氏 十寸,貴四從氏
十寸以上 兄弟行	族 兄, 族 弟.	族 兄, 族 弟.	鄙 族 兄, 鄙 族 弟.	貴族兄氏, 貴族弟氏.
行年俱卑의 族屬	稱 名, 稱 子.	族 從, 族 老.	鄙 族 某	貴 族 某
外祖	父	外祖父님 외할아버지	外 孫, 杵 孫.	外 王 父	外王尊丈 外王大人
	母	外祖母님 외할머니	外 孫, 杵 孫.	外 祖 母	外王大夫人

外叔	父	外叔,表叔, 舅主,內舅.	生姪	鄙外叔, 鄙表叔.	渭陽丈
	母	外叔母, 表叔母.	生姪	鄙外叔母, 鄙表叔母.	貴外(表)叔
姑	母	姑母,姑叔主 아주머니	舍姪, 家姪.	鄙姑母	貴姑母夫人
	夫 母	姑母夫, 姑叔,姻叔.	婦姪, 姻姪.	鄙姑母夫	貴姑母夫丈
內從	兄	內從兄,內兄, 姑從.	內從兄, 表從弟.	鄙內從氏	貴內從氏
	弟	內從弟,內弟, 姑從.	內從弟, 表從.	鄙內從	貴內從
外從	兄	外從兄, 表從兄.	外從弟, 內兄.	鄙外從氏, 鄙表氏.	貴族氏, 貴從表.
	弟	外從,表從 (外表弟)	外從,內兄, 姑從.	鄙表從	貴外從, 外表從.
姨	母	이모님, 이모主.	姨姪	鄙姨母主	貴姨母夫人
	夫 母	이모夫님, 姨叔主.	姨姪	鄙姨叔主	貴從叔丈

姨從	兄	姨從兄님	姨 從 兄	鄙姨從氏	貴姨從氏
	弟	姨從弟	姨從弟	鄙姨從	貴姨從
妻	父	外舅主,聘丈, 聘翁,岳丈, 丈人,外姑主.	外甥,婿, 사위.	鄙聘丈	貴聘丈
	母	聘母,岳母, 丈母.	外甥,婿, 사위.	鄙聘母	貴聘母夫人
戚	叔	戚叔	戚姪		
	姪	戚姪	戚從		
戚	兄	戚兄	戚弟		
	弟	戚弟	戚從		

▶사교간(社交間)

(主體者) 주체자		自己로 부터 주체자를 일컬을 때	自己를 주체자에게 일컬을 때
先 生		先生님, 先生主, 函丈, 丈席 (死先師).	小子, 門生, 門下生
尊 丈		尊丈, 丈氏, 어르신네.	侍生, 侍下生
(近十年以上) 老 兄		老兄, 尊兄, 老兄氏.	小弟
平 交		兄, 大兄, 仁兄, 學兄, 詞兄 (이상보통). 愛兄, 兄, 君 (極親間)	弟, 損弟, 拙弟 (보통), 庚弟 (同甲), 愛弟 (極親), 罪弟 (喪人).
官 職 人	上	貴職, 貴官, 閣下.	本職, 本官, 卑官, 卑職, 小生, 小官.
	下	貴職, 貴下	本官, 本人

誼	兄	誼兄, 契兄	誼兄, 契兄
	弟	誼弟, 契弟	誼弟, 契弟
未相識人		尊座, 執事, 尊執.	生(이름), 自己의 이름
他人의 婿		玉潤, 令婿郎, 但腹, 婿郎.	
他人의 孫		令抱, 賢抱, 麟抱, 令孫.	
團體		書店, 貴舖, 貴堂(店名대로) 貴校, 貴廳, 貴社, 貴會, 貴組合, 會行	弊店 (舖堂校, 會社, 組合) 當(同上)本人, 生
家庭	自己의 家庭間	大小宅, 大小諸宅.	
	남의 家庭間	寶罩, 寶脊, 閤內諸節, 貴節, 貴宅, 高堂, 萃店, 錦堂 等	鄙家, 拙宅, 陋居, 本人生.

住	地	貴地,錦地,貴市, (市·君·邑·面·里·洞) 尊地,錦鄉.	當地,當市, (市·君·邑·面·里) 弊地,賤地,이곳,弊鄉,
편 지	尊 處	下書,下緘,尊逐, 글월 등등.	
	平 交	惡書(翰·緘·函), 雲箋,萃翰淸緘, 辱書,惡間.	蕪書,愚書, 拙墨,便楮.
	손 아 래	手書,來音,來翰, 來信,手札.	편 지
物	品	佳品,美果,美菓, 貴書,淸品,貴影, 尊影,尊照.	粗品,粗果,粗菓, 粗謝,小影.
病患에対한自他稱語	身 病	美愼,夫攝, 諷養 등	
	親 患	大庭患候,堂上患候(父), 萱堂,患候(母).	親患,親災, (慈災,慈患(母))
	妻 病	閤患,閤憂,內患 등	荊憂,室憂, 妻病 등
	子 病	惟憂,胤君美愼 등	兒憂,兒故, 膝下憂 등

◈ 제 8 부 ◈

꿈 해몽법

1. 천문(天文)에 관한 꿈

★ 하늘과 땅이 서로 합치는 꿈을 보면 바라는 일이 잘 이루
어 진다.
★ 하늘이 갈라져 보이면 부모에게 근심이 생기고 나라에
근심이 생긴다.
★ 하늘이 무너져 보이면 부모상을 입는다.

★ 하늘에 날아 올라가 보면 점차로 크게 부귀해질 징조다.

★ 해와 달이 함께 보이면 귀한 아들을 낳는다.

★ 일월(日月)이 함께 뜨는 것을 보면 하인이 주인을 속이는 일이 있다

★ 달이 품안으로 들어와 보이면 딸을 낳을 태몽이다.

★ 하늘의 은하수를 건너서 보면 모든 일이 성취 될 것이다.

★ 달의 그림자가 물 가운데에 비쳐 보이면 만사가 다 잘 되지 않으며 혼담이 있을 경우 깨질 것이다.

★ 별이 날으는 꿈을 보면 색정상의 일로 도망치거나 정사한다.

★ 북두칠성이 흐려 보이면 근심할 일이 생긴다.

★ 해와 달이 산을 가리면 하인이 주인을 속일 징조다.

★ 바람이 사람 옷을 불어젖히면 신병이 생길 징조다.

★ 폭풍이 불어 보이면 유행병이 돌고 모든 일이 뜻대로 되지 않으나 급히 하면 이익이 있다.

★ 바람에 날려서 공중에 뜨면 타인으로부터 사기를 당한다.

★ 폭풍이 불고 소낙비가 그치지 않으면 재난의 근심 걱정이 생긴다.

★ 오색 구름이 일어남을 보면 대길 하니 장사를 하면 이익이 있고 여자는 주인을 바꾸면 이익이 있을 것이다.

★ 꿈에 구름을 보되 그 색이 붉거나, 희면 만사가 성취되고 그 색이 검거나 푸르면 질병이 생긴다.

★ 구름을 타고 하늘로 올라가면 다 길하나 한갓 위험성이 있으니 조심하라.

★ 길가다가 비를 만나면 술이 생길 징조다.

★ 우뢰 소리에 놀라면 이사하라.

★ 뇌성이 진동하고 번개가 번쩍임을 보면 큰 이익성을 보게 된다.

★ 꿈에 벼락을 맞으면 크게 부귀해질 징조이다. 그러나 근처에 떨어지면 불길하다.

★ 무지개를 보면 모든 일을 급히 하면 성사하나 늦으면 안된다.

★ 몸에 눈을 맞으면 만사가 이루어질 징조이다.

★ 큰 비와 눈이 내려 길이 막히고 방향을 잃으면 재난이 오며 특히 형제간에 불화 해지니 조심 해야한다.

★ 서리와 이슬이 내리는 꿈은 일이 여의치 못함을 암시한다.

2. 사람에 대한 꿈

★ 백발 노인이나 신선 또는 벼슬이 높은 사람과 이야기 해보거나 인사를 해 보면 운수가 차차 열린다.

★ 남과 싸워서 때려보면 사물에 손실이 있고 맞으면 만사가 잘 된다.

★ 온 집안 식구가 모인 것을 보면 고향에 걱정이 있다.

★ 생시에 나에게 친근하고 도움을 주던 사람이 꿈에 나타날 때 기쁜 얼굴로 나타나면 재수가 있고 불쾌한 태도나 욕하는 모습으로 나타나면 나쁘다.

★ 자기가 입신 출세하여 보이면 모든 일에 파란이 생기고 여자는 병이 생기던가 남으로부터 해를 받는다.

★ 도적이 들어와서 물건을 집어가는 것을 보면 뜻밖에 횡재한다.

★ 거지를 보면 대길하니 웃사람의 도움을 받아 소원 성취할 것이다.

★ 사람이 죽어 보이면 대길한데 부자형제가 죽어 보이면 그 사람이 장수하고 자기도 길하다.

★ 손님을 많이 청하여 잔치를 베풀어 보면 만사가 길하고 멀지 않아 경사가 있을 것이다.

★ 아이가 편지를 가져와 보이면 시비가 있을 것이다.

★ 형벌을 받으면 금은 보화가 생긴다.

★ 남자가 여자에게 추격을 당하면 부인에게 재앙이 있다.

★ 도적이 문안으로 들어오는 것을 보면 불길한데 옷을 훔쳐가는 것을 보면 병이 낫는다.

★ 먼곳에서 손님이 오면 길하나 물건을 바꾸어 보면 어려울 징조다.

★ 온 가족이 모여서 손뼉 치고 웃으면 크게 흉하니 병과 고생이 있을 징조다.

★ 시집가는 것을 보면 나쁘고 장가를 가보면 길하다.

★ 높은 지위에 있는 사람을 만나려 해도 만나지 못하면 흉하니 일이 뜻대로 이루어지지 않는다.

★ 성인과 말을 교환하면 소원 성취 한다.

★ 사람들이 나를 죽었다고 하면 명이 길어질 것이다.

★ 자기가 스스로 도둑이 되면 병을 얻는다.

★ 도적에게 칼침을 맞는 꿈을 꾸면 뜻밖에 행운이 온다.

★ 꿈에 슬피 울면 길한데 다른 사람과 같이 울면 경사가 있어 하례를 받을 징조이다.

★ 몸에 상복을 입어보면 무직자는 취직하게 된다.

★ 병든 사람이 일어나면 반드시 죽는다.

★ 노래하며 춤을 추면 구설이 있다.

★ 병든 사람이 수레를 준비하면 반드시 죽는다.

★ 죽은 사람이 살아나면 길한 일이 있고 죽은 사람이 일어서면 크게 흉하다.

★ 거지가 되어 보면 점점 행운이 닥쳐와서 자손과재물이 흥왕할 징조다.

★ 병자가 뛰어 달아나면 사망할 징조다.

★ 용감하게 싸우다가 부상을 당하면 남으로부터 존경을 받는다.

★ 죽은 사람과 함께 음식을 먹으면 만사가 뜻대로 된다.

★ 자신이 죽어보이면 출세 하거나 미혼자는 결혼하게 된다.

★ 죽은 시체를 취급하거나 목욕시키면 재수 대통한다.

3. 목욕 · 변소 · 흙의 꿈

★ 수족을 씻으면 병이 낫는다.

★ 입을 씻어 보이면 직장을 떠날 징조다.

★ 배(腹)를 씻으면 재앙이 물러간다.

★ 사람이 목욕하는 것을 보면 질병이 없어진다.

★ 대소변이 몸을 더럽히면 재물을 얻는다.

★ 변소에 빠졌다가 나오면 만사가 대길하나 그러나 남의 똥에 주저앉으면 나쁘다.

★ 똥 꿈은 대개가 좋으나 밟던지 빛깔이 검으면 흉하다.

★ 똥과 오줌을 도난당하면 재산이 없어진다.

★ 변소에서 빠져나오지 못하면 나쁘다.

★ 흙이 옷을 더럽히면 해산에 흉하고 진흙이 소매를 더럽히면 몸에 욕이 있을 징조다.

★ 흙물에 목욕하면 질병이 생긴다.

★ 사나이와 계집이 목욕하고 상에 오르면 크게 나쁘다.

4. 신체에 관한 꿈

★ 머리에 뿔이 나 보이면 사람들과 싸움 하거나 혹은 출세한다.

★ 머리가 여러개 나 보이면 출세한다.

★ 머리털이 빠지면 크게 나쁘다.

★ 머리를 풀어 보면 남의 음해를 받는다.

★ 머리를 빗고 얼굴을 씻어 보면 백가지 근심이 다 사라진다.

★ 부인이 머리는 풀면 사악(邪惡)된 정념을 암시한다.

★ 이가 빠지면 친척이 사망할 징조니 윗니는 부(父)요 아랫니는 모(母)요 앞니는 여자요 윗니는 남자다.

★ 입에 상처를 입으면 패가 할 것이다.

★ 입이 막히고 음식을 먹지 못하는 꿈은 급병에 걸릴 징조요. 만일 여자의 꿈이라면 구설을 듣는다.

★ 눈썹이 떨어져 보이면 병으로 고생할 징조이다.

★ 눈썹이 길게 나 보이면 여자로 인하여 부귀 하리라.

★ 장님이 눈을 뜨는 꿈을 보면 재수가 있고 관직에서 승진한다.

★ 꿈에 장님을 만나 보면 만사가 되는 일이 없다.

★ 몸에 옷을 입지 않고 벌거 벗어 보이면 크게 좋다.

★ 몸에 땀이 나면 흉하니 조심하라.

★ 몸에 혹이 나 보이면 재수가 대통할 것이다.

★ 몸에서 환한 빛이 나면 병이 위급할 징조이다.

★ 손가락이 부러져 보이면 자손에게 나쁘다.

★ 발을 삐면 하인 또는 친구로부터 속임수나 해를 입는다.

★ 코가 평소보다 길어 보이면 부귀하게 된다.

★ 코가 둘로 보이면 남과 싸울 징조다.

★ 코를 부상당하면 남에게 속임수를 당하고 커 보이면 남에게 미움을 받는다.

★ 코피가 나면 재수가 대통하다.

★ 사자나 기타 맹수의 귀가 많아 보이면 남의 모략에 빠진다.

★ 귀가 끊기든다 떨어져 보이면 친척간의 불화한 일이 생긴다.

★ 목을 졸리우면 장차 어려움이 올 징조이다.

★ 꿈에 불구자 또는 기형인을 만나면 고생이 많을 것이다.

★ 꿈에 인형을 보면 크게 나빠서 병이 생기거나 사망할 징
　조이다.

★ 강도 흉한이 나의 목을 조르면 집안과 친척이 불행함이
　있고 만일 부인이 이꿈을 꾸면 금붙이의 귀금속을 도난
　당할 징조이다.

★ 꿈에 닭이나 새 종류의 머리를 보면 집안에 기쁜 일이 생
　긴다.

★ 부인의 유방이 여러개가 되거나 유방에 피가 나서 더럽
　혀지면 아기를 낳는다.

★ 팔이 부러져 보이면 정치가는 실각당하고 보통 사람이면
　자신이나 근친간에 병이 생긴다. 부인인 경우에는 이혼할
　징조이다.

★ 오른팔이 부러져 보이면 아버지, 형제나 자손에게 불행하
　고 왼팔이면 어머니와 자매들에게 불행하며 양쪽팔이 부
　러지면 큰 병에 걸리거나 감옥에 가게 된다.

★ 손가락이 끊어져 보이면 친구와 이별한다.

★ 손톱이 길어 보이면 재수가 있고 손톱이 짧아 보이면 손
　해보고 손톱을 깎으면 부상을 당하고 손톱을 끊어 보면
　집안이 불화 한다.

★ 양쪽 넓적 다리가 끊어져 보이면 미혼자는 멀리 시집 갈
　것이요
　기혼자는 이혼하게 될 것이다.

5. 산·땅·나무의 꿈

★ 땅이 높고 낮고 하여 울퉁 불퉁 하면 뜻밖에 놀랄 일이
  생기며 심신이 불편해진다.

★ 높은 산에 올라가 살아 보면 기쁜 일이 있을 것이다.

★ 산 중에서 길을 잃었을때 어떤 사람이 인도해 주면 입신
  출세한다.

★ 산 꼭대기에 올라 서 보든가 집위에 올라서 보면 근심이
  그치지 않으며 상하 사람들에게 불화하게 한다.

★ 산과 숲 사이를 다녀 보면 만사가 대길한다.

★ 산에 불이 나면 만사 대통한다.

★ 산을 짊어져 보면 큰 권세를 얻게 된다.

★ 들에 나가 놀면 여자 때문에 어려운 일을 당하게 된다.

★ 땅에 누워 보면 근심이 그치지 않는다.

★ 땅을 파서 자신을 묻어 보면 재산이 늘고 만일 땅이 꺼져
  서 자신이 빠지면 나쁘다.

★ 꿈에 큰 돌을 보면 재물을 얻게 된다.

★ 바위 위에 올라가 보면 길하니 만일 돌을 가지고 놀아보
  면 아들을 낳을 것이다.

★ 지진이 일어나서 집을 움직여 보이면 소원성취하게 될
  것이다.

★ 큰 나무가 지붕에 나면 부모에게 우환이 있을 것이다.

★ 과수원이나 숲속을 거닐어 보면 만사가 다 이루어 진다.

★ 나무에 올라설때 갑자니 부러지던가 떨어 지면 죽던지
  부상을 입는다.

★ 나무 밑에 서 있어 보면 귀인의 도움을 받는다.

★ 나무가지를 손에 꺾어 들거나 나뭇잎이 바람에 떨어져 보이면 부부 이별 또는 형제 자손과 이별할 암시이다.

★ 큰나무가 광야에 홀로 서 있는 것을 보면 고독한 징조이며 이 나무에 올라 갔으면 구설이 있게 된다.

6. 다리와 길의 꿈

★ 처음 길이 험하고 나중이 좋으면 매사가 어려우나 나중이 좋다.

★ 길을 잃어 방황하면 부모 친척과 불화하며 매사에 해결을 보기 어려운 징조이다.

★ 길을 고치거나 새 길을 걸어보면 만사가 잘 된다.

★ 다리 위에서 누가 나를 부르면 소송하는 일에 승리하고 내가 다리 위에서 남을 부르면 소송사가 있으며 만일 내가 부를때에 대답이 있으면 좋고 없으면 나쁘다.

★ 다리의 중간이 끊어져 보이거나 하면 여자로 인한 고생이 생기게 된다.

★ 소를 끌고 다리에 가보면 아내가 임신하게 된다.

7. 바다 · 강 · 우물의 꿈

★ 바닷물이 잔잔하고 배가 떠 있는 것을 보면 운수가 좋다.

★ 홍수가 나면 부부간에 구설이 생기고 만사가 뜻대로 되

지 않는다.

★ 홍수가 붉으면 마을 늙은이들이 사망할 징조며 푸르면 젊은이들이 불길하다.

★ 집안에 우물이 있어 보이면 만사가 대길하다.

★ 우물물이나 수돗물이나 무슨 물이든 집으로 길어 오면 재수가 좋다.

★ 물위를 걸어보면 크게 길하다.

★ 물 가운데 있든가 헤엄쳐 보면 매사가 순조롭다.

★ 물에 빠져서 나오지 못하면 흉하니 조심하라.

★ 우물이 말라 먼곳에서 물을 떠 오면 부모 형제간에 다툼이 벌어지고 자식에게 불길하니 조심 해야 한다.

★ 우물물이 흐려 보이면 신경 질환이 생기며 색을 삼가야 한다.

★ 우물속에 빠져 보면 손아래 사람에게 우환이 있을 징조이다.

★ 집에 큰물이 들어와 보이면 자식을 잃을 징조요 냇물이 흐르는 것을 보면 소송이 있을 것이다.

★ 우물을 파서 물이 나오지 않으면 집에 근심이 생길 징조이다.

★ 우물물에 자기 몸이 비쳐 보이면 벼슬을 하게 된다.

★ 물 위에 자기 몸이 비치면 남자는 흉하고 여자는 임신한다.

★ 우물을 들여다 보면 먼데서 소식이 올 암시이다.

★ 취해서 우물에 떨어져 보면 경찰에 가게 된다.

★ 우물에 엎드려 숨어 보면 관재와 구설이 있고 형무소의
옥형을 당할 징조이다.
★ 얼음이 얼면 만사가 되지 않고 기다리는 사람은 오지 않
는다.
★ 얼음이 녹아 보이면 길하고 먼데서 소식이 올 것이다.

8. 싸움 · 색정 · 살인의 꿈

★ 남과 서로 때리고 싸우면 인덕이 있고 재물을 얻는다.
★ 남과 서로 욕하면 흉하니 조심하라.
★ 사람에게서 살해를 당하면 크게 길하다.
★ 사람을 죽이면 크게 길하니 부귀하게 될 것이다.
★ 사람을 죽여 피가 옷을 더럽히면 크게 재물을 얻는다.
★ 주먹으로 사람을 때리면 부부가 원만하고 미혼자이면 결
혼한다. 또한 곤봉으로 사람을 때리면 재수가 있다.
★ 남과 다투면 친근한 사람과 이별한다.
★ 사람을 칼로 죽이면 대길하니, 운수가 열린다.
★ 남에게서 매를 실컷 얻어 맞으면 힘을 얻고 심장이 강해
진다.
★ 형제가 서로 때리면 크게 좋다.
★ 남에게서 실컷 두둘겨 맞으면 주식이 생긴다.
★ 칼로 자살하면 재물을 얻는다.
★ 머리를 베었어도 길을 걸어다니면 좋은일이 많을 징조이
다.

★ 사람에게 강간을 당하면 재물을 얻는다.

★ 칼로 서로 찔러서 피가 흐르면 길하니 피가 없으면 재수
가 없다.

★ 새를 죽이면 처첩에 재난이 없다.

★ 칼이나 도끼에 저절로 상하면 나쁘다.

★ 집안 사람이 서로 싸우면 흩어진다.

★ 돼지를 죽이면 크게 길하고 호랑이를 죽이면 중한 물건
을 얻는다.

9. 형벌 · 모자 · 의복 · 신의 꿈

★ 옥에 들어가 형벌을 받으면 귀히 된다.

★ 새끼로 몸을 묶으면 재수가 좋다.

★ 수족에 상처를 입으면 이별수 이다.

★ 꿈에 그물을 덮어 쓰면 주식이 생기게 된다.

★ 사형 선고를 받고 죽으면 크게 길하니 갑자기 운수가 열
리어서 입신 출세할 징조요 병자는 완쾌 된다.

★ 관을 써보면 타인에게 신임을 받아서 입신 출세한다.

★ 여자가 관을 쓰고 띠를 띠면 아들을 낳는다.

★ 옷이 바람에 날려서 산란하면 병이 생기고 고생한다.

★ 새 옷을 만들어 보이면 혼담이 생기고 이옷 저 옷 갈아입
으면 나쁘다.

★ 부인들이 비단 옷을 입어 보이면 배은망덕할 징조이다.

★ 옷 소매가 바람에 나부끼면 병이 생기고 소매가 물건에

걸려 찢어지면 처첩과 이별한다.

★ 여자가 내게 옷을 입혀주면 만사가 잘 되리라.

★ 다른 사람이 내 신을 신어 보면 처첩이 간통한다.

★ 신발이 해져 보이면 처자에 병이 생기고 또는 친척과 헤어진다.

★ 꿈에 신발을 얻어보면 귀인의 도움을 받는다.

★ 의복을 잃으면 아내의 해산이 어려울 것이다.

10. 부부와 임신의 꿈

★ 부부간에 서로 다투고 싸우면 병이 생길 징조이다.

★ 부부가 한군데 모여 회합하는 듯이 보이면 이별하게 된다.

★ 돌아가신 아버지와 만나면 좋은 일이 있을 것이다.

★ 가족이 한방에 서로 모이면 친척이 서로 다툴 일이 생긴다.

★ 남의 부인을 안아 보면 경사가 있으리라.

★ 자기의 처가 다른 사람에게 시집 가 보이면 처가 죽거나 병들 징조이다.

★ 꿈에 육체관계를 하면 재수가 불길하다.

★ 처자가 서로 모여서 울면 병으로 고생하거나 빈곤하리라.

★ 꿈에 아이를 밴 부인을 만나면 만사가 대길하다.

★ 남편이 둘이 되어 보이면 딴 마음이 있다.

★ 남자가 아이를 낳아 보이면 재수가 대통하여 재물을 쉽

사리 얻는다.

★ 사위를 맞아 드리면 길하고 내가 사위로 되어 보면 나쁘다.

★ 양자를 가거나 시집가거나 또는 데릴사위로 가보면 근심이 생긴다.

★ 화장품을 받아 보면 남에게서 사랑을 받는다.

11. 음식의 꿈

★ 사람들을 모아 놓고 잔치를 베풀면 장차 부귀하게 된다.

★ 생선이나 새종류의 고기를 먹어보면 소원성취 하리라.

★ 감이나 복숭아를 먹으면 이별 했던 사람과 다시 만나게 되리라.

★ 수박을 먹으면 사람이 죽고 수박을 어떤 사람이 보내오면 구설이 생긴다.

★ 돼지고기를 먹으면 질병이 생긴다.

★ 배를 먹으면 재물을 잃는다.

★ 참외를 먹으면 귀한 아들을 낳는다.

★ 여자가 사과를 먹어 보면 기쁜 일이 생기며 좋으나 익지 않은 것을 먹으면 남과 다투리라.

★ 포도를 먹어 보면 이별 했다가 다시 만난다.

12. 관·무덤의 꿈

★ 무덤 위에 구름이 일어 나는 것을 보면 만사가 대길하니 운수가 열린다.

★ 새 무덤이나 관을 보면 근심이 살아질 징조이다.

★ 묘 문이 열리어 보이면 만사가 좋다.

★ 무덤 가운데서 관이 저절로 나오면 재운이 대통할 징조이다.

★ 무덤에 꽃이 피면 만사 대통하여 부귀하고 귀자를 낳게 되리라.

★ 무덤 위에 불이 나면 재수가 좋다.

★ 관속에 죽은 시체를 넣어 보면 큰 재물을 얻는다.

★ 죽은 사람이 관속에서 나오면 외방에서 손님이 온다.

★ 산 사람이나 자기가 관속으로 들어가면 싸우거나 소송할 일이 생긴다.

★ 꿈에 상여를 보면 매우 좋다.

13. 논·밭·곡식의 꿈

★ 농사를 지어 보면 재물을 얻고 만사 대길하다.

★ 자기가 스스로 논에 모를 심어 보면 먼데 출행할 징조이다.

★ 벼를 보거나 베어 보면 역시 출타 한다.

★ 산중에서 농사를 지어 보면 부자가 된다.

★ 오곡이 무성하게 자라는 것을 보면 크게 재물을 얻고 행복해질 징조이다.

★ 곡식이 창고에 가득차면 사업이 번창하고 혼담이 성립
  되리라.
★ 쌀이 하늘에서 비오듯이 내려와 보이면 크게 좋으리라.
★ 밀과 보리를 보면 아내가 바람난다.

14. 금·은·철물의 꿈

★ 금과 은 보물을 얻어 보면 부귀한다.
★ 옥이 산같이 쌓여 있으면 큰 부자가 된다.
★ 구슬을 취급해 보면 뜻밖에 재물을 얻고 행운이 오리라.
★ 사람들과 돈과 곡식을 바꾸어 보면 질병이 생긴다.
★ 돈을 주으면 대길하다.
★ 철전(鐵錢)을 보면 여름에는 길하나 가을과 겨울에는 나
  쁘다.
★ 실이 맺히거나 흩어져 보이면 소송이 날 징조이다.

15. 집과 들에 관한 꿈

★ 집안에 풀이 나면 가산을 탕진 하리라.
★ 집을 수리하면 수복이 많을 징조다.
★ 말없이 방을 비로 쓸어 보면 그 집 방을 쓸고 있는 그 사
  람이 사망할 것이다.
★ 지붕이 무너지거나 또한 파괴되면 질병이 생기거나 사망
  한다.

★ 새 집에 들어가 보면 원행할 징조다.

★ 집을 팔면 운이 왕성하고 집을 사면 수명장수 하리라.

★ 낡은 집으로 이사하면 아름다운 아내를 맞는다.

★ 집을 수리하고 만사를 신속히 하면 길하고 더디면 불길하다.

★ 벽을 바르면 감기에 걸릴 것이다.

16. 가구에 관한 꿈

★ 침상 위에 피가 묻으면 처첩이 외간 남자와 밀통하여 불길한 일이 일어날 징조이다.

★ 침상과 장막이 파손되어 보이면 아내가 사망한다.

★ 솥이나 남비가 망가지면 일가 중에 한 사람이 사망할 징조이다.

★ 좋은 이불을 덮어 보면 대길하다.

★ 망치를 보면 해로운 일이 생기며 톱을 보면 흉하다.

★ 세수 대야를 보면 처첩을 얻는다.

★ 손수건을 얻으면 병이 생긴다.

★ 바둑을 두는 꿈은 귀인이 도와줄 징조이다.

★ 요강이 깨지면 부부가 이별 한다.

★ 거울이 밝아 보이면 길하고 어두워 보이면 흉하다.

★ 거울이 깨져 보이면 부부가 이별할 징조이다.

17. 짐승의 꿈

★ 소가 집으로 들어오면 부귀하다.

★ 소가 문을 나서면 나쁘다.

★ 말을 타고 가 보면 기쁜 일이 있다.

★ 매여 놓은 말을 보면 길하고 짐을 싣고 움직이는 말을 보면 나쁘다.

★ 돼지를 죽이면 길하고 저절로 죽어 보이면 흉하다.

★ 험한 길을 말을 타고 편안히 지나가면 부녀자의 도움으로 출세한다.

★ 개가 서로 싸우면 질병에 걸린다.

★ 개가 주인을 물면 배은망덕할 놈을 만난다.

★ 개가 짖는 것을 보면 귀신이 먹을 것을 구걸하는 징조이다.

★ 산 돼지가 집으로 들어오면 기쁜 일이 생기리라.

★ 짐승들이 서서 다니거나 말을 하면 남한테 사기를 당한다.

★ 코끼리를 보면 매사가 순조롭게 이루어지나 중간에 약간의 장애가 있으니 조심해야 한다.

★ 원숭이를 보면 모든 일을 성급히 하거나 독단적으로 하지 말며 남과 의논하여서 신중히 하여야 한다.

★ 용을 타 보면 매우 좋다.

★ 용이 내려와 산으로 들어가는 것을 보면 구하는 일이 성취된다.

★ 용이 나르는 것을 보면 벼슬에 오른다.

★ 자기가 용이 되어 보이면 입신 출세하여 천하에 이름을

떨친다.

★ 칼로 용을 베는 꿈을 꾸면 크게 길하다.

★ 뱀이 사람을 따라가면 아내가 딴 마음을 먹으리라.

★ 뱀이 몸과 손발에 감겨 들면 재수가 있으며 대길하다.

★ 뱀이 문으로 들어오면 귀자를 낳는다.

★ 봉황을 꿈에 보면 부귀한 사람으로 부터 도움을 받는다.

★ 공작이 날아 다니는 것을 보면 문장이 훌륭해져서 명성을 얻으리라.

★ 학이 하늘로 날으면 입신출세 하리라.

★ 앵무새를 꿈에 보면 먼 곳에서 손님이 오리라.

★ 원앙새를 보면 좋다.

★ 까마귀가 떼를 지어 울면 가까운 친척에 걱정이 있다.

★ 개구리가 많이 모여 울어도 남의 시비에 끼어들어 재난을 당한다.

★ 공중에서 새가 울면 아내를 잃는다.

★ 거위와 오리가 같이 놀면 좋은 첩을 얻는다.

★ 비둘기를 보면 집안에 기쁜일이 있으며 가업이 성행할 것이다.

★ 닭이 새벽에 우는 꿈은 소원이 성취 될 것이다.

★ 새의 날개가 부러지면 어린아이를 잃는다.

★ 기러기를 보면 먼데서 소식이 오리라.

★ 고양이를 보면 모두 나쁘며 첩이나 머슴에게 속을 징조이다.

★ 쥐가 사람의 옷을 뜯으면 매사가 이루어지지 않는다.

★ 여우를 보면 남의 의심을 받고 여우를 키워 보면 여(女) 난이 있을 것이다.

★ 고기가 떼를 지어 물속에서 놀면 재수가 대길하다.

★ 고기를 잡아 먹으면 귀인의 도움을 받아 지위가 오를 것이다.

★ 강에서 고기를 잡는 꿈을 꾸면 좋은 주인을 얻는다.

★ 큰 고기를 잡으면 이득이 있고 작은 고기를 잡으면 슬픈 일이 생긴다.

★ 조개를 보면 처가 아들을 낳을 징조다.

★ 나비가 모여서 희롱하면 바라는 일이 뜻대로 되리라.

★ 잠자리가 날으면 집에 미녀가 오리라.

★ 누에를 보면 남에게서 음식 대접을 받는다.

★ 거미를 보면 귀인의 도움을 받거나 기다리는 사람이 오리라.

★ 반딧불을 보면 의논할 일이 잘 이루어지지 않는다.

★ 파리가 많이 모여 들면 일이 잘 되지 않는다.

★ 지네를 보면 관직에 있는 사람이 그 자리를 잃는다.

★ 지렁이를 보면 남에게 속임을 당한다.

18. 신선 · 귀신의 꿈

★ 신이 되는 꿈을 꾸면 만사에 행운이 돌아 올 것이다.

★ 성인 선인이 집에 들어오는 꿈을 꾸면 만사에 행운이 돌아 올 것이다.

★ 선녀와 육체관계를 맺으면 만사에 덕을 입어 대길하다.

★ 신이 길흉을 고하는 꿈을 꾸면 복을 얻어 귀히 되며 운이 트인다.

★ 신이 부르면 모든 일이 성취되고 크게 덕을 입어 좋다.

★ 산신령께 기도를 들여 보면 질병이 물러 가고 소원성취 하고 행운이 오리라.

★ 제사를 지내는 꿈을 꾸면 일을 급히 하면 실패하고 손해 를 본다.

★ 귀신과 싸워서 이기면 길하고 지면은 나쁘다.

★ 지옥에 떨어져 보이거나 귀신 때문에 시달림을 받으면 길하다.

★ 도깨비 꿈은 뜻밖에 놀라운 일이 생긴다.

★ 온가족이 모여서 제사를 올리면 가업이 잘 되어 간다.

◇ 제 9 부 ◇

성명학(姓名學)

1, 성명학의 의의(意義)

성명학(姓名學)은 통계학적(統計學的) 입장에서 체계화(体系化)한 것이고 그 비결은 오랫동안의 경험에서 얻어진 것이다. 이 우주의 모든 존재가 음양(陰陽)과 오행(五行)으로써 생성(生成)하여 존재하고 있는 만큼 성명학도 그러한 원리에서 출발한 것이다. 따라서 이름은 첫째 부르기 좋고 듣기 좋은 것이며 그 이름에 포함되어 있는 의미가 확실하여 모호하지 않고 심원(深遠)한 가운데도 우아(優雅), 고상(高尚)하며 또 웅대(雄大)하여야 함을 원칙으로 한다.

2, 성명과 운세(姓名,運勢)

성명학의 판단은 관상(觀相)이나 수상(手相)에 비해서 매우 간단하다.즉 자획(字劃)을 세어서 그것을 자수(字數)의 길흉 (吉凶)과 대조하여 보면 곧 판명되므로 누구나 쉽게 감별할 수 있는 것이다.성명학은 몇 천만의 성명을 조사하고 거기에 서 확고한 법칙을 발견하여 만들어진 것이므로 수(數)에 대 한 엄숙한 신비(神秘)와 운세가 뚜렷이 나타나 있는 것이다. 오늘날 개명(改名)에 의하여 운세가 나아졌다는 실례가 얼마 든지 있다. 물론 호적상의 이름을 고치지 않더라도 아호(雅 號)나 예명(藝名) 또는 펜 네임(Pen name)등으로 본명(本名) 처럼 사용하여도 된다는 것을 알아 둘 것이다.

그러나, 성명이 인간의 운세 전부를 지배하는 것은 아니지만 양명(良名)과 악명(惡名)의 관계가 인간 처세에 중대한 영향 을 주는 것은 부인할 수 없는 일이며 선천적(先天的) 조건이 좋은 사람이 좋은 이름을 가지면 금상첨화격(錦上添花格)으 로 더욱 좋은 것이고, 선천적 조건이 나쁘더라도 좋은 이름으 로써 악운(惡運)을 극복할 수 있다는 데서 오늘날 성명학이 중요시 되는 것이다.

3, 작명(作名)

① 〈이름은 부르기 좋고 듣기 좋아야 한다〉
작명(作名)의 요결은 첫째 부르기 좋고 듣기 좋아야 하며 그 연후에 길흉(吉凶)을 판단할 것이다.

음(音) 즉 소리가 먼저는 낮고 나중이 높으며, 먼저는 흐리

고 나중이 맑은 것이 좋으므로 소리가 순평(順平)하게 들리
되 끝에 운(韻=리듬)이 있는 듯이 들려야 하는 것이다.

음이 혼탁(混濁)하고 무기력한 것은 그사람의 기질과 인품을
흐리게 하고 무기력하게 하는 것이니, 이는 곧 이름이 인간
생활에 무형적(無形的)인 암시를 주기 때문이다.

또 남성의 이름과 여성의 이름에 있어서도 그 리듬은 구별
되어야 한다. 남성은 대체로 돈후 장중(敦厚壯重)함을 주로
하고, 여성은 경쾌 명랑한 느낌을 주는 즉 바위 틈에서 흘러
나오는 물소리와 같이 또는 쟁반에 구슬을 굴리는 듯한 소리
와 같이 맑아야 하는 것이다. 그러나 이와 같은 것은 대체적
인 이론이고 그 사람의 기질에 어느 정도 부합시키는 것이
일반이다.

또 음운(音韻)에 있어서 주의할 점은 몹시 천한 인상을 주거
나, 우습게 들려 남에게 이상한 감을 주게 되는 것은 좋지 않
다. (보기)

具　　萬　　斗 (구　　만　　두)
孫　　秉　　信 (손　　병　　신)
金　　致　　國 (김　　치　　국)
禹　　東　　集 (우　　동　　집)

이와 같은 이름은 그 인물의 인격이나 기능에 별다른 결함
이 없음에도 불구하고 사회적 처세에 있어서 불리한 입장에
놓이게 되는 일이 적지 않다.

옛적 우리 사회에서는 천하고 이상한 이름을 불러 주면 수명이 길어진다고 해서 「개똥이」「똘똘이」「돼지」등등 이름을 지어주는 경향이 많았다.그러나 이런 이름으로 장성하여 출세한 예가 없으며 사회적 지위를 가진 사람을 보지 못했다.

②〈알기 힘든 벽자(僻字)나 쓰기 어려운 문자는 피해야 한다〉
　작명(作名)에는 천하고 흉한 의미의 글자를 피하는 동시에 일반이 알기 힘든 벽자(僻字)나 쓰기 어려운 난자(難字)등은 피해야 한다. 이름은 그 자신을 대표하는 것이므로 성명(姓名) 전체를 통하여 그 글자의 의미가 불확실 하며 요령을 얻지 못한 모호한 것이어서는 아니된다.
　성명의 의미는 그 사람의 인격과 풍모를 나타내는 것으로서 심원 우아(深遠優雅)하고 웅대 호방(雄大豪放)하면서도 고상한 의미를 가져야 할 것이나 남성의 이름이 여성적이어서는 안되며 여성의 이름이 남성적인 것도 좋지 않은 것이다.그러므로 이름은 그 사람의 선천적 능력의 대소(大小)를 참작하여 강대한 능력의 소유자에게는 될 수 있는대로 웅장한 맛이 있게 또 기질이 약한 사람에게 는 그 격에 알맞은 의미의 이름을 짓도록 한다. 기질이 나약한 사람에게 격에 맞지 않는 웅장한 이름을 붙여 준다는 것은 넌센스이며 그렇다고 무기력한 의미의 이름을 지으라는 것은 아니다. 또 과거의 유명한 역사적 인물의 이름을 그대로 따서 지어주는 예가 가끔 있는데 이것은 의식적으로 그러한 인물을 따르라고 암시한 것임은 알 수 있으나 그것은 옳지 않은 일이다. 그러므로 역사적인 유명한 인물의 이름을 따는 것은 극히 삼가야 하며 자신의 운명을 개척할 수 있는 능력을 기르도록 하고 그에 알맞은 이름을 지어야 한다.

4, 성명학과 음양설(陰陽說)

역(易)에 이르기를 「일음 일양(一陰一陽)이를 도(道)」라 하였다. 우주의 삼라만상(森羅萬象)이 모두 음양(陰陽)의 이치로 생성한 것인즉 모든 존재에는 음양이 있고 따라서 성명학에도 이 음양이 배합되지 않을 수 없는 것이다.

인간의 성쇠 흥망(盛衰興亡)은 음양격(陰陽格)의 조화 여하에 따라 크게 작용하는 것으로 무릇 순천자(順天者)는 흥하고 역천자(逆天者)는 망하는 것이 천지(天地)의 섭리(攝理)요 상도(常道)라는 것이다. 성명학에 있어서의 음양격을 잡는 방법은 성명 三자 혹은 二자 내지 四자의 그 한자씩을 획수(劃數)로 따져서 획수가 기수(奇數)인 경우는 양(楊)이라 하고 우수(偶數)인 경우는 음(陰)이라 한다.

○음격 획수…二, 四, 六, 八, 十

○양격 획수…一, 三, 五, 七, 九

〈주〉十획 이상인 경우는 十을 제하고 그 나머지 수로서 계산 하면 된다.

우주간에 있어서 천(天)은 양(暘)이고 지(地)는 음(陰)이며, 또 남성은 「양」이고 여성은 「음」이며 낮(畫)은 「양」이고 밤(夜)은 「음」이며, 위(上)는 「양」이고 아래(下)는 「음」이다.

이와 같이 이 세상에는 천지(天地)가 있고 남녀(男女)가 있어야만 되는 것으로 성명학에서도 「음양(陰陽)」이 고루 있어야 하며,그 어느 한쪽만 있어도 좋지 않은 것이다. 이것은 이론적으로만 아니라 실제로 역사적 통계로도 여실히 증명되는 사실이다.

〈음양경으로서의 길상(吉象)〉

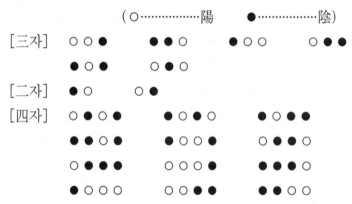

(○…………陽　　●…………陰)

[三자] ○○●　　●●○　　●○○　　○●●
　　　　●○●　　○●○

[二자] ●○　　　○●

[四자] ○●○●　　●○●○　　●○○●
　　　　●●○○　　●○○●　　○●●○
　　　　○●●○　　○○○●　　●●●○
　　　　●○○○　　○○●●　　●●○○

이와 같은 음양 조화는 만사가 순조롭게 진행되며, 모든 운세를 길하게 한다.

[三자] ○○○　　●●●
[二자] ○○　　●●
[四자] ○○○○　　●●●●

이와 같은 음양 배치는 성명학상으로 그리 환영을 받지 못하는 것이니 태약(太弱) 혹은 태강(太强)한 운세를 나타내는 것으로 일시 남이 따르지 못할 만큼 큰 성공을 거두는 사람이 있더라도 종국에 가서는 불행한 실패로서 끝을 맺기 쉬운

격이며, 특히 오행(五行)의 관계와 맞지 않는 경우는 대단히 흉상(凶象)으로 되는 것이다.

○비명(非命)에 쓰러지거나, 뜻하지 않게 중절(中折)된 우리 나라 명사(名士)의 예.

金來成　申翼熙　金東仁　呂運亨　盧天命　張德秀
8　8　6　　5　17　13　　8　8　4　　7　13　7　　16　4　8　　11　15　7

5, 성명학과 오행설(五行說)

오행(五行)이란「金」「木」「水」「火」「土」의 다섯가지로서 동양 에서는 옛부터 자연계의 동정(動靜) 변화(變化)를 이 오행으 로 고찰 하였으며, 그 상대(相對＝陰陽) 및 상생(相生)·상극 (相剋)에 의하여 일체의 성생(成生) 변화를 관찰 하였던 것이 다. 이 오행(五行)은 서로 생(生)하여 도와주는 경우와 서로 극(剋)하여 해(害)를 끼치는 경우가 있는바 이것이 오행의 상 생(相生)·상극(相剋) 이라 하는 것이다.

○ 五行相生 … 金生水　水生木　木生火　火生土　土生金
○ 五行相剋 … 金剋木　木剋土　土剋水　水剋火　火剋金
○ 五行相比 … 木比木　火比火　土比土　金比金　水比水

문자에도 이 오행(金木水火土)이 있어 성명에 상생(相生) 하 는 격이면 신체 건강하고 집안일이 흥하며, 부부관계도 원만 하여 안정된 생활을 이룰 것이나, 오행이 상극(相剋)하여 있

으면 모든일이 순조롭지 못하여 사업은 실패하며, 병고(病苦)
와 살상(殺傷) 그리고 가정 생활도 원만치 못하다는 것이다.
 상비(相比)격은 동성(同性) 관계로서 형제 자매 관계와 같은
것이다.

○ 오행 상생(五行相生)격인 성명 배합

金水金　金土金　金金水　金金土　金水木
金土火　金水水　金土土　木水木　木木火
木木水　木水水　木火火　木火土　木火木
木水金　水水金　水木火　水金水　水木水
水木木　水金金　水金土　水水木　火土火
火火木　火木火　火火土　火木水　火土土
火木木　火土金　土金土　土金水　土土金
土金土　土土金　土火木　土火火　土金金

○ 오행 상극(五行相剋)격인 성명 배합

金木金　金金火　金木木　金火火　金金木
金火金　木木金　木土木　木金金　木木土
木金木　木土土　水火水　水火火　水土水
水水火　水土土　土木木　土水水　土水土
土土木　土木土　火火水　火金火　火火金
火水水　火金金　金木土　金火水　木土水
木金火　水火金　水水土　水土木　火水火
火金木　土木金　土水火

○ 오행 상비(五行相比)격인 성명 배합

金土水　金水土　金火土　金木水　金金金

木火水　木金水　木水火　木木木　木土火

水火木　水土金　水金木　水水水　水木金

火金土　水水木　火木土　火土木　火火火

土水金　土金火　土木火　土土土　土火金

〈주〉이와같은 배합은 다른 음양(陰陽) 격의 좋고 나쁨에 따라 영향을 받는 것이니 다른 조화가 잘 맞으면 크게 성공하나 그것이 조화를 이루지 못하면 크게 실패한다.

그리고 오행상극(五行相剋)에 있어서는 혹 일시적으로 성공을 보았다고 해서 안심할 수는 없으며, 곧 운세의 저락을 보기 쉬운 것이니 다른 격의 조화로서 이를 이겨내야 한다.

또 성명 二자인 경우는 「木生火」「火生土」「土生金」「金生水」「水生木」의 법칙을 그대로 이용할 것이며 성명이 四자, 五자의 경우도 위에 든 배합에 의하여 그앞 또는 뒤에 오는 글자의 획수가 오행(五行) 배치의 원칙에 따라 상생(相生) 되도록 할 것이다.

○ 문자(文字)의 오행 판별법(判別法)

문자를 오행에 맞추어 보는 방법은 한문으로 보는 경우와 국문으로 보는 경우가 있다.

〈한문〉一, 二획 : 木　三, 四획 : 火　五, 六획 : 土　七, 八획 : 金　九, 十획 : 水

	五行	五方	五時	五氣	五常	五色
1-2	木	東	春	仁愛	仁	靑
3-4	火	南	夏	剛猛	禮	赤
5-6	土	中央	季節	寬廣	信	黃
7-8	金	四	秋	殺伐	義	白
9-10	水	北	冬	柔和	智	黑

〈한글〉

오행(五行)의 구분과 음색(音色)으로 본 특징.

ㅇ 한문으로 본 비교(比較)

土	宮音(喉音)	ㅇ ㅎ
金	商音(齒音)	ㅅ ㅈ ㅊ
木	角音(牙音)	ㄱ ㅋ
火	徵音(舌音)	ㄴ ㄷ ㄹ ㅌ
水	弱音(脣音)	ㅁ ㅂ ㅍ

木 土 金　木 水 水　　　火 水 金　土 水 金
金 萬 福　김 만 복　　　李 逢 春　이 봉 춘
8 13 14　5　6　7　　　7 11 19　2　7　7

○ 오음(五音)의 상생(相生)과 상극(相剋)

○ 相生
- 牙生舌(아생설)
- 舌生喉(설생후)
- 喉生齒(후생치)
- 齒生脣(치생진)
- 脣生牙(진생아)

○ 相剋
- 牙剋喉(아극후)
- 喉剋脣(후극진)
- 脣剋舌(진극설)
- 舌剋齒(설극치)
- 齒剋牙(치극아)

※ 받침이 있는 경우는 위에 붙은 글자의 끝과 아래에 오는 글자의 첫머리를 참작하여 이 원리에 의하여 배합시킨다.

6. 문자(文字)의 획수산출법(劃數算出法)

성명학의 요소는 글자이다. 「행복한 이름」「불행한 이름」은 글자가 지니는 뉴앙스와 자획수(字劃數)에 의하여 좌우되는 것이다. 글자에는 정자(正字)와 속자(俗字)가 있으나 성명에 속자를 사용하는 예는 별로 없고 정자를 사용 한다. 만일 속자를 사용 한다면 속자 그대로의 획수를 풀어야 한다.

또 변(邊)에 있어서「氵」가「水」의 뜻이라 하여 四획으로 치고「性」자는「忄」가「心」과 같다고 하여 四획으로「扌」는「手」로서 四획으로「辶」는「辵」이 본래의 획이라 하여 七획으로 계산하는데 이는 모두가 자기류(自己流)의 해석으로 당치 않은 말이다.

한자란 원래가 상형문자(象形文字)로서 그 제정의 처음을

살펴 보면 오늘날의 한자는 모두 그림으로 표시되어 있는바
가령 「水」는 물이 흐르는 모양을, 「鳥」는 새가 앉은 모양을
본떠 만든 것으로 그 때의 획수도 오늘날과 같았겠는가를 생
각해 본다면 지금에 와서 원획을 찾는다는 것도 격에 맞지
않는 주장이라 아니 할 수 없다.

그러므로 「阝」「艹」「犭」「氵」「冫」 등은 모두 원획을
찾을것 없이 그 획수대로만 계산 하여야 한다. 숫자(數字)에
한해서만은 그 수의 뜻(數音)에 따라서 계산하며 획수로 셈
하지 않는다. 즉 二, 七, 八, 九, 十은 모두 二획이며, 四는 五
획 五, 六은 四획이지만 一에서 十까지는 수의(數意)에 따르
는 관계로 四는 四획, 五는 五획, 六은 六획, 七은 七획, 八은
八획, 九는 九획, 十은 十획으로 계산한다

이렇게 셈하여야만 적중하는 까닭은 十까지의 수는 쓰는 사
람의 마음 속에 수리적(數理的) 관념이 작용하기 때문이다.

그러나, 百, 千, 萬, 億, 兆 등의 문자는 위의 기본 숫자와는
달리 百은 六획, 千은 三획, 萬은 十五획으로 계산한다.

7. 성명의 감정법(鑑定法)

성명을 감정하는데 있어서는 먼저 성명의 한자 한 자의 획
수(劃數)를 계산하여 그것을 성자(姓字)·명격(名格)·천격
(天格)·외격(外格)·총격(總格)의 다섯가지로 분류한다. 이
오운(五運)의 수가 모두 길수(吉數)이고 또한 조화가 잘 되어
있으면 행운의 성명이라고 할 수 있다.

요컨대 작명(作名)의 비결은 ①각 글자의 의미와 그 조직 ②천격(天格)과 지격(地格)의 배치 ③음양(陰陽)의 조화 ④오행(五行)의 배합 ⑤수리(數理)의 길흉(吉凶)을 원칙으로 하여 보는 것이다.

○ 성자(姓字) … 성(姓)의 총수(總數)로서 그것이 길수(吉數)라도 그 의미는 판단에 넣지 않는다. 그것은 이 수가 하나의 기본수는 될지언정 단독으로 의미를 나타내는 것이 아니고 이름자와의 관련하에 비로소 운세의 의미를 나타내기 때문이다.

○ 명격(名格) … 이름자의 획수를 합한 것으로서 주로 초·중년(初中年)의 운세를 판단한다. 천격(天格)과의 관계에 의하여 환경이 좌우된다.

○ 천격(天格) … 성(姓)자와 이름의 맨 윗자와의 획수를 합한 것으로서, 그 사람의 운명이나 성격을 가장 대표하는 중요한 수이다. 이것은 성명학의 중심적 위치에서 작용하므로 중요시 되는 것이다.

○ 외격(外格) … 성(姓)자와 이름의 맨 아랫자의 획수를 합한 것으로서 천격(天格)과 연관성이 깊으며 그 영향을 받아 배우자(配偶者)나 외부와의 관계에 있어서 효력을 나타내는 것이다.

○ 총격(總格) … 성명 문자의 전부를 합한 것으로서, 주로 중년(中年) 이후의 운세에 작용하는 동시에 전 생애(生涯)에 걸친 운명을 대표한다.

이상과 같이 성명학의 운명은 네가지로 대별(大別)되는데 가령 천격(天格)이 길수(吉數)가 못되더라도 명격(名格) · 총격(總格)이 좋으면 무관한 것이고 겸하여 외격(外格)이 좋으면 행운을 지닌 것으로 볼 수 있다.

또 성명이 四자(성二자, 이름二자)인 경우는 성(姓) 二자를 합산(合算)하면 되고, 이름이 외자(單子)로서 성명이 二자만인 경우는 외격과 천격과 총격이 동일하게 된다. 이런 경우는

명격과 총격만이 있는 셈인데 이 두 자 만으로 감별해도 좋다.

※ 天格 17은 의지가 강하고 만난을 돌파하는 격이나 고집이 세며 外格 8은 고집이 지나쳐 조난을 당할 수이고 名格 9도

역시 역운(逆運)을 초래하는 수로서 세 격의 조화가 파란과 급변을 포함한다. 總格 17역시 고집과 불화(不和)를 나타낸다.

※ 우리나라 일류급의 스타아로서 예술인이다. 天格 25, 名格

23은 모두 길상운(吉祥運)으로서 적수 공권(赤手空拳)으로 대성(大成) 할 격이며, 재주가 풍부하고 기회를 잘 잡아 크게 명성을 떨쳐 비약한다. 그러나 한편 여성으로서는 운세가 강한 편이며 남과 화합(和合)하지 못하고 고집을 부리는 성격이 고독을 초래하기 쉬운 것이다.

外格·總格을 보아도 생애의 신상(身上)에 큰 변동을 보게 된다.

8. 자획수(字劃數)의 길흉(吉凶)

一劃數 … 두령격(頭領格) 양수(陽數)로서 만물의 기초가 되는 길상(吉祥)의 암시가 있다. 대자연의 생기(生氣)를 받아 초목의 싹이 틈과 같이 희망이 이루어지고 부귀,영화를 누릴 길수(吉數)이다. 그러나 부덕(不德)에 흐르면 그 반동으로 흉수(凶數)로 변할 것이며 덕을 쌓고 수양하면 좋은 경사(慶事)를 계속 보게 될 것이다.

二劃數 … 만물을 육성(育成)하는 뜻이 있으며, 모태(母胎)의 암시가 있다. 명예, 지위, 재산을 쌓아 올려서 일대(一代)의 영화를 누리기도 하지만 그 반면에 말할수 없는 고난(苦難)에 부닥친다. 음극수(陰極數)인 때문에 탐욕, 완고, 독선에 흘러 몰인정한 인간이란 평을 듣기 쉽다. 분리(分離), 동요(動搖), 불안(不安)의 뜻을 지니고 있기 때문에 좋은 환경의 혜택을 받기 어렵다.

三劃數 … 음양(陰陽)이 조화되어 길상(吉祥) 행복의 암시가

있다. 재치와 적극성을 띄었으나 명랑, 활달한 성격은 자칫하면 호탕하면서도 끈기가 부족하기 쉽다. 또 이지(理知)가 예민하고 통찰력(洞察力)이 뛰어난 점은 침착하면서도 박정에 치우치는 경향이 있다. 어쨌든 운기(運氣)가 강하며 행운수를 타고 났지만 혹 자기 도취에 빠져 가지고 의외의 함정에 빠지는 수도 있으니 조심해야 한다.

四劃數 … 곤궁 결핍(困窮缺乏)의 암시가 있다. 처음은 만사가 순조롭게 진행되어 이젠 안심이라고 생각될 즈음, 뜻밖의 재난을 초래할 운수이다. 다른 수의 관계에 의하여 단명(短命), 변사(變死), 발광(發狂)등 좋지 않은 일들이 생기기 쉬우며, 그렇게까지 되지 않더라도 신경 쇠약 또는 병고(病苦)에 시달리게 되며, 또 건강하더라도 항상 번민과 우울증에 걸려 생기를 잃고 만다. 그러나, 성명수의 조화를 이룰 때에는 열녀(烈女), 효자(孝子) 또는 일대(一代)의 성공자로서 이름을 떨칠 길운(吉運)이 되는 것이다.

五劃數 … 음양(陰陽)이 화합하여 복(福)과 수(壽)를 겸비한 암시가 있다.

겉으로는 온화하고 내심은 강직하지만 사교술(社交術)이 능하므로 신망(信望)이 두텁고 육체적으로 강인하여 병에 대해서 저항력이 강하다. 성명의 조화가 맞으면 수복(壽福)을 누리지만 성명수의 조화를 얻지 못하면 융통성이 없고 상식이 있는듯 하면서 의외로 무식한 것이 결점이며, 그때문에 스스로 고독에 빠지고 만다.

六劃數 …천덕 지상(天德地祥)의 암시가 있다.

자연의 은혜와 조상의 음덕(陰德)을 입어 부귀영화를 누린다. 성명의 조화를 보지 못하면 중년(中年)에 역경에 빠지는 수도 있으나 대체로 평생을 안락하게 보낸다. 여성의 경우는 원만한 가정을 이루지만 살림의 주도권(主導權)을 잡기 쉽다.

七劃數 … 독립 독행(獨立, 獨行)의 암시가 있다.

활동력이 풍부하여 자신을 가지며, 남의 의견을 받아 들이지 않고 독립하는 경향이 있다. 능히 자수성가(自手成家)로서 가문(家門)을 일으킨다. 또 여성은 고집이 세고 팔자가 센 편으로 성명수의 조화가 잘 되면 현처(賢妻)가 되며 성명수의 조화가 이루지 못하면 소위 악처(惡妻)의 지탄을 받는다. 남성이건 여성이건 이운세를 지닌 사람은 화합하는 정신을 기르도록 수양할 것이다.

八劃數 … 인내(忍耐)와 진취(進取)의 암시가 있다.

사교성이 뛰어나고 다소 외고집인 면이 있으나 의지가 굳세어 곤란을 무릅쓰고 목적을 달성한다. 끈기가 있고 사회 생활에도 혜택을 입는데 다만 성명수의 배합에 따라서는 조난(遭難), 검난(劍難)을 당할 염려가 있다.

九劃數 … 예측하지 못할 재난을 당할 암시가 있다.

병약(病弱), 단명(短命), 역경의 운수로서 이러한 재난이 혹 본인에게 직접 나타나지 않을 경우는 간접적으로 배우자나 자식들에게 나타난다. 또 성명수의 배합에 따라서는 우수한 기획성(企劃性)을 가지고 있어서 사회적으로 크게 성공하는 수도 있지만 어쨌든 비운(悲運)에서 고민할 것이다.

十劃數 … 소득이 없는 공허(空虛)한 암시가 있다.

九획수와 같이 불운한 수로서 부자집에 태어났더라도 재산을 탕진하기 쉽고 일가 친척이 많아도 고독한 생활을 보내게 되며 또 자포자기(自暴自棄)에 빠지거나 범죄를 저지르는 사람이 되기 쉽다. 혹 사회적으로 큰 성공을 거두는 수가 있으나 대체로 九획의 경우와 같다.

十一劃數 … 봄을 만나 꽃을 피는 암시가 있다.

순조롭게 발전하여 차츰 부귀 영달을 누릴 운수이다. 또 일가(一家)를 재흥(再興)할 운세를 가지고 있어서 둘째나 세째로 태어 났더라도 가장의 구실을 하게 되는데 남의집 양자(養子)나 양녀(養女)로 들어가서 성명에 이수를 얻으면 더욱 길하다.

十二劃數 … 중도에 좌절할 암시가 있다.

큰 뜻을 품고 무리하게 발전하려고 하기 때문에 역량(力量) 부족으로 실패하고 만다. 사교술에도 능하여 처세에 있어서 훌륭한 솜씨를 보이지만 너무 조급한 나머지 일에 실패를 거듭한다. 사람에 따라 경박하고 허영심이 강하며 성실성이 없고 신용을 지키지 않는 경향이 있다. 단 성명수의 배합이 길하면 말년에 윗사람의 도움을 받아 무난히 생애를 마친다.

十三劃數 … 지달적(智達的) 능력이 많음을 암시한다.

원만한 상식과 종횡무진(縱橫無盡)한 재치 어떠한 곤란도 곧잘 개척해 나아가 성공의 길을 걷는다. 또 예능 방면의 소질도 풍부하여 윗사람의 사랑을 받는다. 그러나, 성명수에 조화를 잃으면 얕은 지식을 자랑으로 하며 경거망동(輕擧妄動)인 성격을 띤다.

十四劃數 … 이산 파멸(離散破滅)의 암시가 있다.

가족운이 박약하여 고독 번민에 빠질 운수인데 그것도 이기적(利己的)인 자기의 성질이 다분히 영향되어 있기 때문이다. 꼼꼼하고 의리에 밝은 점은 찬양할 일이나 너무 인색하고 타인에게 대하여 지나치게 냉엄하기 때문에 친하기 어려운 감을 준다. 성명수의 배합이 좋으면 한번은 성공하나 그래도 부족한 점이 많고 그 성공도 그리 오래 가지를 못한다.

여성은 생활비를 바짝 줄이는 사람이 많고 또 정신적으로도 남편을 압박하여 가정 생활을 불화(不和)하게 하며 파탄으로 이끌기 쉽다.

十五劃數 … 복수(福壽)를 겸비한 암시가 있다.

친화성(親和性)이 있고 윗사람을 섬기기 때문에 인망(人望)이 두터우며 성공과 번영을 누린다. 다소 강정(强情)한 면이 있으나 상식이 풍부하기 때문에 처세에 원만하고 사회적 지위도 올라 최후의 행복을 얻는다. 가족운도 좋으며 자식복도 있는 수로서 여성은 온후하고 시부모를 잘 섬겨 현모 양처(賢母良妻)가 된다

十六劃數 … 상서(祥瑞)가 발생하는 암시가 있다.

남의 어려운 처지를 즐겨 보살펴 주는 성격이 있고 곧잘 친절을 베푸므로 덕망(德望)이 있어 크게 성공한다. 그러나 때로 무리하게 일을 꾸려 나아가려는 기질이 있다. 여성은 온후하여 수복(壽福)을 누려 안락한 생활을 보낸다.

十七劃數 … 적극적 진취적인 암시가 있다.

七획수와 비슷한 수로서 자기의 신념을 강력히 추진 시키려

는 경향이 있으므로 곤란을 초래하기 쉽다. 활동적이며 의지
가 강한점이 특성이나 지나칠 때에는 급한 성질을 나타내므
로 이 점을 주의 해야한다. 이 수는 행운수이지만 노력에 의
하여 길조(吉兆)를 보여준다.

여성은 기승(氣勝)스러운면이 있어서 집안일 보다도 때로는
남편을 능가할 만큼 밖에서 활동하는 경우도 있다.

十八劃數 … 강건 발전(剛健發展)의 암시가 있다.

의지가 굳세어 만난(萬難)을 물리치고 명리(名利)를 얻을 수
이지만 자아심(自我心)이 세어 도량이 좁기 때문에 고립되기
쉬운 결점이 있다. 성명수(姓名數)의 배합이 좋으면 사회적인
지지로서 지위에 오르고 출중(出衆)한 인물이 되지만 그 배
합이 좋지 못할 경우는 신경쇠약 또는 발광(發狂)등 불의의
재난을 당하는 수가 있다.

여성은 활동적이지만 지나치게 강정(强精)하여 팔자가 센
경향이 있다.

十九劃數 … 비극적(悲劇的)인 암시가 있다.

두뇌가 명석하고 활동력이 풍부하여 일시적으로 성공을 거
두더라도 유종(有終)의 미(美)를 거두지 못하는 결함이 있다.
천재적인 재능을 갖추고 있으나 인생의 파란을 격게 되고 육
친(肉親)과의 인연이 박약한 경향이 있다.

또 명이 짧거나 자살하는 사람도 있으며 여성은 색난(色難)
으로 인하여 파경(破境)에 이를 우려가 있다.

二十劃數 … 실의 낙담(失意落膽)의 암시가 있다.

활동가지만 도량이 좁고 의지는 있어도 역량이 부족한 경향

이 있다. 양친과의 인연이 박하고 처자(妻子)때문에 고생이 많으며 말년에는 고독, 낙담속에서 번민한다. 병약, 단명(短命)이 아니면 불의의 재난을 당하여 마음이 편안할 때가 없다. 여성은 이성(異性)과의 관계에 의하여 전락(轉落)되는 수가 있다.

二十一劃數 … 존영(尊榮)의 암시가 있다.

남을 위하여 성실을 다하는 성격이며, 부귀공명(富貴功名)으로서 사회적으로 높은 지위에 올라 명예를 얻을 격이나 처음은 고생을 겪고 나중에 복록을 누린다. 또 이성(異性)과의 문제도 번민하는 수가 있으며 여성에게 이 수가 있으면 남편의 운수를 눌러 남편과 사별(死別) 하든가 또는 자기 자신의 명(命)이 짧아지기 쉽다. 그러나 남편을 얻지 않고 직업전선에서 활약한다면 과부운이 아니고 두령운(頭領運)으로서 작용하므로 별 지장이 없다.

二十二劃數 … 입지 중절(立志中折)의 암시가 있다.

초년에는 남부럽지 않게 행복한 운이라도 중년 이후는 차츰 쇠운(衰運)에 빠질 경향이 있다. 또 처음부터 병약, 무기력한 사람도 있으나 기력이 왕성하여 매우 활동적인 사람도 있다. 그러나 대체로 말년은 매우 고독할 것이다.

二十三劃數 … 융창(隆昌) 발전할 암시가 있다.

빈곤속에서 노력하여 지위 재산을 쌓을 호운(好運)으로서 드디어는 두령운(頭領運)으로 입신할 격이다. 말하자면 사환이나 혹은 낮은 신분으로 입사(入社)하여 중역(重役)에까지 출세할 수인 바 기력이 왕성하고 재치가 있어서 남의 눈치를

보는데 빠르며 기민(機敏)하다. 여성에게 이 수가 있으면 二
十一획수와 같이 과부운으로서 작용하며, 부부의 어느쪽이 불
치(不治)의 병에 걸리든가 사별(死別)할 팔자이다.

二十四劃數 … 무(無)에서 유(有)를 만드는 암시가 있다.

재주가 뛰어나고 금전운, 물질운 모두 좋으며 적수 공권(赤
手空拳)으로 재산을 모아 말년에는 크게 번영한다. 또 염복가
(艶福家)로서 이것이 또한 행운과 복덕(福德)을 가져온다.

二十五劃數 … 영민(英敏) 편굴(偏屈)한 암시가 있다.

두뇌가 좋고 재치가 있으며 개성이 강하여 절도가 있는 사
람이지만 말씨에 부드러움이 없어서 그 무뚝뚝함으로 인하여
경원(敬遠)받기 쉽다. 이 때문에 성공운을 가졌으면서도 그것
을 충분히 발휘 못하므로 모든면에 신중을 기하여야 한다. 고
집을 세우는 것은 자기 스스로 행운을 깨뜨리는 결과가 된다.

여성의 경우도 꽤 똑똑한 며느리라는 평을 들으면서도 시어
머니와의 사이가 좋지 않음으로 인하여 이별의 불행을 보는
수가 있다.

二十六劃數 … 파란이 많을 암시가 있다.

지사(志士), 괴걸(怪傑)의 명칭이 붙는 운수인 바 대체로 실
력, 재능을 과신하여 자기 도취에 빠져 말년은 별로 행복하지
못하다. 부부운, 자식운도 좋지 못하여 한때의 성공을 추억하
면서 말년을 쓸쓸히 보낸다. 또 소경이 되거나 도벽(盜癖), 폭
음(暴淫)에 빠질 우려도 있다.

二十七劃數 … 비난(批難), 중절(中折)의 암시가 있다.

지모(智謀)와 노력에 의하여 중년까지는 순조롭게 발전하지

만 자아심(自我心)이 강하기 때문에 비난을 받고 불화(不和)를 조성하기 쉬우므로 발전에 지장을 준다. 온화한 성격이지만 은근히 악평(惡評)을 받으며, 성명수의 배합에 따라 고독, 형난(形難), 조난(遭難)등 재난이 있다. 여성은 팔자가 세어 남편을 대신하여 활동을 하게 되지만 그 노력을 평가 받기 보다는 구설(口說)을 듣는 수가 많다.

二十八劃數 … 처자(妻子)로 인한 고생이 많을 암시가 있다.

발전 성공운을 타서 한때는 왕성한 운으로 크게 뻗어 나지만 인생의 부침(浮沈) 변동이 많아서 남의 오해를 받기 쉽고 괜한 일로 신용을 잃기도 한다. 또 배우자의 인연이 박하고 생이별 또는 사별(死別)이 있을 것이며 또는 처자가 병약하기 때문에 마음 걱정이 그치지 않는 경향이 있다. 이 수는 二十七획수와 비슷하여 지나치게 강정(强情)하고 화합이 없어 고독, 형벌, 살상(殺傷)의 암시를 띤다.

二十九劃數 … 불편, 불만의 암시가 있다.

지모(智謀)가 뛰어나고 활동적이며 재력(財力)도 충분하고 눈치를 잘 살피어 처세술에 능하기 때문에 영화(榮華)를 누릴 길조(吉兆)가 있으면서도 항상 불편 불만을 품고 있어서 그로 인하여 앞길을 그르칠 염려가 있다. 그러나 자중(自重)하여 일을 잘 꾸미면 말년에 부귀 영화를 누린다.

三十劃數 … 길흉(吉凶) 반반의 암시가 있다.

춘몽부침운(春夢浮沈運)으로서 길흉을 예측하기 어려운 수다. 신분에 넘치는 야망(野望)을 안고 흥망(興亡)의 극단을 걷는 모험을 한다. 요행 운수가 들어 맞아서 성공을 거두는

수가 있는 반면에 또 크게 실패하여 파경(破境)에 이르는 수
도 있다. 그러므로 투기적인 사업에는 신중을 기할 것이며, 만
일 성공했을 때는 손을 떼고 물러나 자기 위치를 지키도록
하지 않으면 어느덧 성공을 잃고 만다.

三十一劃數 … 대업(大業)을 성취할 암시가 있다.

의지가 견고하고 굽힘이 없으며 날카로운 명찰력(明察力)으
로 사물을 판단하여 대세(大勢)를 그르치는 일이 없다. 지
(知), 인(仁), 용(勇) 의 삼덕(三德)을 구비하여 두령이 될 소
질이 있으며, 대중의 지지를 얻어 높은 자리에 오를 덕망(德
望)을 갖추었다. 영달의 길운수(吉運數)이다.

三十二劃數 … 요행(僥倖)의 암시가 있다.

찬스를 얻어 일약 성공할 수이다. 단 상사(上司)의 원조, 후
견(後見)에 힘입은바 많음으로 자기의 역량을 과신하여 오만
(傲慢)하게 된 나머지 남의 경원(敬遠)을 받게 되면 성공의
기초도 무너지기 쉽다. 자만심(自慢心)을 삼가며 겸양(謙讓)
의 미덕(美德)을 쌓으면 부귀 영화를 누릴수 있다.

三十三劃數 … 길흉 표리(吉凶表裏)의 암시가 있다.

타고난 복운(福運)과 호탕한 기풍으로 명성(名聲)을 천하에
떨칠 길운수(吉運數) 이지만 한편 자칫하면 전락(轉落)의 운
명을 걸을 위험이 있다. 운수가 매우 왕성하기 때문에 범인
(凡人) 으로는 벅찬 수이며, 여성으로서 이 수가 있으면 남편
의 운을 깨뜨려 불운하게 된다. 그러므로 선천운(先天運)과
조화를 맞추도록 할 것이다. 종교가, 예능가에게는 길수이다.

三十四劃數 … 암흑, 파멸의 암시가 있다.

불운수로서 심기(心氣)의 소모 운기(運氣)의 침체 기타 여러 가지 재난을 당하기 쉬우며 성명수의 배합에 따라서는 일시 적인 성공을 보는 수도 있지만 얼마 안가서 곤란과 병환에 시달려 쇠망하고 만다. 또 기인(奇人)이 많고 단명(短命), 병약(病弱), 발광(發狂)등 불행을 가져올 운명이다.

三十五劃數 … 온순, 태평의 암시가 있다.

학자, 연구가, 문학자, 교육가에게는 길조(吉兆)의 수로서 이름을 널리 떨치는 사람이 많으며 그밖의 직업으로서는 기력과 위세를 떨치지 못할 것이다. 대사업을 일으키려는 데는 담력과 계략이 부족하며, 여성에게 이 수가 붙는 경우는 집안일을 잘 보아 내조(內助)의 공을 세운다.

三十六劃數 … 협기(俠氣) 파란의 암시가 있다.

영웅운(英雄運)으로서 인생의 부침(浮沈)이 많으며 남을 위한 정의(情義)가 두터워 때로는 일세의 풍운아(風雲兒)로서 군림하는 수도 있으나 움직이면 움직일수록 파란 곡절을 격어 유전(流轉)이 심하다. 성명수의 배합에 따라서는 단명(短命), 병약(病弱), 재액(災厄)을 만날 수이다.

三十七劃數 … 권위(權威), 성실(誠實)의 암시가 있다.

독립(獨立), 단행(單行)으로 신망(信望)을 모아 만난(萬難)을 물리치고 대업(大業)을 달성하여 평생 부귀와 영화를 누린다. 그러나 한편 한가지 일에만 너무 열중하여 다른 일은 돌보지 않기 때문에 어느덧 고립되는 입장에 빠지기 쉽다.

三十八劃數 … 평범 무난(平凡無難)의 암시가 있다.

대망(大望)을 품고 있으면서 두령격(頭領格)이 못되기 때문

에 큰 뜻을 이루지 못한다. 의지는 있으나 힘이 부족한 점이
있어 무리를 하면 도리어 재난을 당한다. 자기 역량의 한도를
예측하고 분수를 지키면 후반생(後半生)을 편안히 지낼수 있
다. 이 운수는 권력적 방면은 가망이 없고 문학 기술 예능 방
면에서 움직이면 이름을 떨칠 수가 있다. 여성은 정녀(貞女),
현부인(賢夫人)이 될 격이다.

三十九劃數 … 장수(長壽)의 암시가 있다.

변동을 격은 다음은 운기(運氣)가 평탄하여 재력(財力)과 덕
망을 얻고 더우기 권력을 갖추어 중인(衆人)을 거느리며 위
세를 떨친다. 그러나 극성(極盛)중에도 극쇠(極衰)의 운을 포
함하기 때문에 매우 경계하여야 할 운세이다. 여성에게 이 수
가 붙으면 운기가 지나쳐서 남편의 운세를 깨뜨린다.

四十劃數 … 부침 유전(浮沈流轉)의 암시가 있다.

재지(才智)가 많고 담력이 뛰어나 투기 사업에서 크게 성공
하는 수도 있으나, 오래가지 못한다. 대체로 성격이 불손(不
遜)하기 때문에 인망(人望)을 얻지 못하며 득세(得勢)할 때는
남이 따르지만 한번 몰락(沒落)하면 누구나 상대해 주지 않
는다.

四十一劃數 … 순양 길경(純陽吉慶)의 암시가 있다.

인품이 뛰어나고 영특하며 담력과 지모(智謀)를 갖추어서
능히 큰 뜻을 이룬다. 사물을 분별하는데 선견지명(先見之明)
이 있어 중인(衆人) 위에서 지도적 인물이 된다. 중년(中年)
에는 다소의 파란을 격을 것이나 감히 이겨 나아가 명리(名
利)를 얻는다.

四十二劃數 … 고행 실의(苦行失意)의 암시가 있다.

박달(博達)하고 취미나 예능의 소질이 있어 무엇이나 능하지만 깊이가 없어서 좌흥(座興) 정도에서 그치는 경향이 있다. 대체로 의지가 박약하고 남의 말에 현혹(眩惑)되기 쉬우며 항상 마음이 편하지 못하다. 그러나 단단히 결심하고 열심히 일을 해 나아간다면 어느정도 성공을 거둘 수도 있다.

四十三劃數 … 산재(散財), 고뇌(苦腦)의 암시가 있다.

의지가 박약하여 재주는 있으면서 뜻대로 되는 일이 없고, 산재(散財)가 많으며 아무리 벌어도 재산을 모으지 못한다. 겉으로는 행복하게 보여도 내면적으로 고민이 많고 이성(異性)관계로 인하여 방탕에 흐르기 쉬우며 전락(轉落)의 길을 걷게 된다.

四十四劃數 … 비운(悲運)의 암시가 있다.

지능(知能)이 예민하여 수재(秀才), 발명가(發明家)가 나을 수이나 한번 방향을 잘못 잡으면 사기(詐欺) 또는 횡령(橫領)으로써 스스로 신세를 망치게 되며, 가족과의 이별, 병고, 조난등 재난으로 고생한다. 성명수의 배합에 따라서는 실명(失明), 발광(發狂), 단명(短命)등 흉운(凶運)에 빠지기 쉽다.

四十五劃數 … 순풍(順風)에 돛을 단 암시가 있다.

두뇌가 명석하고 재치가 뛰어나 능히 큰 뜻을 이루어 대성할 운수이나, 성명수의 배합이 좋지 않으면 기회를 기다리지 못하고 무리로 움직여서 운수를 역전(逆轉)시키는 수가 있다. 또 사람에 따라서는 어딘지 서먹서먹한 감을 주기도 하나 사귀고 보면 꽤 친절하고 성실한 면이 있다.

四十六劃數 … 불여의(不如意)한 암시가 있다.

고학 역행 끝에 지위와 재산을 쌓고 또 명성을 떨치는 수도 있으나 중년(中年) 이후는 급변(急變)과 재액(災厄)으로 인하여 생명과 재산을 잃을 수이다. 성명수의 배합이 좋지 못하면 정력(精力)의 결핍, 신경쇠약등의 징조가 나타나 성공은 커녕 고독, 단명으로 끝날 운명이 된다.

四十七劃數 … 춘풍(春風)에 개화(開花)할 암시가 있다.

단독 사업보다는 공동(共同)의 사업으로 성공을 거두며 또 타인의 사업이나 뒤를 이어 큰 복을 얻는등 행운을 타고난 운수이다. 모든일이 순조로워 영화를 누릴 뿐 아니라 자손에게도 여경(餘慶)을 이어준다.

四十八劃數 … 고문(顧問), 상담역(相談役)의 암시가 있다.

지모(智謀)가 깊고 재치가 있으며, 성실과 덕망이 넓어서 명리 영달(名利榮達)을 누린다. 자기 스스로 사업을 일으키기보다는 남을 선도(善導)하는 입장에서 고문이나 상담역의 역할을 하면 복덕(福德)을 잃지 않는다.

四十九劃數 … 성쇠(盛衰)가 교차할 암시가 있다.

순풍에 돛을 달면 성공하여 영달하지만 말년에 이를수록 흉운(凶運)으로서 재해(災害), 손실이 속출하여 크게 고생한다. 성명수의 배합에 따라서 다소 흉액(凶厄)을 면할수 있지만 대체로 길(吉)한 편은 못된다. 일단 성공 했을 때에는 신중을 기하여 은퇴하는 편이 낫다.

五十劃數 … 처음은 길하나 나중은 흉(凶)할 암시가 있다.

성명수의 배합에 따라서는 대업을 성취하며 부귀를 누리지만 그 지위나 재산은 오래가지 못하며 말년은 극심한 실패를 거듭하여 패가망신(敗家亡身)을 초래한다.

五十一劃數 … 한때의 영화가 꿈으로 돌아갈 암시가 있다.

일생중 한번은 길경(吉慶)을 만나 명리(名利)를 얻어 번창하지만 흉조(凶兆)를 내포해 있기때문에 길흉(吉凶) 상반(相半)으로 말년은 쇠망의 길에 들어선다.

五十二劃數 … 비약적 발전의 암시가 있다.

운세가 강대하여 아무리 어려운 일이라도 능히 극복하여 성공한다. 계획, 착상(着想)에 뛰어나 투기적(投機的)인 사업에도 성공하며 일대(一代)의 부(富)를 쌓는이가 많고 고매영준(高邁英俊)함과 탁월한 식견(識見)을 가진 공명이달(功名利達)의 명수(名數)이다.

五十三劃數 … 부침 유전(浮沈流轉)의 암시가 있다.

표면은 거창스러우나 이면은 궁핍에 쌓이고 겉으로는 행복스러운듯 보이나 내심은 번민이 많을 격이다. 전반생(前半生)이 행복하면 후반생(後半生)이 불행하고 후반생이 편안한 사람은 전반생에서 몹시 불운하여 고생이 많을 것이다.

五十四劃數 … 진퇴(進退)가 막힐 암시가 있다.

명문(名門) 부호의 집안에 태어났더라도 박행(薄幸)한 사람이 많고 드디어는 그 재산을 탕진하게 된다. 또 불구(不具), 고독, 단명(短命), 횡사(橫死)의 액운(厄運)을 띤 흉악한 운수이나 드물게는 열부(列婦), 효자(孝子)를 배출하는 수도 있다.

五十五劃數 … 극성(極盛), 극쇠(極衰)의 암시가 있다.

다사 다난한(多事多難) 인생항로에서 분발, 노력 끝에 크게 성공하여 명리 영달(名利榮達)을 누리지마는 너무나 그 번영이 지나처 흉조(凶兆)가 발생하여 내부에 재해(災害)가 속출하여 마음이 편안할 날이 없다. 이 때문에 말년은 고생을 많이 격는다.

五十六劃數 … 막힘이 많은 암시가 있다.

사업을 일으키면 뜻대로 되지않아 난관에 곤잘 부닥치는 일이 잘 성취되지 않으므로 해서 용기와 진취성이 결핍되고 중년이후는 차츰 쇠퇴하여져서 말년은 재액(災厄), 손실(損失), 불행속에서 보내게 된다.

五十七劃數 … 흉(凶)에서 길(吉)로 바뀌어질 암시가 있다.

자연의 혜택을 입어 부귀 영달할 운수이나 한번 지독한 고난에 부닥처 구사일생(九死一生)을 격은 뒤에 모든 일이 뜻대로 행하여 진다. 그러나 성명수의 배합이 좋지 못하면 재기불능(再起不能)에 빠지고 만다.

五十八劃數 … 칠전팔기(七轉八起)의 암시가 있다.

무일푼에서 대업을 일으키며 또는 큰 실패뒤에 다시 번영을 누리는 부침소장(浮沈消長)이 격심한 운수이지만 말년은 유종(有終)의 미(美)를 거두어 행복을 누리는 팔자이다.

五十九劃數 … 정돈(停頓)침체의 암시가 있다.

의기가 초침하고 용기와 인내심이 결핍되어 발전성이 없으므로 성공의 길이 아득하다. 손실, 파산, 실의, 역경, 액난의 운수로서 일생을 고난속에서 보낸다.

六十劃數 … 고성 낙일(孤城落日)의 암시가 있다.

앞길이 까마득하고 고립되어 원조가 없으며 계획하는 일마다 실패로 돌아가 재액(災厄)이 속출하여 무의 무탁(無依無托) 극도의 곤궁에 빠지고 만다. 또 경우에 따라서는 살상(殺傷), 병약(病弱), 단명(短命)에 이르는 수도 있다.

〈주〉吉名의 條件 성자(姓字) 외의 각 격(格＝名格, 天格, 外格, 總格)이 모두 길수(吉數)이어야 하며 배합의 조화를 얻어야 한다.

백운송 "성명 감별" 참고함

⟐ 제 10 부 ⟐

명당(明堂)자리 보는 법

1. 산세(山勢)로 본 명당(明堂)

우리 인간에게 백해구공(百骸九空)이 있듯이 땅에도 만수천산(萬水千山)이 있으며 어떤 것은 나타나고 또 어떤 것은 서로 얽혀져 있다.

우리의 몸에는 뼈와 마디가 있으며 보이는 구멍이 있는가 하면 육안으로 찾아볼 수 없는 구멍도 있다.

우리 인간은 천지 음양 산수(天地·陰陽·山水)속의 자연에서 태어나서 천년만년(千年萬年)자자손손(子子孫孫)이 살다가 또 다시 자연으로 돌아가기에 우리는 산과 물을 그리워하고 좋아 하는지도 모른다.

잘난 사람이 있으면 못난 사람이 있고 키 큰 사람이 있으면 키 작은 사람이 있듯이 모두가 산천의 수려한 기상(氣象)과 산천의 둔탁한 기상에 의해 인걸(人傑)이 나온다는 옛 속담이 있다. 산이 높고 물이 깊고 들이 넓으면 인심이 너그러우며 도량이 넓고 큰 사람이 나오고, 주위의 산과 물이 보잘것 없이 좁고 협착하면 소견이 좁고, 산이 험하면 표독한 자가 나온다.

작은 산이 위로 뾰죽하고 그스름한 산형(山形)을 은병(銀瓶)이라고 하는데 대부호가 생겨나고 산이 구부러져서 높고 낮음이 없이 껴안은 것을 옥막형(玉幕形)이라고 하여 아주 귀한 명재상(名宰相)이 나올 땅이다. 또 산 형국(形局)이 초생달처럼 가늘게 미인의 눈썹인 듯한 모양은 아미산(娥眉山)이라고 부르며, 딸이 귀하게 되어 왕후(王后)가 아니면 귀비(貴妃)가 될 땅이며, 천마(天馬)의 형국이 남쪽에 위치(位置)하고 머리가 번쩍 들리고 몸체가 약간 낮아서 평평이 나아가다가 꼬리가 되어 툭 떨어지면 반드시 황후(皇后)가 나올 자리다.

그리고 앞 뒤 좌우로 기운차게 내려오면서 크고 작은 아름다운 봉우리가 천봉우리(千峯), 만봉우리(萬峯)로 호위한 것은 삼천 궁녀(三千宮女)의 기상이고 앞뒤로 벌어진 낮은 산봉우리가 팔백형화(八百炯火)가 떠오르는 듯한 자리는 모두 훌륭한 제왕(帝王)이 나타날 자리다.

그러므로 산이 그치는 곳에 진혈(眞穴)이 있고 여러 산이 모이는 곳에 명당(明堂)이 있는 것이다.

산세가 등을 져서 달아나면 집안이 파산(破産)될 것이며, 한

물이 기울어져 빠지면 관(官)에서 물러나고 실직하게 되며 산형상이 어지러운 치마자락 같으면 여자가 음란하고 물이 당국 안으로 꿰뚫고 나가면 자손이 절손 된다.

2. 태극(太極)과 무극(無極)

혼연(渾然)이 원리(元理)가 충막(充漠)하여 상(狀)이 없으나 가히 상(像)이 있으며, 수(數)가 없으나 가히 나뉘어 있으니 이른바 이것이 천지(天地)의 시분(始分)이다.

상(像)이 없으면 가히 이름이 있을리 없고 수(數)가 없으면 가히 모든 것을 헤아릴 수 없는 것이다. 그러나 이 우주는 판단하기 이전에 이름이 없고 도수(度數)를 알지 못하나, 어느 사이에 알지 못하는 도수원자(度數原者)를 이미 집사(執使) 하여 왔으니 이것을 이른바 자연지도(自然之道)라 일컫는다.

하늘과 땅은 무극으로부터 기원된다. 땅에도 이(理)와 기(氣)가 있고 하늘에도 역시 이와 기가 있는 것이다. 이와같이 돌이켜 보건데 하늘과 땅이 땅중에 하늘이 있고 하늘 위에 또 땅이 있으니 시작이 없고 종말이 없다. 먼저가 없고 뒤가 없으며 껍질이 없고 안이 없다.

3. 명당(明堂)자리는 과연 있을까?

명당(明堂)자리가 없느냐, 있느냐 하는 것은 허황하고도 막연한 이야기 같으면서도 조상을 명당이라는 자리에 매장하고 나면 속이 후련한 심정은 과연 우리의 풍속으로만 돌려질 것인가?

조상의 묘를 잘 모셔야만 후손들이 부귀와 영화를 누릴수 있다는 것보다도 명당자리에 모신다는 것은 효심(孝心)이고 또한 이왕에 묘를 쓸 바에야 산세(山勢)의 여러 모양과 전망을 살펴본 다음 매장함은 인간의 상애(相愛)며 또한 부모에 대한 자식의 예의인 것이다.

옛부터 자식이 부모를 섬기고 뺨을 맞는 법이 없다고 했거늘 그 부모 또한 자식이 잘 되기를 바라는 마음이 곧 부모의 마음인 것이다.

무덤 속에 들어가서도 자식이 잘 되기를 바랄것이고,―자식이 잘 되고 대대손손이 덕망 높고 학식을 겸비한 후손이 태어남은 곧 명당의 덕이라 하여 누구나 명당을 찾아 헤매는 것이다.

그런가 하면 조상의 묘를 잘못 썼기 때문에 벼슬자리에서 귀향길로 바뀐다는 것이며, 지금도 시골에서는 산꼭대기에 묘를 썼기에 비가 오지 않는다는 이야기 등으로 미루어 볼 때 아무리 과학의 문명이 발달하고 인공위성이 달나라를 여행하더라도 명당자리는 부정도 긍정도 할 수 없는 일이라 하겠다.

4. 풍수학설(風水學說)의 유래

풍수학설(風水學說)이 언제부터 전해 내려왔는가는 아무도 아는 사람이 없다. 다만 문헌에 의하면 고대 중국에서 발생하지 않았나 생각된다.

진나라 때에 주선도(朱仙桃)라는 역리학자(易理學者)가 내놓았다는 수산기(水山記)는 명당자리 보는법으로 당시에는 아무도 이를 믿으려 하지 않았을 뿐더러 이구동성(異口同聲)으로 미친사람이라고 놀렸다는 것이다.

그러나 수산기가 신통하게 맞아 들어가자 진시황제는 수산기를 보고 일반인 가운데 왕이 나오면 어떻게 되는냐고 염려하여 황실에만 비치하여 명당을 쓰도록 영을 내렸다. 그리고 진시황제는 왕의 계승을 염려하여 주선도를 엉뚱한 죄명을 씌워 죽였다 한다.

이런 소문이 전하여져서 한나라에서도 장자방이 청오경(靑烏經)과 청낭정경(靑囊正經)을 저술했는데 역시 억울한 누명을 뒤집어 쓰고 세상을 떠났고 당나라에 와서도 최성황이 금낭경(錦囊經)을 저술하여 이를 황실에서는 비단주머니에 넣어 대대로 응용하였다. 그후 역리학자들이 많이 쏟아져 나왔으므로 당나라 황제는 만약 민간 중에서 왕이 태어난다면 구족(九族)을 멸망하리라는 명령이 내려진 만큼 그 오묘한 이치는 동양철학에 기인한 것이며, 어디까지나 형이상학(形而上學)적 논리로 인정을 받았던 것이다.

우리 나라에서도 삼국시대에 역리학이 널리 전파되었고 일본에서는 우리나라에서 이름난 역리학자 13명을 뽑아 장군이나 훌륭한 사람이 나올만한 명당자리에 혈맥을 잘랐고 이여송(李如松)이도 우리나라의 산맥(山脈)을 보고 너무나 많은 장군이 태어날 것을 우려하여 혈맥을 잘랐으니 명당자리는 수없이 잘리고 말았던 것이다.

　이런 명당자리는 반드시 묘소에만 국한된 것은 아니라. 이조 시대 때에 무학대사가 한양(漢陽)을 도읍지로 선정한 것도 역리학에 의거한 것이고 심지어 공동묘지나 국군묘지 등도 역리학에 의하여 선정되고 있다. 그러나 시대의 발전으로 말미암아 고속도로의 계획으로 산허리는 수갈래로 갈라져 혈맥을 잘라 놓아 아쉬운 감이 없잖아 있지만 그래도 백두산의 정기를 이어받은 한반도에는 아직도 명당자리는 수없이 많이 있다.

5. 명당(明堂)자리는 어떤 것일까?

　명당에는 내명당(內明堂)과 외명당(外明堂)으로 구별할수 있지만 그 어느 것이나 산세가 한데 모인 것을 명당이라고 부른다. 다시 말하면 산이 병풍처럼 빙 둘러서 바람을 막아주고 앞에는 물을 맞아 자연히 멈추어져 있는 것 같아야 하며 꼭 사람이 누울수 있을 정도의 면적에 불쑥 봉분이 있어야 하고 그 흙 또한 색깔이 좋아야 한다. 바위 덩어리에도 사람이 누울 수 있을 만큼 흙이 있어 그 흙을 긁어내면 바로 관이 들어갈 만큼 되어 있는 곳이 명당 자리인 것이다.

　지금은 무어라고 말할 단계는 못되지만 고 이승만(李承晚) 박사의 묘소나 육영수 여사가 잠든 동작동 국군묘지는 마치 공작이 도사리고 앉아 있는 형상에 공작이 알을 품고 있는 형상이며, 거기서 명수대 앞 한강을 굽어보면 마치 우리나라

지도의 형상이며, 그 흐르는 한강수는 들어오는 물은 보여도
나가는 물이 보이질 않으니 이 또한 명당의 자리가 아닌가
생각된다.

6. 나쁜 자리는 어떤 것일까?

　나쁜 자리에 묘를 쓰면 집안에 액운이 잇달고 재물이 흘러
나가며 때로는 흉액이 들어 패가 망신하게 되니 묘를 써서는
안 되는 곳이 있다.

　풍수설에 의하면 흙이라고는 별로 없고 암석으로 된 곳에
묘를 쓰면 집안이 망한다고 한다. 그래서 인간은 옛부터 죽으
면 흙으로 돌아가지 돌밑으로 돌아간다는 말은 없다. 뼈와 흙
이 융합 되어야지 뼈와 돌이 융합되면 가운이 쇠하고 재물은
모이질 않는다.

　그리고 산맥이 이어져야지 독산(獨山) 이면 자손이 끊어져
대를 잇지 못한다. 지기(地氣)는 후강전응(後岡前應)하고 중
산환합(衆山環合)하는 곳으로 여러 개의 산이 겹쳐져 있지
않고 홀로서 있는 산에는 묘를 쓰지 말아야 한다. 또한 아무
리 명당자리라 하더라도 산맥이 끊어진 곳에 묘를 쓰지 않으
며, 초목이 자라지 않는 황폐한 곳에 묘를 쓰면 집안이 빈곤
하고 생계가 대대로 이어지기가 어렵다. 이세상 모두가 음양
조화(陰陽調和)가 이루어져야 한다. 산이 있는 곳에 풀이 있
기 마련인데 산 기운인 지기(地氣)가 없으면 나쁜 묘 자리라
하겠다.

그러므로 전자에 말한 바와 같이 산맥에는 꼭 발원지가 있다. 즉 태(胎), 정(定)·순(順)·강(强)·포(包)·장(藏) 등 여섯 가지의 체가 순서로 돼 있어야 한다. 그리고 수구(水口)는 들어오는 것은 보여도 출구(出口)는 보이지 말아야 하며, 산세(山勢)가 병풍을 두른 것같이 조용해야 함을 밝혀 둔다.

7. 묘지(墓地)주위에 나무를 심으려면

묘(墓)를 아름답게 장식을 하고 싶은 마음은 누구나 있다. 묘를 장식한다고 하여 나무를 묘소 가까이 심는 일은 좋지 않다. 되도록 이면 묘지에서 멀리 떨어져 심는 것이 좋고 아카시아 같은 것을 심으면 뿌리가 묘지에까지 침범할 우려가 있으므로 10여 미터 떨어진 지점에 사철나무인 상록수 같은 것을 심는 것이 좋다. 그리고 꽃은 아무 것이라도 좋다.

8. 명당(明堂)의 혈(穴)을 찾아라

지기(地氣)에 대한 이야기는 많다. 그 중에도 한나라 때에 궁중 대궐의 용마루 끝에 구리종이(銅鍾) 매달려 있었는데 이 구리종은 궁중에서 상당히 멀리 떨어져 있는 산에서 캐내었다.

그런데 어느날 구리종이 아무도 때리지 않았는데도 저절로 울려 모든 사람들은 불길(不吉)한 징조라고 두려워 했다. 이에 황제는 동방삭이를 불러 아무도 종을 치지 않았는데도 저절로 울리는 연유를 물은즉 동산(銅山)이 무너진 탓이라고 대답하였다.

황제는 너무 어이없는 일이라 급히 사람을 불러 보내어 확인한 결과 동방삭이의 말은 사실 이었다. 황제가 그 원인을 물었을 때 지기(地氣)는 사람으로 말하면 모자(母子)의 인연과 같으므로 구리종은 어머니격인 산이 무너지니까 그 기운을 받아서 자연 소리내며 우는 것이라 대답했다.

사람은 조상으로부터 피와 살을 받아 태어날 때 유전을 받게 되듯이 지기(地氣)도 그 유전을 받고 있다. 그 지기의 지상도(地相圖)를 살펴보면

◆ 현무(玄武)는 산의 정상을 말하고 그 방향은 북방이다.

◆ 백호(白虎)의 방향은 오른편이다.

◆ 청룡(靑龍)은 왼편이며, 좌청룡 우백호라는 지형의 한 형태를 말한다.

◆ 재난혈(災難穴)은 산기운이 뭉쳐 있는 지점이며, 매우 찾기 어려운 지점으로, 이곳만 제대로 찾아 묘지를 마련하면 자손에게 음덕이 있다고 한다.

◆ 주작(朱雀)은 산이 병풍처럼 빙 둘러쳐져 바람을 막아주는 그 밑부분의 중심부로 이 주작을 가로질러 물이 흘러가야 산 기운이 재혈에 뭉쳐있게 마련이다.

◆ 물(水)은 산기운이 뭉쳐서 멎을 수 있게 물이 있어 물이 흐르거나 고여 있는 것을 말한다.

그런데 아무리 명당자리라 하더라도 청룡이 없거나 백호가 없으면 가운이 기울고 재물이 없어서 가난을 면치 못하게 되

며, 또한 앞쪽 주작(朱雀)부분을 둘러막은 물줄기가 없으면 재물과 자손이 궁하여 좋지 않고 주작 앞에 세차게 흐르면 관운이 좋아 영화를 얻으며, 반대로 물소리가 세차게 들리면 우환이 그치지 않는 법이다.

지상법(地相法) 기본용어(基本用語) 풀이

음택(陰宅) … 생존자(生存者)는 양(陽)으로 통하고 사자(死者)는 음(陰)으로 통하므로 음택이란 즉 죽은 사람의 집이라

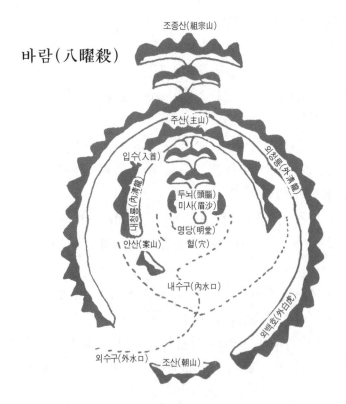

바람(八曜殺)

는 것으로 묘소(墓所)를 뜻하는 것이다.

혈(穴) … 바로 증기가 뭉쳐 있는 곳을 뜻한다. 인체의 어느 부분중 그 혈을 찌르면 살고 죽는 것과 같이 산맥에도 그런 혈이 있는 것이다.

안산(案山) … 혈(穴)앞에 사(砂)의 일종으로 좀 낮고 작은 산을 말한다.

미사(眉砂) … 입수(入首)에서 두뇌를 거쳐 혈(穴)로 옮겨지는 조금 높은 긴 둔덕 또는 판막상(瓣)을 이룬 곳을 말한다. 그 모양을 따라서 아미사(蛾眉砂), 월미사(月眉砂), 팔자미사(八字眉砂) 등의 이름이 있다.

양기(陽基) … 산 사람의 집이나 혹은 마을이나 또는 도성(都城)을 말한다.

용(龍) … 땅의 기복(起伏)을 뜻하며, 다시 말해서 산맥(山脈)의 기복이 용과 같다는 뜻이다.

맥(脈) … 절(節)이라고 하며 지맥(地脈)이나 산맥(山脈)의 기복(起伏)을 용(龍)이라고 한다면 용신(龍身)에는 음양(陰陽)의 생기가 흘러야 하는 것이다. 이 음양의 생기는 사람의 신체 내부에서 피가 도는 것과 같다. 그러므로 지기가 연이어 흐르는 곳을 맥(脈)이라고 하며, 이 맥이 일기일복(一起一伏)하고 좌절우곡(左折右曲)하는 것을 목간(木幹)이라고도 한다. 가지가 뻗어 나간 것을 절(節)이라고 하는 것이다.

지현(之玄) … 내룡(來龍)이 바로 입수(入首)로 옮겨지려고 하는데 그 맥형(脈形)이 갈지(之)자와 같고 혹은 검을현(玄)자와 같이 굴곡(屈曲)되어 뻗어온 곳을 말한다.

바람(八曜殺)

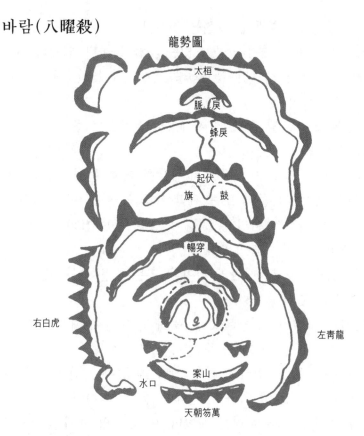

龍勢圖

太桓

脈戾

蜂戾

起伏

旗 鼓

暢穿

右白虎

左靑龍

案山

水口

天朝笏萬

사세통설(四勢統說) … 사세(四勢) 란 주작(朱雀) · 현무(玄武) · 청룡(靑龍) · 백호(白虎)를 말한다. 즉 주작이라 함은 앞에 있는 안산(案山)을 말하며 안산은 공작이 날개를 펴고 춤을 추는 듯 감돌아 있어서 주객(主客)이 상대방에 다정한 모양으로 되어 있음을 필요로 한다. 이에 반하여 안산이 등을 진 승거(勝去)의 형상이면 좋지 않은 것이다.

현무(玄武)라 함은 위에 따라 온 산맥을 말하며 현무는 머리

가 곧고 얕게 굽어져서 관기 정통한 형상을 필요로 한다. 이
에 반하여 용공이 기복이 없는 형상이면 불가한 것이다.
만약에 무현무(無玄武)라면 후맥이 풍부함을 필요로 하며 높
이 쌓인 것이 혈(穴)에서 한층 더 놓으면 가히 좋다고 하겠
다.

백호(白虎)라는 것은 우편으로 솟구쳐 감돌은 산을 말함이
며, 백호는 산세가 치닫지 않은 형상으로 순순히 엎드려 혈
(穴)을 호위하는 듯한 형국을 필요로 한다. 이에 반하여 난폭
한 형상과 도주하는 모양은 좋지 않은 것이다.

청룡과 백호는 二중 三중으로 겹겹이 둘러 있음이 더욱더
필요하다.

청룡(靑龍)이란 좌편에 둘러 쌓인 산세를 말함이며 청룡은
겹겹이 꿈틀꿈틀 굽어 감도는 듯 혈(穴)을 감싸 호위하는 듯
한 형국을 필요로 한다. 이에 반하여 곧장 내려가거나 혹은
반궁(反弓)의 형상을 이루게 되면 가히 쓰지 못하는 것으로
이를 질주(疾主)라고 한다.

나성정설(羅城定說) … 나성(羅城)이란 동서남북 주위에 솟
아 있는 산을 말한다. 옛날 도시로 말하면 성곽과 같은 것이
다. 부족함이 없이 사방의 산이 높고 혹은 얕게 둘러 있음을
말하며 성곽은 곳에 따라 문이 있듯이 나성에는 물이 들어오
고 나가는 수구(水口)가 있다.

조안정설(朝案定說) … 조안(朝案)은 혈(穴)앞에 있는 산을
말한다. 앞에 있는 산을 안산이라고 하며 안산 뒤에 있는 산
을 조산(朝山)이라 한다.

안산(案山)이 있으면 앞이 허하지 않고 수습이 되며 주밀하여 사방이 단아하게 보이면 가히 좋다고 할 수 있다. 조산이 있으면 더욱 당국(当局)이 빛을 발하며 조산과 안산이 겸비한 것은 가히 격을 갖춘 산이라 하겠다. 조산은 있으나 안산이 없고 안산이 있으나 조산이 없는 땅이 있다면 크게 구애됨은 없다.

금산(金山) … 금(金)은 맑고 부드러워서 산형(山形) 역시 밝고 바르며, 그러므로 금성(金星)의 형체를 태양이라 하며 낮으막히 솟은 형체를 일컬어 태음(太陰)이라 한다.

금성(金星)의 행용낙맥(行龍落脈)이 많이 모이는 혈처(穴處)는 대개 봉(鳳)이 춤을 추듯 새가 나는 듯한 봉무비도(鳳舞飛島)의 형국이다. 옛글에 금성형체(金星形体)에 결혈처(結穴處)가 다생고형(多生高形) 혹은 아미지형(峨眉之形) 혹은 괴철지형(愧凸之形)으로 결혈(結穴)되는 것도 금성(金星)만이 갖는 자연(自然)의 리(理)라 하였다.

목산(木山) … 목성(木星)은 청수하면서 높이 솟아 있어서 겉으로는 강하고 안으로는 유하며 마디마디가 결합됨이 삼정혈(三停穴)·통소형·일자목형(一字木形)·인형(人形)등에 낙맥되는 수가 가장 많다. 발복(發福)에 있어서는 반드시 대귀(大貴)한 준걸(俊傑)이라 하겠다.

수산(水山) … 수성(水星)은 형체가 유하게 굴곡하며 그 성(性)이 다변하여 바른 모양이 적고 그 형국의 굽음이 많아 행용낙맥(行龍落脈)에 있어서 용사(龍蛇)와 같은 결혈(結穴)이 많으며 혹은 곡류지처(曲流之處)나 혹은 양양곡수(洋洋曲水)

에 낙혈됨이 있다. 결혈처는 평지연맥(平地連脈)에 가장 많으며 그 기(氣)가 은은하여 형체를 식별하기가 어려우므로 세심히 요찰하여야 한다.

화산(火山) … 화형(火形)은 항상 위끝이 호동(好動)하므로 조종(組宗)의 산체가 높이 솟아 하늘을 찌르는 듯한 형세로 밑으로 곱게 깔렸고 형국이 비겸지류(鈚鎌之類)와 같아야 결혈처가 되는 것이다. 체형이 수려(秀麗)하여 용혈득국(龍穴得局)은 극품지지(極品之地)라 하겠다.

토산(土山) … 토형(土形)은 평평하여 그 형체가 순후(純厚)하며, 행룡(行龍), 낙맥(落脈)에 있어서는 면류(冕流)·옥병(玉屛)·금서(金書)·고축(誥軸)이다. 이와 같은 형국에 결혈이 되며 혹은 각첨(角尖)의 유형에도 결혈되는 수가 있다.

혈처(穴處)가 높이 있어서 진혈(眞穴)로 득지(得地)한다면 발음(發音)이 대개 청규하게 되고 얕고도 작은 자리는 목민(牧民)의 관이 연출하고 토성이 이어 나갔으면 반드시 부국이라 하겠다.

하면 금극목(金剋木)으로 흉격(凶格)이나 좌우로 화성을 얻어서 화성이 흉격을 제지하여 수성(水星)을 득하면 수성의 도움을 받아 흉(凶)이 길(吉)로 바뀌어 선패(先敗) 후성(後成)하므로 초패(初敗) 연후에 후성(後成) 재기(再起)하는 땅이 허다 하므로 잘 살펴야 한다.

득(得)과 수구(水口) … 혈(穴) 혹은 내명당 양쪽에서 또는 청룡백호 사이에서 시작되어 흐르는 물의 발원처(發源處)를 득(得)이라 하고 그 물줄기가 용호(龍虎)와 서로 껴안은 사이를 흐르는 곳을 파(破) 또는 수구(水口)라고 한다.

낙산(樂山) … 산룡(山龍)이 혈(穴)을 맞을 때는 반드시 이에 의지할 침락(枕樂)이 필요 하다.

이 침락을 낙산이라고 하며 혈(穴)의 뒤에 있다.

간룡(看龍), 심룡(尋龍) … 산맥의 내왕을 답사하고 그 진위(眞僞)와 생사(生死)를 보는 것을

간룡 또는 심룡이라고 한다.

형세(形勢) … 용이 혈(穴)을 맺을 때 내면적으로 생기(生氣)가 내려와 머물고 융결(融結)한 곳을 찾으려면 산국(山局)의 형세를 살피고 호위(護衛) 저사(諸砂)가 구비됨을 말한다.

용론(龍論) … 용이란 산맥, 즉 지맥을 말하는 것이다. 좌편으로 뻗어내린 산맥을 좌선룡(左旋龍)이라 하며, 우편으로 뻗어내린 산맥을 우선룡(右旋龍)이라 한다. 곧게 뻗어나간 산맥을 직룡(直龍)이라 하며 살같이 달리는 듯한 산맥도 직룡(直龍)이라 한다. 뻗어나가는 산맥이 방향을 바꾸어 돌아가는 맥로(脈路)를 회룡(回龍)이라 하며 야산지대에 순순히 뻗어 나간 산맥을 순룡(順龍)이라 한다. 달리는 방향에서 다시 솟구쳐 되돌아 반대방향으로 뻗어 나간 산맥을 역룡(逆龍)이라 한다.

이 모든 행룡(行龍)은 어느 용이나 시발점이 있으며, 그것을 가리켜서 조산(祖山) 이라 한다. 조산이 있기 때문에 분맥이 있고 길게 뻗어나간 장룡(長龍), 서리서리 뭉쳐진 반룡(盤龍), 짧게 끊고 온 단룡(短龍) 혹은 숨고 혹은 크고 혹은 작고 혹은 동쪽으로 서쪽으로 솟아 오르고 혹은 엎드리고 넓고 얕고

구부리고 혹은 끊어져 있다. 행룡은 또한 수십리 혹은 수 백
리 수천 리에서 산맥이 끊어져 있다.

용이란 어느 낙맥(落脈)을 막론하고 조산(祖山) 즉 주산낙맥
(主山落脈)을 중심으로 출맥하여 어떤 것은 일어서고 어떤
것은 구부리고 열리고 닫히는 넓고 좁아서 천 가지, 만 가지
의 기복이 수려하게 변하며 그 생김이 살이 찌고 원만하며
끝이 단정하여 음양이 분명하여야만 진룡진혈(眞龍眞穴)이라
이른다.

오성(五星) …산의 모양을 성(星) 또는 요(曜)로 부르는 경
우가 있다. 이것은 산형(山形)을 오행(五行)에 배(配)할 경우
나, 구성(九星), 구요(九曜)에 배할 때에 붙이는 이름으로서
목형(木形), 목체(木體)를 이룬 것을 말하며 금성의 산이란
산형이 금체(金体)에 흡사한 산을 말한다. 이것을 성(星)이라
고 부르는 까닭은 오행(五行)이 하늘에 있어서는 상(象)을 이
루고 땅에 있어서는 모양(形)을 이룬다는 천지상형(天地象
形)에 상응(相應)하는 원리에 따른 뜻인 것이다.

목성(木星)의 산=나무가 바로 선 것과 같이 솟은 산.

화성(火星)의 산=불길과 같이 뾰족히 솟은 산.

토성(土星)의 산=평평하고 벽돌 같이 생긴 산.

금성(金星)의 산=산마루는 둥글고 아래가 넓어서 마치 종
을 엎어 놓은 것과 같이 생긴 산.

수성(水星)의 산=구불구불하여 물결과 같이 뻗은 산.

구성(九星)의 산=오성(五星)의 정형(正形)에서 변형된 것을
구성이라 한다. 이런 형국에 재혈(裁穴)을 하면 패망한다.

五行

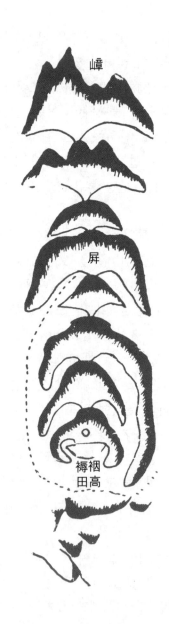

겁살용(劫殺龍) … 행용의 변화가 심하게 있어서 오행을 분별치 못하게 상행 상극하여 가다가 정맥(正脈)을 이탈하여 산만 불쑥하며, 겁맥탈기(劫脈奪氣)한 용신을 겁살용(劫殺龍)이 라고 이름한다. 이것은 대흉(大凶) 대패(大敗)의 땅이라 하겠다.

반조수도(反跳水圖) … 혈세가 미묘하고 삼방(三方)이 주밀하여 형국은 되었다 하더라도 흐르는 물줄기가 혈쳐(穴處)를 배반조사(背反跳斜)하여 흘러간다면 천어(千語)의 호평이 일언의 가치도 주지 않는다. 장후(葬後)에 반드시 곧 패산(敗産)할 땅이요. 분산 패주(敗走)하게 되어 음양의 산수배합의 법이 매우 중하다함을 다시 한 번 생각하게 되는 것이다.

국(局) … 국은 바로 혈(穴)과 사(砂)를 합쳐서 양기(陽基)냐 아니면 음택(陰宅)이냐 하는 것을 국(局)이라고 하며 음택국(陰宅局)이니 양기국(陽基局)이니 하는 것이다.

사(砂) … 묘지(墓地) 주변의 형세를 뜻하는 것으로 지상술(地相術)이 전해 내려오면서 모래(砂)를 가지고 그 형세를 부를 때 사(砂)라고 한다.

내룡(來龍) … 일국(一局), 일혈(一穴)에 이르는 용맥(龍脈)에 붙인 이름으로 맥이 혈에 들어가려는 지점을 뜻한다.

조산(祖山) …내룡의 혈(穴)에서 가장 멀고 높은 산을 조산(祖山)이라고 부르며 가깝고 높은 산을 종산(宗山)이라고 부른다.

청룡백호(靑龍白虎) …혈(穴)이 남면(南面)한 곳이라면 혈 뒤의 내맥(來脈)에서 나와서 혈의 동쪽을 두르고 혈의 앞을 지나서 혈의 서를 지나서 혈의 서쪽에서 그치는 산맥(山脈)을 청룡(靑龍)이라 하고 혈(穴)뒤의 서쪽을 돌아 혈(穴) 앞을 동쪽으로 뻗어서 끝난 산맥을 백호(白虎)라고 부른다. 청룡백호는 수호신(守護神)인 사신(四神＝靑龍·白虎·朱雀·玄武) 중에 그 동쪽과 서쪽을 호위하는 것을 말한다.

　　　　　—지창룡 선생의 명당자리 보는 법에서 참고함—

二十四方位

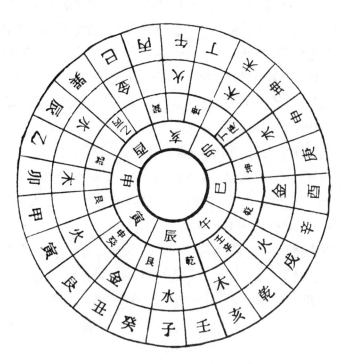

◈ 제 11 부 ◈

가 족 계 획

현대의 인간 사회에선 결혼 생활에 있어서 조차 성교를 생식과 분리시켜 생각하게끔 되었다. 이것은 결코 성에 대한 모독이 아니라 예지(叡智)로써 비로소 도달한 자연의 정복이라고 생각할 수도 있다. 이와같은 의미로서 가족계획이야말로 첫째로는 남편과 아내의 행복, 둘째로는 태어날 아기의 행복, 셋째로는 시대적 국가의 요망이라는 점에서 우리가 이것을 계획적으로 실행해야 마땅할 줄로 안다.

그러기 위해서는 첫째로 수태조절(受胎調節)을 주로 해야만 하며 인공 임신중절은 어디까지나 피해야 한다.

말할 것도 없이 인공 임신중절을 반복하면 다음번 임신에 자연적 유산·조산을 가져오기 쉽고 그 조산과 유산도 그것을 되풀이 할수록 그 율이 높아진다. 즉 어린이를 갖고 싶다고 원할 때에는 이미 아기를 제대로 낳을 수 없는 몸이 될 위험마저 있는 것이다.

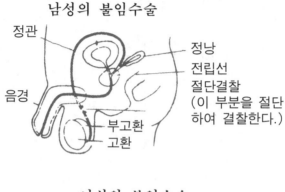

남성의 불임수술

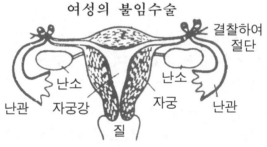

여성의 불임수술

1. 임신하지 않는 기간(期間) 발견법

①오기노식 계산법＝일본의 오기노박사는 일찌기 「배란은 예정 월경의 전 12~16일의 5일간에 있다」는 세계적인 학설을 발표했다. 그렇다면 30일째마다 월경이 있는 여성이라면 다음

과 같다. 여성의 배란 예정일은 이미 있었던 월경 첫달부터 계산하여 15일째부터 19일째까지의 5일간 사이에 있다고 할 수 있다. 생존 기간이 3일간 이라는 것이다.

그러므로 월경 첫날부터 계산하여 제 15일에 배란이 있다고 한다면 제 12, 13, 14일에 있었던 성교는 배란일 전이라고 하더라도 임신 가능의 기간에 들어가는 셈이다. 또 난자는 길때라도 꼬박 1일간의 생존 기간이 있으므로 배란가능의 최종일, 즉 월경 첫날부터 계산하여 제19일째인 밤에 배란이 있다고 한다면 이틀날인 제20일째도 임신 가능 기간에 들어가는 것이 된다.

그래서 배란 가능기간 전의 부분에 정자 생존기간을, 후인 난자 생존기간을 덧붙여 임신 되지 않는 기간을 산출한다면, 30일형은 다음과 같이 전반은 제11일째 까지이고 후반은 제21일째 이후라는 것을 알 수 있다. 이것은 극히 편리하고 누구라도 곧 숙달할 수 있는 발견법이다. 결국 전반기는 월경 주기로부터 19일간 뺀 날까지, 후반기는 9일간 뺀 날부터가 임신 않는 기간이 된다.

②비교적 안전한 전반기의 결정법=그런데 이만큼 분명한 것인데도 불구하고 임신가능 기간의 성교를 피해도 임신되는 일이 있음은 어떤 까닭일까? 그것은 월경주기가 변동되기 쉽기 때문이다. 일반적으로 28일형, 30일형, 또는 32일형이라고 생각하고 있는 여성이라도 엄밀히 1년간의 통계를 내보면 1~2일간의 변동이 있음을 깨닫게 된다. 항상 빨라질 경우도

있고 늦어질 경우도 있고 어느 쪽이나 되는 경우도 있다. 큰 달이든 작은 달이든 같은 날 월경이 시작된다면 30일형이라고 말할 수 없는 것이다. 그래서 이 하루의 차로 임신해 버리는 일이 있다.

그러므로 적어도 안전한 전반기를 찾자면 가장 빨리 오는 경우인 월경주기를 기준삼지 않으면 안된다. 28일째로 올 예정이라면 9일째까지가 안전한 셈인데, 26일만에 오고 말면 8일째와 9일째는 임신가능기가 되고 말기 때문이다.

월경이 시작한 날을 메모해 두었다면 일단 그것을 참고로 하여 최단주기(最短週期)의 일수(日數)를 찾아낼 필요가 있다. 만일 메모해 두지 않았다면 하루 이틀 여유를 두고 계산하는 게 안전하다.

그러므로 최단주기 26일, 최장주기 32일, 보통 30일이라고 알면 항상 7일째까지만 안전 기간은 없다고 생각해야 한다. 만일 월경이 5일간 계속된다고 하면 나머지 2일간 밖에 안전기간이 없는 것이 된다. 흔히 월경후 3일간은 안전하다고 생각되는 일이 있지만, 그것은 월경 지속일수와 주기의 관계 여하에 따라 일률적으로 단정할 수도 없다는 걸 이걸로서 알수 있으리라고 생각된다.

※정자의 수정능력 보유기간이 3일 이상이되는 자가 아주 없는 것도 아니다.

그 경우에는 그만큼 안전기간을 짧게 할 필요가 있다. 또 예정월경의 뜻밖인 변동이라는 것도 있으므로 그 점도 유의하도록.

③절대 안전한 후반기의 결정법＝전반기의 가장 이상적인 결정법은 앞서 말한 방법밖에 없지만, 후반기도 마찬가지로 전기의 방법으로 찾는 것은 얼마쯤 서투른 방식이라고 하겠다. 왜냐하면 이 계산법으로선 1년간에 비록 한번밖에 없는 최장주기라도 그것을 기준삼지 않으면 안 된다는 공연한 낭비가 있는 셈이다. 이 때문에 일반적으로 28일형이라도 최단주기 장일, 최장주기 31일이라고 하면 전반의 안전기간은 항상 6일째까지, 후반은 22일째 이후가 되어, 매우 긴 수태 조절기간을 언제나 갖지 않으면 안되게 된다.

이렇게 되면 아무래도 손해보는 이야기가 되는데, 다행히도 후반기의 안전기간을 찾는데는 기초체온 측정법이 있다. 매일 아침 일정시각(오선 6시반부터 7시반까지의 사이가 가장 좋다)에 입안의 온도를 재면, 배란일을 고비로 하여 온도가 2개 층으로 나눠지기 때문이다. 즉 배란일까지 36·7도 미만이던 것이 배란의 다음날 부터는 36·7도 이상이 되는 것이다.

그러므로 간이계산법에 의해 전반의 안전기간이 지났다면 수태 조절기간에 들어감과 동시에 매일아침 기초체온을 측정하는 게 좋다.

(그날부터 바로 아니라도 3일째부터 측정하기 시작하면 늦지 않다) 다음의 월경이 빠르면 빠른대로 늦으면 늦은대로 이윽고 온도가 36·7도를 넘는 날과 부딪치게 된다. 다짐삼아 이틀날도 36·7도를 넘고 있다면 거의 배란이 있었다는 게 확실하다. 그러나 더욱 신중히 그 다음날 아침도 다시 한 번 측정하여, 역시 36·7도를 넘고 있으면 이제 그날 부터는 다음의

월경이 있기까지 절대 안정인 셈이다. 이 방법에 의하면 후반기는 전혀 손실이 없을 뿐 아니라 월경 예정도 알게 된다.

※이 기초체온이 여성에 따라 정형적으로 두가지로 나눠지지 않는 일이 있다. 그 경우에는 이 방법으로 후반기의 안전기간을 정할 수 없으므로 역시 간이계산법을 따를 수 밖에 없다.

2. 콘돔법

보통「사크」라고 불러지지만 얇은 고무로 만들어진 걸로서 성교시 남성에 씌워 사용한다. 수많은 피임구 중에서 남성측이 사용하는 유일한 것이다. 피임의 효과는 가장 확률이 높지만 잘못된 선입감과 졸렬한 사용법 까닭으로 때로는 남성이 이것의 사용을 경원하기 쉽다.

사실 콘돔만큼 이름이 알려진 것도 없는데, 콘돔만큼 올바르게 인식되지 않은 것도 없다.

①콘돔과 성감=콘돔을 사용하면 아무래도 성감이 둔해진다고 진지하게 생각하는 사람이 꽤나 많다. 하기야 아무리 얇다고는 하나 성기가 덮이는 이상 자극이 둔해질 거라고 생각하는 것은 아마추어의 생각으로 당연하다. 그러나 실제로는 콘돔을 사용하든 않든 국부적으로 받는 자극의 세기에는 거의 다름이 없는 것이다. 또한 최근의 콘돔은 그 질이 양호하므로 사용감이 날로 좋아지고 있다.

②여성의 인식부족=또 능숙히 콘돔이 사용되었을 경우 여성의 성감도 아무런 지장이 없다. 그런데 (콘돔을 사용하면 사정의 실감이 따르지 않는다 …) 등등 말하는 여성이 간혹 있다. 이 여성은 남성의 사정에 의해 질내가 뜨거워지고 정액으로 젖은 느낌을 안다고 했는데, 이것은 참으로 놀라운 이야기로서 아마도 성교의 문학적 표현을 그대로 받아들인 것이거나 황당무계한 지식이라고 할 수 밖에 없다.

본디 여성의 자궁질부(질내에 돌출한 자궁의 선단)는 온각(溫覺)이나 통각(痛覺)을 느끼지 못하는 것이다. 이 부분은 불에 지져도 메스로 잘라도 아무런 감각이 없는 것이다. 물론 남성기가 이곳에 충돌했을 경우 복막 따위가 이 충돌감을 받는 것이다. 또 질의 점막은 이것과는 달리, 온도 자극에 대해선 확실히 민감하다. 그러므로 느꼈다면 이 부분이 된다. 하나 사정된 정액의 온도가 뜨거운 물도 아닐뿐더러 그 양도 약 3cc 정도이므로 이 때문에 뜨겁다고 느끼든가 젖는다고 느낄 까닭이 없다.

성교시 사정을 목전에 둔 남성기는 동맥혈의 강력한 충혈 때문에 보다 크게 팽대(膨大)하고 만져보면 확실히 뜨겁고 그 온도는 사정된 정액을 훨씬 웃돌고 있다. 한편 여성에 있어서도 비슷한 충혈현상이 생기고, 그것은 남성기의 급속한 팽대에 의해 보다 강화되며 질내의 온도는 남성기 못지않게 높아지기도 하고, 남성기의 팽대에 의한 마찰자극의 증대가 더 한층 그 열감(熱感)을 조장(助長)한다. 또한 남성의 사정이 전에 쉴새없이 분비되고 있는 여성의 바로토링써선 액은 여성의 흥분에 비례되고 증량하고 이것만으로 충분히 젖은 느낌이 드는 법인데, 정액이 콘돔으로 차단되었다고 하여 양적으로 자각될 정도는 아닌 것이다. 하물며 오르가즘에 이르려는 직전 혹은 한창 오르가즘일 때 이와같은 것을 구별할 턱이 없는 것이다.

③콘돔의 선정과 검사법=콘돔은 일정한 공업생산 표준이 있다. 그러니만큼 규격외의 조악품을 피하기 위해서라도 유명 메이커의 제품을 선정하는 게 안전하다. 밀봉되어 있다면 제조년월일을 확인하고서 구입할 것.

콘돔의 핀 호올(작은구멍) 검사방법은 여러 가지가 있지만, 우리가 쓰고있는 것중에서 나쁜 방법도 있다.

이런 호소를 여성에게서 들은 일이 있다.

「남편은 잠자리에서 콘돔에 담배연기를 불어넣어 시험하는데, 그것을 보면 아무래도 저는 기분이 나빠지고 말아요」

당연한 이야기다. 본디 성교 자체에는 그 이전의 분위기가 보다 크게 영양되는 법이다.

그러므로 이와같이 유난스레 멋대가리 없는 행동을 취하는 일은 삼가야만 한다. 콘돔을 검사해야만 직성이 풀린다면, 다급할 때 허둥지둥할 것이 아니라 미리 한 케이스를 전부 검사해 두라고 싶다.

핀 호올의 발견에 담배 연기를 불어 넣어 보라고 흔히들 말하고 있지만, 이것은 오히려 좋지않은 방법이다. 담배 연기에 의해 고무막이 이윽고 변질되는 일이 있기 때문이다. 매번 그

때마다 검사한다면 별문제이지만 이와같은 검사법의 어리석음은 앞에서 말한대로이다.

핀 호올이 가장 생기기 쉬운 부분은 정액을 저장하기 위한 작은 주머니로부터 굵게 펼쳐진 이행면(移行面)으로써 이것보다 아래쪽인 굵은 부분에 생기는 율은 극히 적은 법인 것이다. 그러므로 일일이 콘돔을 꺼내어 포장을 뜯고 이 부분까지 신경질적으로 검사할 필요는 현재의 제품으로선 거의 불필요하다고 해도 좋다. 종이봉지에서 꺼낸 채의 상태로 그 표면만을 불빛에 비쳐 보면 충분하다. 검은 종이를 깔아보면 더욱 잘 안다.

④사용시의 주의사항=콘돔의 익숙한 사용법을 모르는 사람이 의외로 많은 법이다. 그 때문에 성감의 감퇴(感退)를 호소하든가 수태조절의 목적에 실패하든가 하기조차 한다. 남성기는 사정 직전이라도 다소의 정액을 선행(先行) 누출하는 일이 있다. 특히 성교를 반복하는 듯한 경우에는 그 동안에 배뇨(排尿)하지않는 한 요도내에 잔류한 정액이 누출할 위험은 처음부터 있다. 그러나 이와같은 반복 성교가 아닌 한 극히 초기부터 정액이 누출하는 일은 있을 수 없다. 성교에 들어가기 전에 볼 수 있는 남성기의 귀두 표면을 습윤시키는 분비액은 주로 전부요도(前部尿道)의 카우파씨선이나 작은 점액선부터의 분비액으로서 이중에는 정자가 함유돼 있지 않다. 보통 결혼 후 아직 얼마 되지 않은 비교적 신선기(新鮮期)라면 남성의 사정에 이르는 시간도 어느 쪽인가 하면 비교적

짧은 것이지만, 이 시기를 지나면 자연히 약간 길어지는 것이기 때문에 적어도 이로부터 앞인 마찰운동이 이윽고 사정을 가져올 시기다 하는 자각은 있을 것이다. 이 무렵 여성기부터는 이미 바르토링씨선이 기타 부터의 분비액이 증량(增量)되어가고 있기 때문에 남성기는 충분히 젖어있는 상태가 되어 있다. 콘돔은 늦더라도 이 무렵까지 장착(裝着)하면 충분한 걸로서 고무막의 내면과 남성기는 착 밀착하고 자극이 약해지는 일은 없게 된다. 콘돔을 처음부터 장착하고 성교에 들어가고자 하는 방식은 이 일착감이 결여되므로 가장 졸렬한 방법인 것이다. 단 신혼 초기 무렵이나 조루(早漏) 기미의 남성 혹은 여성이 이와같은 준비상태—분비액의 증량에 이르지 않고 있을 때에는 부득이 다른 매체(媒体)로써 올리브유나 코울드크림, 제리, 타액등을 콘돔의 안팎 양면에 바르는게 좋다. 그러나 코올드나 제리를 결코 두껍게 지나칠 정도로 발라선 안된다. 특히 여성의 분비가 아직 충분치 않았을 때 그대로 콘돔을 사용하면 고무막과 여성기의 접촉면은 마찰에 즈음하여 위화감(違和感)을 낳고 여성은 아픔마저 느낀다.

또 남성기는 여성기만큼 개인차가 심하지 않다고 생각되고 있지만, 반드시 그렇지도 않다. 발기시의 길이, 굵기도 차이가 있는 법이 지만 뿌리부분의 굵기에도 차이가 있다. 따라서 콘돔을 장착했을 경우 뿌리부분까지 꼭 끼는 사람도 있고 약간 헐거운 사람도 있다.

따라서 마찰운동에 의해 아무래도 뿌리부분 쪽이 빠지기 쉽고 이것이 신경에 쓰인다는 남성도 의외로 많다. 이러한 델리

케이트한 타입의 남성은 콘돔을 장착후 뿌리부분을 가느다란 리본끈 따위로 나비넥타이 매듯 해두는게 좋다. 이건 콘돔이 결코 드티거나 하지 않을 뿐 아니라 자극을 강화시킬 수도 있다. 즉 매듭을 위쪽으로 매면 이것이 여성의 음핵에 닿게 되고 여성의 성감을 높여 주는 결과도 되거니와 사정 후 잠시 인밋셔 페니스(남성기를 여성기내에 삽입한 상태)로 두더라도 여성의 질벽 수축에 의해 정액이 역유출할 염려도 없게 되는 것이다. 이 무렵 아직도 지속되는 여성의 질벽 수축은 사정 종료에 의해 남성기가 차츰 위축되기 때문에 반대로 콘돔내의 정액을 질밖으로 압출(壓出) 시키는 일이 있고 이것이 다시 콘돔의 바깥 표면을 타고서 질내에 진입, 수태조절의 목적을 실패케 하는 일이 있다.

⑤콘돔의 착용법=선단의 작은 주머니에 공기를 남긴 채 착용치 않는 게 중요하다. 그래서 다음의 두가지 착용법이 있다.

A:콘돔의 작은 주머니를 엄지와 인지로 움키고 공기를 밀어냄과 동시에 남성기에 씌우고 말아올린 부분을 내리 훑는다.

B:돌출하고 있는 콘돔의 부분을 불어 뒤집고 손가락으로 작은 주머니를 비틀어 그것이 직접 남성기에 닿도록 하되, 콘돔을 훑어 내린다.

⑥제리의 병용(倂用)=제리는 살정자제(殺精子劑)로써 효과

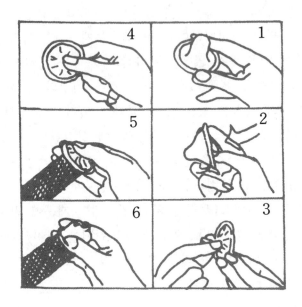

적인 외에도 여성 분비액보다 점착력(粘着力)이 있기 때문에
고무막과 남성기면의 밀착감에도 크게 도움 된다. 그러므로
콘돔이 약간 헐거운 경우나 성교의 최초부터 콘돔을 착용하
지 않으면 안심할 수 없는 사람은 제리를 남성기 표면 전체
에 발라 착용 하면 좋은 셈이다. 단 지나치게 바르면 오히려
콘돔이 미끄러져 밀착성이 없게 된다. 물론 성교에 즈음하여
여성측의 분비가 충분치 않을 경우는 다시 콘돔의 바깥 표면
에도 바를 필요가 있다. 살정자작용을 보다 확실히 하고 싶다
면 남성기 선단인 요두구 부분에 조금 많이 바르는게 좋다.
삽입기(插入器)로 여성의 질내에까지 제리를 주입할 필요는
없다.

피임제리에 의한 방법

질내 깊숙히 그리고 자궁
외구(外口)속에 제리를
주입시켜 부착한다.

⑦발거시(拔去時)는 콘돔과 같이=곧잘 얼빠진 남성은 성교
후 콘돔을 질내에 남겨둔 채 남성기를 뽑아버리는 일이 있다.
그 때문에 질벽의 압박에 의해 역유출한 정액이 다시 콘돔의
바깥 표면을 타고내려 질내로 유입하는 일이 있는 것이다. 그
러므로 뽑을 때에는 반드시 콘돔과 함께 라는 걸 잊어선 안
된다.

즉 콘돔의 외륜(外輪)을 상하로부터 남성기와 합쳐 잡으면
서 뽑을 필요가 있다. 특히 남성기의 하면에 손을 대고 콘돔
의 아래 가장자리를 끌어당겨 두지 않으면 뽑아낼 때 하면으
로부터 정액이 누출되는 일이 있다. 이점 뿌리부분이 가늘게
제작된 것은 사정후도 탈락(脫落)않는 이점이 있다.

⑧인밋셔 페니스時 여성은=사정후에도 약간 오랜 시간 인
밋셔 페니스(성기결합)인 상태로 있고 싶을 때에는 여성이
그 넓적다리를 모아둘 필요가 있다. 여성의 오르가즘은 남성
에 비하여 약간 오래 가는 것이므로 남성기가 이미 위축되었

을 무렵이라도 여성의 질강(膣腔)은 단속적인 수축을 되풀이한다. 그러므로 여성이 넓적다리를 모아두지 않으면 수축에 의해 정액이 역유출되는 일이 있다. 또 사정후 여성이 넓적다리는 모아두거나 양자가 다리를 교차시켜 모아두는 건「예방」의 의미뿐 아니라 남성기의 위축을 상당시간 연장시키는데 도움이 된다.

또 성교후의 뒷처리는 저마다가 다른 종이나 가아제를 사용해야 한다.

남성측이 사용한 것을 여성측도 닦아내는데 쓴다면 무엇 때문에 콘돔을 사용했는지 의미가 없다.

⑨사용후의 콘돔처리＝콘돔의 뒷처리라는 문제는 의외로 귀찮다. 가장 좋다고 생각되는 것은 벗겨낸 콘돔의 위쪽을 묶어 정액이 엎질러지지 않도록 한 뒤 종이로 싸서 휴지통에 버리면 된다.

수세식 변소에 버리면 곤란하다. 정화조에 모이고 이윽고 막히게 되는 법이다. 한 번 사용한 콘돔은 물론 그 때 뿐으로서 버리는 게 좋다.

⑩ 콘돔사용의 숨은 이점＝콘돔사용인 경우 여성측에 비교적 알려지지 않은 이점이 있다. 일반적으로 성교후, 여성은 질내에 잔류한 정액을 배출하기 위해 뒷물을 하고 싶어진다.

그러나 오르가즘후의 여성은 오히려 꼼짝도 하고싶지 않고 그대로 달콤한 도취감에 잠긴 채 잠을 자고 싶으리라. 콘돔을 사용했을 경우 이점 여성은 안심하고서 그대로 잠을 잘 수 있는 셈이다.

⑪ **콘돔 임포텐쯔**=콘돔을 사용했을 경우 정신적 작용 까닭에 발기력을 유지할 수 없게 되고 결국 성교불능이 된다. 이 정신작용은 거의 콘돔에 대한 오해나 실제 사용시의 졸렬성 때문에 느낀 성감감퇴의 경험에서 오는 일이 많다. 그러므로 이것을 고치기 위해선 남성 자신이 새삼 콘돔에 대한 올바른 지식을 갖고 다시 한 번 시도해 볼 필요가 있다.

이 때 남성은 곧잘 콘돔사용에 의한 여성의 성감 변화에도 신경을 쓰는 법이다. 이 경우 여성이 조금이라도 「이상하다」고 대답하는 건 남성에게 더욱 더 혐오감을 품게 할 뿐이므로 무조건 「어딘지 이상하다」고 대답하는 건 좋지않다. 몇 번 말했지만 여성의 분비 부족이 없는 한 보통 그다지 다를 바가 없기 때문이다.

그리고 또 콘돔의 장착은 남성측에 있다해서 항상 남성자신이 장착하란 법은 없다. 오히려 콘돔 경원자에게는 여성이 적극적으로 애정을 깃들여 씌워주는 태도가 바람직하다.

3. 벳사리법

수태조절의 지도자가 곧잘 콘돔의 지도를 생략하고 단숨에 벳사시를 권하는 사람이 있지만, 이것은 별로 친절한 지도라고 생각되지 않는다.

수태조절의 기본으로선 어디까지나 벳사리는 제2위에 속하는 걸로서, 콘돔이 좋지 않다는 사람도 다시 한번 그 사용법이 잘못이 없는가, 오해가 없었는가 검토하고 아무리 하여도 남성측의 협력이 얻기 어려울 경우에 한하여 벳사리를 권해야 할 줄로 믿는다.

①벳사리와 성감=벳사리는 나선모양의 금속고리에 고무막을 씌운 것인데, 이 고무막은 콘돔보다 훨씬 두꺼운 고무막이다. 그런데도 불구하고 성감에 전혀 변화를 주지 않는 것은 이 벳사리가 여성의 질내를 가리는데 지나지 않기 때문이다. 즉 자궁질부는 벳사리로 차단되지만 고무막을 통해서 남성기의 충돌감은 전해지므로 여성측의 성감에 변함이 없는 것이다. 벳사리 자체는 이렇게 큰 것일까 생각될만큼 보기에 큰 것이지만 삽입후 여성자신 삽입감도 없는 남성측도 이물감(異物感)을 느끼지 않는다.

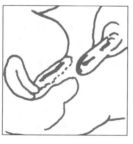

질외의 행과 평행되어 상도(上圖)는 성교시의 벳사리의 위치

그러나 때로는 벳사리 삽입의 경우라도 성교 능력이 감퇴하는 남성이 있다. 이것은 남성이 큰 벳사리를 넣는 모습을 보았다든가 혹은 그 모습을 보지않았더라도 커다란 벳사리 자체를 보았기 때문에 이것을 넣은 질이 보통 보다 넓어진다고 멋대로 상상한 결과에서 빚어지는 것이다.

②벳사리의 선정＝벳사리는 콘돔과는 달라 고무막의 투명도를 위주로 한 것은 없다. 지름 6·5센티부터 8센티정도까지 5밀리마다 차이를 두었고 보통 밀리수로 호칭된다. 몇밀리의 것이 자기에게 적합한 지는 산부인과 의사나 산파, 보건소 등에 의해 측정해 달라고 할 수 밖에 없다. 출산때마다 싸이즈를 변경할 필요가 있기도 하므로 재측정한다.

③삽입 방법＝벳사리 선정을 했다면 삽입 연습을 받을 필요가 있다. 보통 그 자리에서 잘 들어가 있는가 어떤가 시험하면서 몇 번 삽입을 되풀이 하면 혼자서 할 수 있게 된다.

먼저 그림 ①마냥 엄지와 중지로 벳사리의 양끝을 눌러 길쭘하게 하고 집게손가락 끝을 선단의 용수철 부분에 댄다. (손가락 모양은 꼭 사람을 가리킬 때의 형태가 된다) 익숙하기 전에는 집게손가락 끝을 스프링에 대기 힘들겠지만, 익숙하면 곧 할 수있게 된다. 이어서 그림 ②마냥 한발을 낮은 의자 따위에 얹고 (왼손잡이는 왼발을 높이한다) 몸을 앞으로 구부리며, 벳사리를 가진 손으로 자기의 성기를 가리키듯이 한다.

1. 두째 손가락을 용수철
   끝에 대어 갤쭉하게
   오무려 든다.

2. 水平을 유지하고
   가능한 깊이 삽입

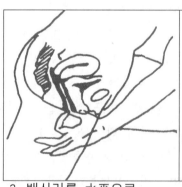

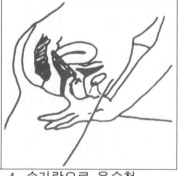

3. 뱃사리를 水平으로
   돌리며 더욱더 삽입

4. 손가락으로 용수철
   선단을 들어 올린다.

왼손으로 좌우의 음순을 충분히 벌리고 벳사리를 옆으로 향하여 우선 조금 넣은 뒤, 엄지가 걸린 곳에서 손바닥을 위로 향함과 동시에 벳사리를 수평하게 바쳐 가면서 되도록 깊이 삽입한다. 이어서 ③에서 엄지를 떼고 다시 안으로 밀어 넣는다. 이때 그림 ③의 화살표로 표시하듯 집게손가락 끝을 후질벽(後膣壁)에 밀어 붙이듯이 하며 넣는다. ④에서 중지 이하를 뻗쳐 항문을 덮듯이 하며, 집게손가락은 단단히 스프링의 선단을 누르고 되도록 후질벽에 붙여 안쪽으로 항문쪽을 향해 밀어넣는다. (익숙하기 전에는 그림 ④마냥 왼손으로 받쳐가며 벳사리를 빙빙 돌리듯이 안으로 밀어넣어도 좋다. 그러나 선단이 아래쪽으로 향하게 할 것) 이걸로 대부분 질내에 삽입된 셈인데 아직도 조금 질 밖에 나온 부분은 ④로 제시하듯 스프링의 선단을 집게손가락으로 안에 밀어 넣듯이 함과 동시에 위쪽으로 밀어올리고 치골의 내면(위쪽 움푹한 곳)에 걸친다.

다시한번 집게손가락을 질내에 넣어 보아 고무막을 통해서 맞은 쪽에 자궁질부가 있음을 확인한다. 동시에 손가락을 좌우로 돌려보아 벳사리가 수평으로 삽입되어 있는가 확인하고 비스듬하게 되어 있다면 처진 쪽의 스프링을 밀어올린다.

숙련되면 누워서라도 삽입할 수 있다.

④삽입할 때의 주의＝성교직전에 삽입하는 건 그 때의 분위기를 파괴하므로 좋지않다. 그러므로 성교의 기회가 있다고 짐작될 때에는 옆방에 가거나 화장실에 가거나 하여 삽입하

도록. 삽입시에는 제리를 주위인 스프링 부분은 물론 안팎 양면에 바를 필요가 있다.

⑤성교후의 뒷처리＝성교후에도 벳사리는 금방 제거하지말고 이튿날 아침까지 방치하는게 좋다. 섣불리 빨리 제거하면 정자가 제리에 의해 완전히 죽지않은 일이 있기 때문에 오히려 실패의 위험이 있다. 뽑아낸 벳사리는 비누와 따뜻한 물로 잘 닦고 수분을 없앤 뒤 파우다 따위를 뿌려서 간직한다.

⑥벳사리가 부적당한 여성＝보통 정상적인 전굴자궁(前屈子宮)쪽이 오히려 자궁질부를 씌우기 힘들고 후굴자궁(後屈子宮)쪽이 씌우기 쉬운데, 심한 수굴자궁이나 자궁탈수(子宮脫垂)가 있을 경우, 질부가 헐었을 때는 사용하기 어렵다.
또 수차의 출산으로 질벽이 느슨해진 여성도 빠져나오기 쉬워 적당치 못하다. 아기를 낳지않은 분은 넣기가 힘들고 하물며 결혼 후 얼마 되지않은 사람은 말할 것도 없다.
그러므로 의사와 의논하고 진찰을 받은 뒤 사용을 정해야 한다.

⑦벳사리의 결점＝앞서도 말했지만 벳사리 사용에는 제리를 함께 사용해야 하며, 성교시의 분위기를 망가뜨리지 않기 위해 결국 매일 밤 삽입하는 결과가 되므로 비용면에서 오히려 콘돔을 웃돌게 될 뿐 아니라 약제의 부단한 자극에 의해 질염(膣炎) 따위를 일으키는 일도 있다.

4. 세척법(洗滌法)

세척(洗滌) 펌프의 방법

세척액은 펌프의 뿌리.
때문에 질외에 유출되
지 않음.

성교 후 바로 질내를 씻어내는 방법이므로 분위기를 즐기는
가정의 성생활에는 적당치 않다. 보통 여성은 남성의 사정후
도 오르가즘 여운(餘韻)에 잠겨 그대로 있고 싶은 것인데 이
방법으로선 남성의 사정후 되도록 속히 씻어내지 않으면 목
적을 달성할 수 없기 때문이다.
　세척하는 물은 보통의 미지근한 물이라도 좋고 10퍼센트의
붕산수라도 좋다.

5. 스폰지 삽입법

적당한 모양으로 만들어진 고무스폰지에 제리를 발라 질내
에 삽입하는 방법인데, 벳사리와는 달리 필요할 때 곧 삽입할
수 있는 이점이 있지만 남성에겐 있어선 이물감(異物感)이

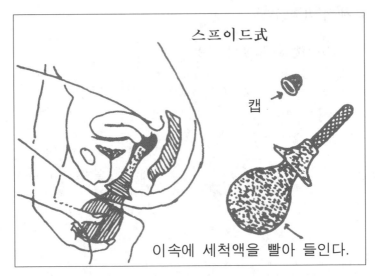

스프이드式

캡

이속에 세척액을 빨아 들인다.

강하고 여성에겐 충돌감이 약해지기 때문에 성감을 감퇴시킨
다. 따라서 현재로선 거의 이용되지 않지만 단소음경(短小陰
莖)에 적당하다.

6. 약제삽입법(藥劑揷入法)

약제의 단독 사용은 그 효과 발생에 소요되는 시간과 종료
시간에 한도가 있기 때문에 삽입의 시기가 잘 들어맞으면 좋
지만, 어긋나게 되면 아무런 소용도 없으므로 단독법으로선
효과도 극히 의심스럽다. 제리는 주입기(注入器)가 필요하므
로 조작에 약간 시간이 걸리고 정제는 간단하지만 안에 함유
된 발포제(發泡劑) 때문에 녹을시 열감을 느껴 싫어하는 여
성도 있다. 또 삽입 후 여성이 상위(上位)를 취할 수 없는 결

약제 삽입법(藥劑揷入法)

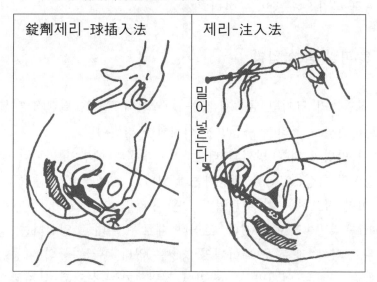

錠劑제리-球揷入法 제리-注入法

밀어 넣는다.

점이 있다.

피임 약제는 현재 많은 것이 개발되고 있지만, 일단 의사나 약사와 의논하여 사용하는게 안전하다.

7. 카렛자법과 질외사정법

남성이 사정에 이르기 직전에 강력한 의식의 전환을 하여 사정을 억제하는 방법으로서 카렛자법은 누구에게나 권할 수 있는 방법이 못되며, 오히려 남성이나 여성에게 있어서도 부자연스럽고 해로운 방법이다. 또 사정직전 질밖에 발사하는 방법은 남성에게 어느 정도 만족을 줄수는 있다고 하나, 여성에게 바람직한 방법은 아니다.

8. 피임 링 삽입법

십원짜리 크기의 금속제 또는 나일론제, 폴리에틸렌제의 톱니바퀴같은 고리를 자궁안에 설치하는 방법이다.

이 방법이 다른 방법과 다른 점은 수정의 예방이 아니라 수정란의 착상(着床)을 예방하는데 있다.

이미 필요한 수의 어린이가 있은 후라면, 이 방법이 극히 편리한 방법이라고 하겠다. 그러나 때로는 이대로 임신하는 경우도 있다. 그 경우 태아에의 영향은 없다. 후굴자궁의 여성이라도 상관은 없지만, 이 방법이 적당한가는 삽입해 보지않으면 모른다. 삽입후 강한 하복통(下腹痛)이나 출혈이 언제까지 계속할 경우는 적당치 않다. 삽입은 임신이 되지 않았을 때로서 월경 종료후 5일쯤 지난 무렵이 좋지만, 인공 임신중절의 경우와 마찬가지로 어느 정도의 자궁경관(子宮頸管) 확장이 필요하다. 삽입후의 링은 방치해도 좋지만 10개월에 한번은 바꿀 필요가 있다.

이밖에 남성에 적용되는 「정관수술」 등이 있는데 이미 희망하는 자녀를 얻었을 경우 실시 하는 것도 괜찮으리라. 성감기토에 대해서는 아무런 지장도 없다.

피임링

비닐로 되어 있는 링을 전문의(專門醫)의
손을 빌어 6개월에서 일년이내에 1회 자궁
내부에 삽입한다.

자궁내에 삽입된 링

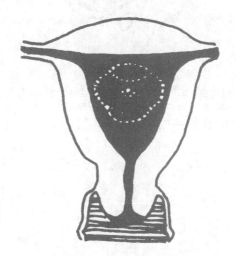

정제(錠劑)에 의한 방법

정제를 두 손가락으로 질속에 삽입한다.
한 손가락으로 질속에(홍문을 향해) 깊
이 자궁두부(頭部)에 장치한다.

◈ 제 12 부 ◈

행복한 성생활

　정신적 애정과 육체적 애정은 말할 것도 없이 독립적으로
따로따로 존재할 수 있다. 그렇지만 결혼생활이라는 하나의
테두리 안에는 이 양자가 전혀 불가분(不可分)의 관계이며
그 균형이 어떻게 잡혀가느냐에 따라 이 결혼 생활의 행·불
행도 결정되는 것이다.

　그러므로 결혼생활에 있어서의 정신적 애정과 육체적 애정
이란 같은 애정인 표리(表裏)의 이면으로써, 바꿔 말한다면
정신적 애정이 결핍한 육체적 애정에 참된 만족이란 얻어질
까닭이 없고 육체적 애정의 불만은 동시에 반드시 정신적 애
정의 균열을 가져오게 되리라.

　따라서 결혼생활에 있어서의 건전한 성생활이란 남성 및 여
성에 대해서 정신의 안정과 육체의 건강이 동시에 요구된다.

주의 깊게 관찰한다면 남성도 여성도 성적으로 성숙한 뒤에
는 일정한 성욕주기(性欲週期)를, 우리는 알게 된다. 그것은
외부적으로 주어진 성적자극의 유무와는 관계없이 내부적으
로 자연발생 하는 감정이다. 그 주기 간격에 개인차는 있지만
남성으로선 정액(精液)의 저장이 일정한 한계에 도달됨과 동
시에 나타나고 여성으로선 월경 전기(前期)에 많은데 때로는
월경시나 배란시(排卵時)에 나타나는 일도 있다.

1. 남성의 성생리

먼저 행복한 성생활을 하자면 남성과 여성은 각각 상대편의
성기(性器)와 그 기능에 대해서 충분한 지식을 가져야 한다.

①고환(睾丸)과 정자의 생산 = 고환은 여성의 난소(卵巢)에
해당되는 걸로써 태생말기(胎生末期) 복강(腹腔)으로부터 음
낭(陰囊)에로 하강한 것이다. 더구나 일반적으로 좌측부터 먼
저 하강되기 때문에, 하강이 정지되었을 때의 고환 높이는 항
상 좌측이 우측보다 낮은 위치에 있다. 그리고 이것은 고환이
좌우 똑같은 위치에 있는 것보다 걸을 때 훨씬 알맞도록 되
어 있는 것이다. 복강의 내부에 있는 여성의 난소와는 달리
고환이 복강의 밖에 있음은 정자를 생산하고 그 생존능력을
높이기 위해서 저온(低溫)이 바람직하기 때문이다. 고환 위에
는 긴 부고환(副睾丸)이라는게 연결돼 있고 그것이 수정관
(輸情管)과 이어져 있다.

난소가 난자(卵子)의 생산 공장임과 동시에 여성으로서의 성호르몬을 분비하는 것과 마찬가지로 고환은 남성으로서의 성호르몬 분비장기(分泌臟器)이고 또한 정자의 생산 공장이다. 즉 고환내의 가느다랗고 꾸불꾸불한 곡정세관(曲釘細管) 속에서 사춘기가 되면 정자가 쉴 새 없이 생산되어 이 가느다란 관을 통하여 차츰 부고환의 두부(頭部)로 보내지고 다시 미부(尾部)로 보내지는 사이 성숙되고 수정관에 보내질 무렵에야 비로소 약한 운동성(運動性)을 갖게 된다.

정자의 생산은 비교적 고령에 이르기까지 쉴 새 없이 완만하게 계속된다.

성숙된 정자의 길이는 천분의 50~60밀리인데 두부·경부(頸部)·미부(尾部)로 되어 있고 난핵(卵核)과 결합하는 건 그 두부뿐이다.

두부는 납작한 서양의 배 같은 모양인데 그 첨단은 얼마쯤 움푹한 것이 정자 길이의 10분의 1도 안되는 극히 작은 일개의 세포이다.

미부는 길 운동장치로서 끝이 두 서너 가닥으로 갈라져 있다. 정자자체의 생존기관은 개인차가 있으나 질 내에 사정된 정자가 자궁 내에 들어가서의 생존기간 - 즉 난자와의 결합 능력을 가진 기간은 약 3일간 정도이다.

여기서 흥미 있는 일은 항상 정자는 두 종류 즉 난자와 결합했을 경우 남성이 되는 「웅성정자(雄性精子)」와 여성이 되는 「자성정자(雌性精子)」가 있다는 점이다.

정자나 난자는 단 한 개로 되어있는 성세포(性細胞)인데, 유

전이나 「성」의 결정을 하는 염색체(染色體)라는 이름의 것의
수효가 성세포에선 항상 체세포(體細胞)의 반으로 되어있다.
바꿔 말한다면 성세포는 체세포가 둘로 나눠져 생긴 것이라
고 믿어지며, 그러므로 이 둘로 나눠진 염색체의 분리 상태
여하에 따라 장차 정자와 난자가 결합되어 하나의 새로운 생
명을 창조했을 때 그 지닌바 유전인자(遺傳因子)의 우열에
의해 새로운 성격과 소질의 인간이 결정되는 것이다.

본디 체세포가 갖는 염색체는 도합 46개 있고 두개로 한조,
즉 스물세조가 되어 있는 것인데 성세포는 그 반인 23개의 염
색체를 가지고 있을 뿐 아니라 그것도 항상 각 일조 중의 한
쪽밖에 갖고 있지 않는 것이다.

즉 체세포 중에 저마다 일조가 되어 포함돼 있는 23조의 염
색체중 그 1조만 항상 성별(性別)과 관계되는 인자(因子)를
가지고 있거니와, 여성인 경우는 이 1조가 된 2개의 염색체는
같은 크기로서 X염색체라고 불리며 남성이라면 이 1조가 된
2개의 염색체가 하나는 X염색체이고 다른 하나는 이것보다
작은 Y염색체라고 한다.

그러므로 여성의 체세포의 반조각인 난자가 항상 1개의 X염
색체를 갖고 있는데 반하여 남성의 체세포의 반조각인 정자
는 항상 이 X염색체를 가진 「자성정자」와 Y염색체를 가진
「웅성정자」의 두 가지가 있는 셈이다.

②수정관과 정낭 = 수정관은 좌우의 부고환미부로부터 이
어지는 가느다란 관으로서 일단 위로 올라갔다가 복강 하단

의 복막 하면을 후하방(後下房)으로 향해 달리는 두 가닥의
관인데, 그 길이는 약 45센티나 된다. 수정관의 벽 근육은 고
리모양처럼 생겼고 그 수축(收縮)은 위쪽으로 옮겨지게끔 되
어 있으므로 일종의 흡인(吸引)펌프 역할을 한다.

　부고환 미부에서 성숙한 정자는 부고환벽에서 분비되는 액
체분비물에 섞여 정액형태가 되지만, 이 단계에선 아직 참된
정액이 아니고 정자의 운동성도 또한 약하다. 그래서 이 정자
를 섞은 분비액은 수정관의 흡인펌프에 의해 차츰 생산되는
한편 수정관을 올라간다. 긴 수정관은 그자체 이 정자혼입 분
비액의 저장관이기도 한 것이다.

　그런데 수정관의 종점 가까운 약 3~4 센티 부분은 그 관공
(管腔)이 팽대(膨大)돼 있고 여기도 또한 수정관에 의해 보내
진 정자혼입 분비액의 대저장고가 되어 있지만 이곳이 가득
해지면 이 팽대부와 이어진 정낭으로 보내어져 파괴되고 흡
수된다. 그러므로 정낭의 주 임무는 보조 저장고일 뿐 아니라
황색의 끈끈한 점액을 분비 부가함으로써 정액의 양을 증가
시키는데 있다. 즉 이 점액은 사정반사(射精反射)시 방출되는
것이다.

　좌우의 수정관 팽대부로부터 앞쪽 부분인 길이 약 2센티 남
짓의 수정관 최종부분은 방광(膀胱)의 전방에 위치하며 요도
(尿道)를 둘러싸고 있는 전립선(前立腺)의 좌우를 천통(穿通)
하여 요도의 일보와 연결되고 개구(開口)되어 있다.

　그러므로 정자의 저장고는 고환·부고환·수정관·수정관의
팽대부 네 곳임을 알 수 있다.

③전립선과 정액의 완성 = 전립선은 밤알 같은 모양인데 방광의 앞쪽에 있고 좌우로부터 요도를 둘러싼 모양이다.

전립선은 고환과 마찬가지로 일종의 호르몬분비 장기이지만 그 분비액은 젖모양의 알칼리성 액으로서 정액소(精液素)라는 독특한 취기(臭氣)의 화학물질을 함유한다.

그리하여 이 분비액은 사정반사와 함께 전립선이 수축함으로서 요도 내에 방출된다.

즉 남성의 사정반사에 의해 수정관, 수정관 팽대부 및 정낭이 동시에 쉴 새 없이 수축함으로서 요도 내에 압력이 주어진 부고환 분비액 및 정낭 분비액으로 혼합된 정자가 방출됨과 같이 전립선 분비액도 전립선의 수축에 의해 거의 똑같은 위치에서 요도내로 방출되는 것이다.

거기서 양자가 혼합되어 완전한 정액으로서 사정되며 전립선 분비액의 자극으로 비로소 정자는 그 활발한 운동성을 발휘할 수 있다.

정액의 전량(全量)은 1회의 사정으로 약 3cc인데 이 5분의 4가 전립선 분비액이다.

그리고 1회의 사정에 의해 방출되는 정자의 총수는 약 2억~3억이라고 추정(推定)된다.

또 사정시에 생기는 전립선의 수축이 요도를 수정관 개구부(開口部)의 위쪽에서 압축되는 결과 또한 이 개구부가 종장(腫腸)하여 이로부터 위쪽 요도를 막는 결과 요도에 방출된 정액이 위쪽으로 역류되지 않을 뿐 아니라 사정시에 소변이 함께 밀어내어지는 일이 절대로 없는 것이다.

④발기(勃起)와 사정 = 성생활을 영위함에 있어 남성은 음경의 발기가 절대로 필요한 전제조건이 된다.

음경의 표면은 포피(包皮)에 의해 덮여있고 선단의 귀두부(龜頭部)는 마치 점막(粘膜)처럼 풍부하게 신경이 분포된 피부에 의해 덮여있다. 그리고 그 알맹이는 스펀지 형태의 혈관조직으로 된 해면체(海綿體)인데 그 내부에 요도가 있다.

발기는 동맥혈(動脈血)에 의한 이 해면체의 강한 충혈작용인데 발기시의 음경이 뜨겁게 느껴지고 맥동(脈動)하는 것도 이 때문이다.

발기는 국소적(局所的)인 직접자극에 의한 경우와 정신적인 심리작용에 의해 대뇌로부터 직접 보내지는 자극작용과 방광의 지나친 충만에 의해 반사적으로 생기는 발기의 세 가지로 나눌 수 있다. 발기와 함께 성적 흥분은 요도에 개구된 좌우의 카우파씨선을 비롯하여 점재(點在)한 소점액선부터 소량의 투명한 알칼리성 점액을 분비시켜 귀두 표면을 습윤(濕潤)케 하여 음경의 질내(膣內)삽입을 용이하게 만든다. 이 분비액이 알칼리성인 까닭은 줄곧 요도를 통과하는 산성요(酸性尿)에 의해 적셔진 요도를 중화시켜 산성에 대해서 저항력이 약한 정자의 안전통과를 돕는데 있다.

2. 여성의 성생리

여성의 성기는 성생활과 직접적으로 관계가 별로 깊지 않은 봉강 내에 보호되어 있는 자궁·난소·수란관의 내성기(內性

器)와 성생활에 직접 관여하는 외음(外陰) 및 질의 외성기(外性器)로 나눠진다.

①난소와 난자의 발육 = 난소는 복강 내에 보호되고 자궁의 양쪽에 위치한다. 여성은 남성과는 달리 태어났을 때 벌써 수만 개에 이르는 미숙한 난자를 난소 내에 저장하고 있다. 이 미숙한 난자의 발육 성숙은 남성에 있어서의 정자인 경우와 현저하게 다르다. 남성은 사춘기 이후 쉴 새 없이 정자가 생산되고 저장되지만 여성은 난자의 발육 성숙이 항상 일정 주기마다 좌우의 난소로부터 하나씩 배란된다. 보통 이 주기는 28~32일로 되어 있다.

난자는 지름이 약 0.2밀리나 되는 정자 전장(全長)의 네갑절이나 되는 일개의 세포로서 인체의 세포 중에서도 가장 큰 세포이다.

성숙한 난자는 난소 표면으로부터 튕겨져 나오고 이것을 「배란」이라고 하는데 이날을 정확히 사전에 알아내기란 곤란하다. 기초체온(基礎體溫)을 측정하고 있을 경우, 배란후의 온도가 저온기(低溫期)에서 고온기(高溫期)로 이동함으로서 배란이 끝났음을 알 수는 있지만 역시 사전에 예측하기란 곤란하다. 또 배란 후 수정(受精)되지 않을 때에는 12~16일째에 월경이 시작된다.

이렇듯 배란된 난자는 이미 정자의 항목에서 설명했듯이 항상 X염색체 1개만을 갖고 있는 1종류로 국한되어 있으므로 수정에 의해 형성되는 새생명의 성별 결정권은 남자의 정자에만 있는 것이다.

난소는 또 호르몬장기로써 난포(卵胞) 호르몬과 황체(黃體) 호르몬의 2종을 분비한다. 전자는 주로 배란 전기에 분비되어 자궁이나 유선(乳腺)을 성숙 발육시키고 자궁 내부의 증식비후(增殖肥厚)를 촉진하는 것이며, 후자는 배란후 추가 분비되어 마찬가지로 자궁 점막의 증식비후를 촉진하는 외에 자궁의 과민성(過敏性)을 억제하는 작용을 한다.

그러므로 임신했을 경우, 특히 태반(胎盤)이 완성되기까지의 시기에 이 황체호르몬이 다량으로 계속 분비되는 건 자연히 갖추어진 유산 예방작용이라고 할 수 있다.

②수란관과 수정 = 수란관은 자궁의 양 상단부터 내밀고 있는 가느다란 관인데 저마다 그 아래쪽의 난소를 끌어 안은 듯한 자세이다.

그리하여 난자가 배란하려 할 무렵, 수란관 첨단인 말미잘 모양의 흡입장치는 난소의 전방에서 이것을 대기하고 배란된 난자를 수란관내로 흡입한다. 수란관 내부에는 자궁 쪽을 향해 나부끼는 섬모(纖毛)가 있기 때문에 난자는 차츰 자궁강(子宮腔)에로 보내진다.

난자가 정자와 결합하여 수정하는 장소는 보통 수란관의 선단(先端) 가까운 약간 부풀은 부분 - 난관팽대부이다. 외자궁구(外子宮口)로부터 난관의 선단까지는 약20센티인데 정자는 전진속도가 1분간에 평균 약 3밀리이므로 정자가 사정 후 난관팽대부에 도달하자면 적어도 8시간이 소요된다. 그런데 난자의 외벽(外壁)을 이루는 난구세포(卵丘細胞)는 히알론산물질로서 교착(膠着)돼 있지만 다수의 정자가 운반해오는 히알로니다아제에 의해 용해되면 그때 비로소 난자는 1개의 정자와 결합하여 수정할 수 있게 된다. 즉 정자는 난자 내에 구멍을 뚫어 파고들고 그 두부와 난자 핵이 결합되며 이 수정란은 즉시 세포분열 이라는 발육을 거듭하며 수란관 내를 하향하고 배란부터 약 5일 뒤에 자궁 내에 도달, 10일후에는 착상(着床)을 완료한다. 난자의 생존기간은 배란 후 1일 이내이므로 난관팽대부 부터 훨씬 아래로 내려간 무렵의 난자는 이미 죽은 것이라 수정이 불가능하다.

③**자궁과 월경** = 자궁은 서양배를 거꾸로 한 모양의 작은 달걀 크기의 근육 조직인데 그 내면은 점막 층으로 덮여 있다. 자궁 하단의 조여진 부분은 질 내로 내밀어져 있고 그것보다 윗부분은 난소, 수란관과 함께 복강의 골반 속에 보호되어 있다.

자궁내면의 점막 층은 근육 벽에 밀착한 얇은 기저층(基底層)과 그 위를 덮은 기능층(機能層)으로 구별할 수 있는데 이 기능층은 난소로부터의 난포호르몬과 황체호르몬의 영향을 받아 월경 직후부터 증식 비후하는 성질을 갖는다. 그러므로 수정난이 자궁 내에 도착했을 무렵은 자궁의 이 점막 층이 적당한 증식비후 현상을 보이고 있으며 수정난을 착상시켜 영양을 보급하기에 알맞은 조건을 형성하고 있는 것이다. 그런데 만일 수정난의 착상이 없으면 자궁의 이 노력은 무의미한 것이 되고 이윽고 난포호르몬이나 황체호르몬의 일시적 분비저하에 의해 기능층의 박리현상(剝離現像)이 생긴다. 이것이 즉 월경인데, 월경종료후 다시 난포호르몬, 이어서 황체호르몬의 활동에 의해 내막(內膜)은 증식비후를 반복하는 것이다.

④대음순(大陰脣)과 소음순(小陰脣) = 여성의 외성기는 음모(陰毛)로 덮인 좌우의 대음순으로 닫혀져 있다. 소음순이나 음핵(陰核)의 발육은 개인차가 심하므로 반드시 성생활의 경험 - 넓은 의미로 성교나 자위에 비례되지는 않는다. 대음순의 적당한 팽융(膨隆)은 소음순과 더불어 성교 시의 음경에 대한 자극첨가에 의의가 있음과 동시에 대음순이나 소음순에 대한 자극은 여성 자신에게 있어서도 쾌감자극이 된다.

소음순은 음모가 따르지 않는다. 그 빛깔이나 발육은 앞서도 말했듯이 성생활의 경험에 반드시 비례되지는 않는다. 또 크기는 반드시 좌우 동일하지도 않다.

⑤질전정(膣前庭)과 음핵 = 좌우의 소음순이 위쪽에서 합해진 곳에 음핵이 있고 이것은 남성의 음경과 전혀 비슷한 기관(器官)이다. 이 부분은 성기 중에서도 가장 민감하게 쾌감을 느끼는 곳으로서 자극에 의해 융기(隆起)되고 때로는 남성과 마찬가지로 귀두가 노출되는 일도 있지만 남성처럼 두드러진 것은 아니다.

그 해부학적 구조는 동일하다고는 하지만, 음핵이 음경보다 풍부한 신경을 가졌고 일반적으로 감수성이 풍부할 뿐 아니라 남성이 쾌감을 느끼는 부분으로써 음경만을 갖고 있는데 비하여, 여성은 이것보다 훨씬 많은 대음순, 소음순, 질전정, 질 등 저마다 뉘앙스와 변화가 풍부한 장소를 가지고 있다.

음핵의 바로 아래이고 좌우의 소음순으로 둘러싸인 안쪽에 「질전정」이 있고 음핵의 바로 아래인 요도구(尿道口)가 개구되어 있으며 그 아래 질구(膣口)가 있다. 요도구의 양켠에는 바늘 머리 정도의 분비선 개구부(開口部)가 있는데 스케네씨선이라고 불리며, 점액을 분비한다. 질구의 양켠 가에는 역시 점액을 분비하는 바르토링씨선이 개구돼 있다.

여기서 분비되는 점액은 모두 투명하고 매끄러운 점액인데 남성의 귀두면을 습윤 시키는 카우파씨선과 기타 점액선과 마찬가지로 성교준비를 위해 절대로 필요한 분비액으로서, 국소적 자극 및 정신적인 성적 흥분에 의해 보다 많이 분비될 수 있는 것이다. 여성에 있어서의 이 점액 분비는 남성에 있어서의 점액 분비보다 훨씬 다량이므로 남성기의 받아들임에 있어 이 충분한 분비가 꼭 필요하다.

⑥처녀막과 질구 = 처녀막은 질구를 폐쇄하는 얇은 막이라는 것은 이미 다 아는 사실이지만, 완전히 질구를 폐쇄하고 있는 게 아니고 겨우 손가락 하나 지날 수 있을까 말까인 정도로 개구되어 있다. 그러므로 최초의 성교에 의해 손상되고 그때 다소의 고통과 출혈을 동반하기 마련인데, 그 이외에도 스포츠나 페팅이나 자위에 의해 자연히 손상되기도 한다.

⑦질과 **자궁질부(子宮膣部)** = 질구를 통하여 자궁에 이르는 깊이 약 7.5~10센티의 활모양으로 휘어진 터널이 질이고 상하에 질벽이 있다. 이것은 성교 시의 마찰에 즈음하여 남성기에 대한 자극을 강화시키는 작용을 한다. 그것에 의해 여성역시 스스로의 성감을 높인다.

질벽은 항상 소량의 유산(乳酸)을 함유한 액을 분비하지만, 그 함량(含量)은 월경주기에 따라 증감되고 배란일 경우 가장 적다. 이것은 정자가 엷은 유산액 중에서 가장 생활력이 왕성한 성질과 적응되는 것이다. 짙은 경우는 오히려 정자가 빨리 사별한다. 또 질벽은 흡수작용이 있고 이 때문에 정액 중의 화학적 물질을 흡하고 이것을 체액(體液)으로 도입하게 된다.

자궁구(子宮口)에는 투명한 때로는 약간 희멀건 점액이 혓바닥 모양으로 부착돼 있지만, 이것은 자궁경관(子宮頸管)의 점막에서 분비된 알칼리성 점액이다. 이것은 평소 자궁구의 폐쇄에 도움을 주고 있으나 성교 시에는 사정된 정자가 자궁에 올라가는 것을 돕는다.

3. 오르가즘과 골반저근육(骨盤底筋肉)

여성에 있어서의 오르가즘은 남성인 경우와 마찬가지로 질내에 삽입된 음경에 의해 주어지는 일련의 마찰운동 자극이 가중되어 그 극한에 도달한 경우에 생기는 일종의 반사적 전신경련이다. 그때 바르토링씨선이나 자궁경관부터의 분비가 참으로 다량으로서 얼핏 보아 남성의 사정과 마찬가지인 현상이 여성에게도 생긴 것처럼 착각된다. 그 많고 적음은 여성의 개인차에 의해 다르다. 여성의 이와 같은 현상을 「제미나치오」라고 하지만 실제로는 오르가즘에 이르기 전부터 이미 분비돼 있었던 점액과 구별하기는 곤란하고 남성이건 여성이건 이것을 자각하기란 어렵다고 하겠다.

남성에 있어서의 오르가즘이 곧잘 국소적 자극의 가중에서뿐 아니라 대뇌에 있어서의 성적 흥분의 부가(附加)에 의해서도 생기는데 여성에 있어서의 오르가즘 또한 예외는 아닌 것이다. 타이밍이 맞은 사이에선 여성이 거의 언제고 남성이 오르가즘에 가까워졌다는 것을 국소적으로나 전신적으로나 지각함으로서 보다 큰 성적 흥분을 대뇌에 불러일으키게 되고, 그 결과 자극의 가중은 급속히 극한에 가까워지고 남성의 사정개시와 더불어 여성 자신도 착실히 오르가즘을 경험할 수 있게 되는 법이다.

오르가즘에 관해 또 한 가지 알아 둘 것은 남성에 있어선 그것이 언제나 사정을 동반한 현상이므로 1회의 성교에서 언제고 한 번 밖에 얻지 못하는 것이지만, 여성에 있어선 남성의 유도 기술 여하에 따라 수차의 오르가즘을 경험할 수 있다는 점이다. 또한 여성의 오르가즘은 성교의 도중에서 경험되었을 경우 쉽사리 잇달아 반복, 이것을 경험하기 쉽다.

그것은 확실히 여성자신에게 있어서는 물론이거니와 남성자신에게 있어서도 극히 큰 만족을 가져다주긴 하지만, 여성자신의 피로도(疲勞度)는 오르가즘의 반복도수에 비례하여 극

히 커지고 이튿날까지 강한 피로감을 남긴다는 걸 잊어선 안
된다.

여성의 오르가즘에서 볼 수 있는 또 하나의 특징은 이른바
골반저근육근(骨盤底筋肉筋)의 수축이다. 질은 이 같은 근육
들로 둘러싸여 있기 때문에 이 근육들의 수축은 당연히 질
내의 음경을 강하게 자극함과 동시에 여성 자신의 질도 강하
게 자극하게 되는 것이다.

이 가운데 다음의 두 가지 근육은 가장 자극 효과가 강한 걸
로서, 연습을 쌓음에 따라 의식적으로 여성은 이것들을 따로
따로 혹은 협동하여 수축시킬 수 있게 된다.

그 하나는 질구 주변을 둘러싸는 환상근(環狀筋)으로서 항
문의 주위를 둘러싼 항문수축근과 일부 이어져 있으므로 전
체로선 8자 모양으로 되어 있고 동시적으로 수축되기 쉽다.

두 번째는 치골(恥骨)의 안쪽부터 질 및 직장(直腸)을 후벽
(後壁)부터 안고 있는 근육인데 의학적으로는 항문거근(肛門
擧筋)이라고 하지만, 여기선 그 중 질을 감싼 부분을 질거근
(膣擧筋)이라고 해두겠다.

이 근육들 때문에 질은 평소부터 질 입구를 지나서 금방인
곳에서 위쪽으로 들어 올려져 있는 셈인 것이다. 그러므로 성
교 운동중의 이 같은 근육들의 교묘한 의식적 수축은 음경을
통해서 극히 강대한 쾌감을 남성에게 줄 뿐 아니라 여성자신
에게 있어서도 강한 자극효과를 얻는 것이다. 때에 따라선 남
성의 몇 번의 이들 근육의 수축자극에 의해 쉽사리 오르가즘
에 도달하는 수도 있다. 또한 남성의 오르가즘 뒤에 나타나는

여성의 기대에 어긋나기조차도 한다. 음경의 급속한 위축도 이들 근육들의 지속적 수축에 의해 발기 지속시간을 연장시킬 수가 있고 완만하게 커브를 그려가는 여성의 오르가즘과 조화시킬 수가 있다. 그러나 일반적으로 질구수축근과 질거근을 확실히 사용 구분하기란 어렵다.

애무의 중요성=성교전의 육체에 대한 직접적 애무는 반드시 여성에게만 필요불가결한 것이 아니고, 마찬가지로 남성에 대해서도 바람직하다. 키스로 시작되고 포옹으로 옮겨져 다시 신체의 각부, 특히 성기에 주어지는 직접적 자극은 남성이 여성에게 일방적으로 해야만 할 애무라고 오해되기 쉽다. 결혼 초기에 있어선 확실히 그것만으로 충분하지만, 영원히 남성에 대한 직접적 애무를 행하지 않는 여성은 이윽고 남성의 애정을 잃게 되리라. 이 같은 애무 동작은 서로의 점액 분비를 더한층 증대시키고 성기의 충혈을 높여 닥쳐올 성기결합-성교의 준비를 완료하는 것이다.

애무동작은 사랑의 대화로부터 이행하여 행해지기 쉽지만, 때로는 양자가 거의 동시에 출발하는 일도 있다. 그러나 일반적으로는 이 동작의 진행에 따라 남성도 여성도 침묵과 명목(暝目)의 세계에 몰입(沒入)하는 일이 보다 감미롭다는 것을 알게 되는 것이다. 그리하여 이따금 발하는 사랑의 속삭임과 쾌감을 긍정하는 감탄사는 육체 자신의 긍정과 더불어 서로의 성감(性感)을 더욱 더 높여가고 단 둘만의 세계가 나타난다.

이 때 알아둘 것은 남성에 대해서이건 여성에 대해서이건 성기에 대한 직접적 자극은 항상 처음에는 약하고 완만한 자극부터 시작되어야 하며 강한 자극은 점액분비의 진행에 따라 가해져야 한다. 성급한 처음부터의 강한 자극은 오히려 고통과 염증을 초래하는 일조차 있기 때문이다.

특히 남성의 귀두부분에 대해선 처음부터의 강한 자극은 금물이다. 여성측의 분비가 불량한 경우에는 타액(唾液) 기타의 윤활제를 첨가하는 것도 가능하지만, 되도록 조급한 그와 같은 수단에 의지하지 말고 자연스런 점액분비를 촉진하도록 노력해야만 한다.

또한 강한 자극효과는 반드시 강한 접촉 자극에서만 기대되는 건 아니다. 약한 접촉 자극 쪽이, 또한 완만한 율동자극이 보다 큰 기대와 초조감에 뒷받침되어, 실제로는 좀더 큰 쾌감으로서 받아들여진다는 걸 잊어선 안 된다.

결혼 생활에 있어서의 애무 동작의 종류는 결혼 전의 이성간에 볼 수 있는 온갖 페팅과 다를 바 없다. 인간이 생각할 수 있는 온갖 애무의 방법이 입에 의한 성기의 자극도 포함해서 자연스럽고 정상적인 애무로써 인정되어야 하고 받아들여져야만 할 것이다. 그러므로 결혼생활에 있어서의 남성 및 여성은 항상 신체의 청결에 힘쓰며 서로 어떠한 애무를 요구할 때라도 또한 받아들일 때도 거기에 아무런 억제(抑制)의 여지가 없도록 해야한다.

〈성감대(性感帶)〉

〈여성 전신〉

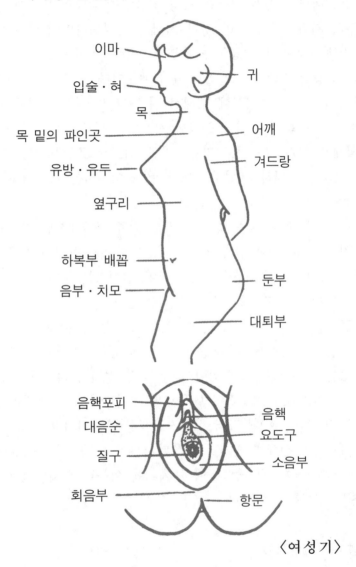

이마
입술·혀
목
목 밑의 파인곳
유방·유두
옆구리
하복부 배꼽
음부·치모

귀
어깨
겨드랑
둔부
대퇴부

음핵포피
대음순
질구
회음부

음핵
요도구
소음부
항문

〈여성기〉

인간에 있어서의 성감대는 반드시 성기에 국한돼 있지 않으며, 특히 여성은 거의 전신의 피부가 이것에 해당된다고 간주된다. 그 중에서 특히 성감에 민감한 부분을 든다면,

①음경 = 귀두는 접촉자극에 가장 민감한 부분인데 상면(上面)보다 하면(下面)의 포피소대(包皮小帶)의 언저리는 수지(手指)에 의한 접촉자극에 가장 민감하다. 귀두관(龜頭冠)은 마찰자극에 민감하며 포피로 덮인 부분은 가장 둔감한데, 이 부분은 리드미컬한 압박자극에 민감하다. 특히 음경의 하면부터의 압박에 민감하다.

②음핵 = 음경에 필적하는 것이지만, 일반적으로 포피에 싸여있기 때문에 귀두로 해당 되는 게 어느 것인지 판별하기가 곤란하다. 이 부분은 접촉자극에 극히 민감할 뿐 아니라 리드미컬한 압박자극에도 민감하다. 또한 이 부분은 일반적으로 연속적인 자극을 받기보다 왕복하는 듯한 단속적 자극을 받는 편이 흥분을 높인다. 음핵에 고정된 연속자극은 때때로 여성에게 간지럽다는 느낌을 주어 호감을 받지 못하는 일이 많다.

③소음순 = 이 내면(內面)은 접촉 자극에 특히 민감하다. 한쪽의 소음순 내면부터 음핵을 넘어 다른 한쪽의 소음순 내면으로 옮겨지는 회전접촉자극은 가장 확실하게 여성의 성감을 높여준다.

④질전정 = 이곳도 민감한 부분이고 요도구 주변이나 질구 주변 특히 그 아래쪽 가장자리는 민감하다.

⑤질 = 질 입구에는 질구수축근이 있고 이 근육은 압박되면 반사적으로 반응되어 수축한다. 수지(手指)로 입구를 리드미컬하게 아래쪽으로 누르면 강한 성적 흥분이 생긴다.

질벽 자체는 본디 접촉자극을 느끼지 않는 것이지만, 성교에 의한 질에의 삽입이 성감을 높이는 것은 주로 그 심리적 쾌감과 질구수축근이나 질거근이 압박되는 것과 질전정이나 소음순, 음핵 등이 동시에 자극되기 때문이다. 그러므로 질벽 자체에 수지에 의한 자극을 주려고 하는 남성의 노력은 전혀 무의미하다곤 하지 않지만, 손톱 따위로 찰과상을 내지 않도록 주의할 필요가 있다. 보통 수지에 의한 자극은 질 입구 부분에 멈추는게 좋다. 질전벽의 자극이 특히 성감을 높여주는 것은 음핵 기저부(基底部)가 이면에서 자극되기 때문이다.

⑥자궁질부 = 이 부분도 접촉자극을 느끼지 않는다. 이것이 느꼈다고 생각되는건 깊은 질에의 삽입이 자각되거나 충돌자극이 골반복막(자궁의 표면을 덮고 있음)에 전달되기 때문이라고 생각된다.

⑦대음순 = 음낭과 대비(對比)되는 것이다. 성감에는 큰 의의가 없지만 음경 포착 감을 준다. 발육정도는 개인차가 심하다.

⑧음낭 = 대음순과 마찬가지로 성감에는 별로 관계가 없지만, 다섯 손가락으로 고환을 감싸듯이 하고 그 뿌리 쪽을 자극하면 다소 성감이 높아지는 사람도 있다. 또 일반적으로 고환 자체는 지나치게 압박자극을 받으면 아픔을 느낀다. 그러나 여성에 대해서는 성교시 특수한 타척(打擲)자극을 주는 걸로서 가치가 있다.

⑨회음부(會陰部) = 질 또는 음경 기저부와 항문 사이의 부분인데 접촉자극에 민감하다. 특히 그 중간 부분은 압박자극에 민감하다.

⑩항문 = 항문에 있어서의 성감은 개인차가 있다. 거기에는 다분히 심리적인 반발심이 영향된다. 그러나 항문이나 성기에 관계되는 근육은 일부의 근육을 공유(共有)하고 있기 때문에 남성도 여성의 성기가 자극되면 항문이 수축되고, 항문이 수축하면 성기도 자극받게 된다.

⑪유방 = 여성의 유방은 접촉자극에 민감하다. 리드미컬한 압박도 성감을 높인다. 특히 유두(乳頭)는 가장 민감한데 음핵과도 필적한다. 여성이 유방에 받는 자극은 자궁을 비롯한 성기에도 동시에 전달되는 것이다. 그러므로 성기에의 접촉자극보다 유방에의 접촉, 특히 키스나 흡인을 바라는 여성도 있다. 물론 이것에는 다분히 여성의 모성애적 심리도 영향된다. 남성의 유방은 여성에 비하여 훨씬 성감이 적다.

⑫입 = 입술·혓바닥 및 입의 내면은 성기와 거의 비등한 정도의 성감을 갖는다. 깊은 키스나 유방에의 접촉, 성기에의 접촉에 즈음하여 가장 강하게 자각된다.

⑬둔부 = 둔근(臀筋)이 수축하면 성감이 높아진다. 그러므로 남성이든 여성이든 의식적 또는 무의식적으로 둔근을 수축시키는 일이 많다. 둔근을 수축시키면 당연히 항문도 수축되고 성기도 자극되어, 여성이라면 질거근이 수축되어 질구가 오므라들고 남성으로선 발기가 강해지는 셈이다.

⑭넓적다리 = 안쪽은 특히 민감하게 반응한다. 그중에서도 성기로 출발하는 중앙선상이 민감하다.

⑮기타 = 눈이나 귀, 목둘레, 목, 겨드랑이, 배꼽, 하복부, 허리, 선골부(仙骨部), 서계부(사타구니), 음부(陰阜), 옆구리 등도 사람에 따라선 강한 성감대가 된다. 음모를 가볍게 쓰다듬어도 머리털 속을 어루만져도 성감이 높아지는 경우가 있다. 이것들은 다분히 그 때의 심리적인 영향도 가해지기 때문이라고 생각된다.
기타 심리적인 성 반응도 있지만 생략한다.

4. 성교와 그 자세

성교운동은 남성기(음경)와 여성기(질)사이에 영위되는 일

련의 마찰 운동이지만, 그 주도권은 반드시 남성측에만 맡겨
진 것이 아니다. 여기선 성교의 기본자세(체위)를 소개하는데
그치고 사랑하는 부부가 연구해 주기 바란다.

⟨對向立⟩
　　　　女性仰臥位 = 남성이 리드
　　　　男性仰臥位 = 여성이 리드
　　　　男性坐位　 = 여성이 리드
　　　　側臥位　　 = 남성이 리드
⟨後向立⟩
　　　　女性仰伏位 = 남성이 리드
　　　　男性仰臥位 = 여성이 리드
　　　　男性坐位　 = 여성이 리드
　　　　側臥位　　 = 남성이 리드

　그 리드권은 거의 비슷하다. 다만 남성이 리드하는 자세가
일반적인데 비하여 여성이 리드하는 자세들은 좌위(座位)를
주로 하는 경우가 많기 때문에 일반성이 적다. 또한 좌위는
실내가 따뜻하지 않으면 실행하기 어렵고 오르가즘을 받아들
이는 자세로선 적다치 못하다. 그러므로 그 결정을 보충하기
위해 한 가지 이상의 자세를 짝지어 이용하면 변화도 있고
새로운 성생활의 행복감이 생긴다. 그럼 여기에서 대항위(對
向位)와 여성 앙와위(女性仰臥位)에 대해서 더 자세히구체적
으로 설명하겠다

◎ 대향위(對向位)

서로 얼굴을 마주 대하는 자세로서 이는 가장 보편적인 것이고 또한 기본적 자세라고 하겠다. 이 자세는 서로의 포옹과 키스 애무 등을 가장 자연스럽게 할 수 있고, 음경의 방향과 질의 방향에서 오는 자극이 강하게 작용되므로 효과적이고 다른 체위로의 전환이 가장 쉽게 이루어진다.

이러한 대향위에서도 그 마주보는 위치와 자세에 따라 몇 종류로 나누어 볼 수 있다.

◎ 여성의 앙와위(仰臥位)

이는 여성이 반듯이 바로 누운 자세를 말한다. 대향위를 포함한 많은 체위 중에서 가장 많이 이용되는 것인데 그 이유는 성기의 구조에서 남성은 삽입적이고 여성은 수용성(受容性)을 취하고 있다는 것과 성교 행위의 면에서 볼 때 남성은 능동적이고 여성은 수동적이라는 점이다.

이러한 여성 앙와위에서 여성은 자신의 다리를 어떻게 처리하느냐에 따라서 여러 가지 자세의 변화를 가져오게 되는데 다음부터 그 몇가지 예를 그림으로 들어 보겠다

◎ 자세 ① … 양 팔은 자유롭게 두고 다리를 약간 벌려서 세운 자세인데 이 자세는 성기의 결합이 쉽게 이루어지며 다리를 높게 세울수록 여성의 협력운동 참여가 순조롭게 된다. 경험이 없는 신혼 초야에 특히 이 자세를 권장하는 이유도 이러한 이유 때문이다. 성기의 결합을 더욱 쉽도록 하기 위해

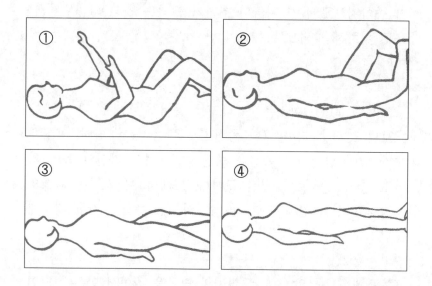

서 흔히 이 자세에서 둔부의 밑에다 베개를 고이는 방법도 있다.

◎ 자세 ② … ①에서 남성의 다리, 둔부 허리 등을 여성의 다리로서 감은 형태이다. 이 자세는 남성의 운동 방향에 따라 여성이 자동적으로 움직여지므로 협력 운동을 배우게 되는 첫 단계이기도 하다.

◎ 자세 ③ … 이 자세는 성기 결합이 약간 어렵다. 그래서 ①의 자세에서 일단 성기의 결합을 한 다음에 ③의 자세로 변화를 하는 것이 좋다. ①의 자세보다 성기의 결합이 깊게 이루어지지 않음에도 이 자세를 취하는 이유는 ①보다 질구

가 좁아지므로 음경 자극의 효과가 크다는 것과 외음부가 밑으로 위치하게 되므로 음핵이 받는 자극의 농도가 짙다는 것이다.

◎ 자세 ④ … 이것은 두 다리를 붙여서 똑바로 편 자세다. ③보다도 한층 더 질구가 좁아지므로 음경을 완전히 포착할 수가 있어 남성에 만족감을 줌은 물론 여성 자신의 음핵 자극도 ③의 경우보다 훨씬 강하다. 그래서 이 자세는 남성의 음경이 여성의 질에 대한 균형을 이루지 못하고 작을 경우에 좋다.

◎ 자세 ⑤ … 양 손으로 자기의 발목을 잡아서 안은 형태인데 상반신을 서로 밀착시키지 못하는 단점이 있지만 성기의 결합이 깊게 형성되므로 성교 운동 시에 간혹 생기는 바람소리는 나지 않는다. 음핵의 자극도 상당히 강하여 경산부에게 좋고 성기의 결합에서 오는 불균형을 거의 없앨 수 있다.

◎ 자세 ⑥ … 여성의 다리가 상당히 많이 벌어져 있어서 성기 결합은 쉽게 이루어지지만 질구가 너무 넓어지는 탓으로 질 내에 공기가 들어가서 성교 운동 시에 간혹 바람소리를 내기도 한다. 그러나 남성의 운동에 때라서 자연적으로 하체가 동요하는 까닭에 협동 운동을 쉽게 배울 수 있다.

◎ 자세 ⑦ … ②와 ⑤의 중간을 취한 것으로 다리를 높이

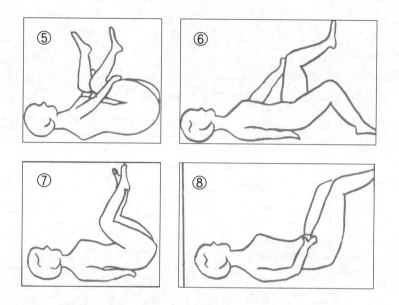

들어 남성의 어깨 위에다 무릎을 갖다 대는 형식이다. 그러므로 이 자세에서의 성기 결합은 깊은 수직 상태가 되고 성교 운동으로 인하여 여성의 협력 운동에 참여되는 것이 어느 자세보다 심하게 된다. 그러나 너무 심한 대퇴부의 개방은 좋지 않다.

　◎ 자세 ⑧ … 상반신을 밀착시킬 수 있도록 하여 여성의 두 다리를 붙여서 남성의 허리에 걸칠 수 있도록 허리를 좌우의 한 쪽으로 돌리는 자세다. ⑦보다 성기 결합은 깊지 못하나 다른 각도의 결합에서 오는 자극이 풍부한 장점이 된다. 이 자세는 비만 체질의 여성이 이용하기에 적합하다.

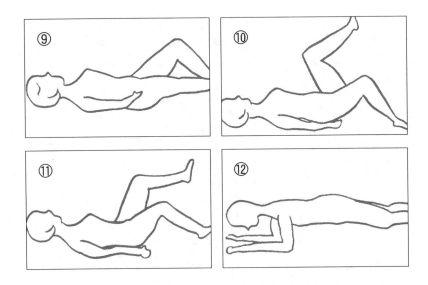

◎ 자세 ⑨ … ①과 ③의 복합형으로서 한쪽 다리를 똑바로 뻗고 나머지 한쪽은 세우는 자세다. 질구는 ①의 경우보다 훨씬 좁아지고 세운 다리 쪽의 질벽에 강한 자극을 받을수 있다.

◎ 자세 ⑩ … ①과 ⑦의 복합형. 이 경우에 들어 올려서 남성의 어깨에 있는 다리는 ②의 경우와 같이 남성의 허리 부분을 껴안아도 좋다.

◎ 자세 ⑪ … ①과 ⑤의 복합형. 세워 올린 다리와 들어 올린 다리는 가급적 각도를 줄여서 거의 바로 뻗은 것과 비슷하게 하는 편이 좋을 듯 하다.
지금까지는 여성 앙와위의 자세 중에서 여성이 취하는 자세

를 살펴보았는데 그러면 다음에는 남성이 취하는 자세를 알
아보자.

◎ 자세 ⑫ … 이 자세는 남성의 체위 중에서 가장 기본적인
것으로서 상반신을 최대한 밀착시킬 수 있다. 이렇게 되면 여
성의 유방을 성교 운동 시에 자극시킬 수 있고 얼굴의 접촉
에 따른 키스는 물론 유방에 대한 키스와 한쪽 손을 자유롭
게 쓸 수 있어서 유방의 애무가 좋아진다. 그러나 이 자세의
결점은 운동 범위가 좁고 상반신을 여성에게 얹어 있는 시간
이 길면 여성이 그 무게의 부담이 커진다는 것이다.

◎ 자세 ⑬ … ⑫의 자세에서 상체를 이탈시켜 성교 행위의
범위를 넓히는 한편 위에 있는 남성의 체중을 여성에게 증가
시키지 않으려는 자세이다. 이 자세의 단점은 애무와 키스 등
을 하지 못하는 반면에 장점으로는 여성의 상반신을 눈으로
볼 수 있으며 나아가서는 두 성기의 결합된 모양까지도 보게

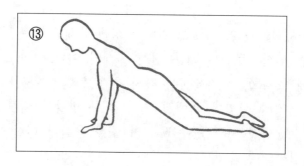

되므로 남성의 시각이 받는 성감이 충분하여 진다는 점이다.

◎ 자세 ⑭ ··· 이는 남성이 한 쪽의 팔을 자유롭게 사용하기 위해서 한 쪽의 다리를 ⑬의 자세로부터 약간 구부려서 몸의 중심을 취한 자세이다. 두 성기의 결합은 ⑬보다 깊지 못하지

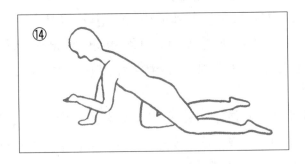

만 성교 행동 시에 손이 자유롭기 때문에 유방의 애무에 사용할 수 있다. 가장 알맞은 여성의 자세는 ⑥이다.

◎ 자세 ⑮ ··· 이 자세는 거의 여성에게 체중의 부담을 주지 않지만 남성으로 보아서는 편한 자세가 아니고 성교 운동의 도중에 ⑫나 ⑬의 자세에서 잠시 취해 볼만한 자세다. 이 자세는 음경의 삽입이 위에서 거의 직선 방향이 되므로 질벽 뒷부분에 심한 자극을 주게 되며 또한 음핵에 대한 자극 효과도 훨씬 커진다.

　◎ 자세 ⑯ … ⑭의 자세는 성기 결합이 깊지 못하므로 이를
보완하기 위한 자세가 바로 이 자세다. 구부린 한 쪽의 다리
를 훨씬 앞으로 내밀어서 성기 결합을 더욱 깊게 하며 여성
자세의 ③과 ④에 결부시킴이 좋을 것이다.

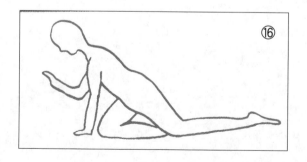

이 외에도 남성 앙와위(仰臥位)등 무려 60~70종류의 형태가 있으나 여기서는 생략키로 한다.

◈ 제 13 부 ◈

임신 · 출산 · 육아

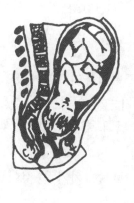

1. 임신의 증세

임신이 되었다면 대략 다음과 같은 여러 가지 증세가 나타난다.

우선 매달 있어야 할 월경이 정지된다. 만일 평소에 체온을 매일 측정하고 이것을 기록해 두었다면, 그 체온에 변화가 나타난다. 평상시에는 저온기(低溫期)와 고온기(高溫期)가 일정한 기간을 두고 반복되지만, 고온기가 계속되면 임신이 되었다고 일단 생각할 수 있다.

어느 정도 시일이 경과되면 육체적 변화가 생긴다. 그 두드러진 징후는 유두나 유방의 변화이다. 유두, 다시 말해서 젖꼭지가 촉감에 민감해지고 때로는 아픔을 느끼며 유두와 그 둘레 일대의 피부 색깔이 갈색으로 바뀐다.

이른바 입덧이 생긴다. 이것은 개인차가 심하고 증세도 여러 가지 이지만 대체로 식욕이 없고 별것도 아닌 냄새에 욕지기가 나거나 심하면 토하기까지 한다. 특히 공복시에 이 증세가 심하며 헛구역질이 자꾸 생기는데 어느 정도 시기가 지나면 저절로 가라앉는다.

따라서 입덧이 나고 식욕이 없을 때에는 억지로 먹으려 하지 말고 입맛이 당기는게 있다면 그것을 조금씩 여러번 나눠 먹도록 한다. 뭐니 뭐니 해도 건강이 중요하므로 절식(絶息)은 모체에 해롭다.

대개 따뜻한 음식보다는 차가운 것이 구미에 맞는 수가 많은데, 영양가가 많고 소화가 잘되는, 시원한 과즙(果汁)이나 토스트와 같은 경음식이 좋을 것이다. 수면 부족과 피로역시 몸의 이조(異調)를 가져오기 쉬우므로 조심할 것.

대개 임신이 되었다 자각하면 병원을 찾기 마련인데 조기에 임신을 발견하고 거기에 대비하는 것도 좋다.

대비는 주로 임신부로서의 영양 섭취와 과로를 피하는 일인데, 단백질・칼슘・인과 철분 비타민류를 평상시처럼 섭취하면 된다. 그리고 적당한 운동도 필요하며 잦은 피로감이나 심한 신체적 쇠약이 있을 때에는 지체 없이 의사의 진단을 받고 그 지도를 따르면 된다. 이 때 주의할 것은 임신이 자연의 생리적 현상이므로 너무 지나치게 신경과민이 되거나 걱정할 필요는 없는 것이다.

최근의 연구에 의하면 임신부가 담배를 피우거나 알코올류를 먹게 되면 태아에 악영향을 준다고 한다. 만일 흡연이나 음주의 습관이 있다면 이것을 되도록 절제하는 것이 좋으리라.

2. 임신 중의 몸가짐

앞에서도 말했지만 임신은 병이 아니므로 평소의 생활 패턴을 굳이 바꿀 필요는 없다. 다만 몸에 무리가 가지 않도록 조심하고 의사의 정기 진단을 받아 가면서 그 지시를 따르면 큰 잘못이 없을 줄로 안다.

주부로써 매일 하는 취사 · 소제 · 세탁 등도 가족의 이해와 협조를 받아가며 무리가 오지 않도록 수행한다. 임신 중에는 몸의 저항력이 약해지기 때문에 감기나 몸살이 나기 쉽지만 활동적인 임신부일수록 아기도 순조롭게 낳을 수 있다는 것을 생각할 때 오히려 지나친 안정이나 몸조리가 해롭기조차 한 것이다.

부엌일만 하더라도 오래 서서 일을 하면 혈행이 순조롭지 못하여 다리 같은 곳에 부종이 생기며 핏줄기가 서게 된다. 이런 것을 미리 상식적으로 판단하고 조심하면 얼마든지 피할 수 있다. 또 임신중기에 이르러 엎드려서 걸레질을 오래 한다든가 많은 양의 빨래를 한다던가 하여 복부를 압박하게 되면 유산·조산의 원인이 되는 수가 있다.

또 높은 곳의 물건을 내리거나 무거운 것을 들거나 찬 곳에 오래 서 있으면 유산하기 쉽지만, 그것도 정도 문제이지 이런 것으로 일일이 유산한다면 그 몸이 어지간한 허약 체질일 것이다. 요는 적당한 운동이 오히려 태아를 건강하게 자라도록 하고 모체도 출산을 이겨낼 건강한 체질이 된다는 걸 명심하기 바란다.

또 임신 5개월 전후가 되면 복대(腹帶)를 하게 되는데, 이것은 배의 보온과 태아의 위치를 고정시키는데 목적이 있어 필요하다. 그러나 직업여성으로서 배가 불룩해지는 것을 막기 위해 필요이상 단단히 졸라매는 사람이 있는데, 이것은 금물·(禁物)이다. 임신 증세는 숨길 필요가 없는 것이며, 잔뜩 졸라맨다면 태아에게도 나쁠 뿐 아니라 모체의 혈행을 저해(沮害)하여 부종이 생긴다. 그러므로 복대는 꼭 필요한 것이되, 단단히 졸라매서는 안 되는 것이다. 복대를 하는 요령은 무명으로 열 자 정도의 폭을 반으로 접어서 감는다. 한쪽 끝을 한 바퀴 두른 뒤 안을 밖으로 뒤집어 다시 두르고, 핀으로 고정시키면 된다. 복대를 감는 높이는 하복부로서 그 위쪽은 하여도 별 효과가 없다.

임신 중의 나들이나 여행은 임신 초기(4개월 미만)와 임신 후반기(9개월~산월)를 제외하고서 무방하지만, 될 수 있는 한 다수의 사람이 모인 곳이나 공기가 탁한 곳을 피한다. 그렇지만 장거리 여행은 피하는 게 좋고 특히 심하게 흔들리는 시골길의 버스 여행은 유산의 염려가 있으므로 주의해야한다. 임신이 산월에 가까워지면, 배가 점점 불러오기 때문에 가슴이 답답하고 몸놀리기가 귀찮아진다. 이때는 물론 평소보다 많은 휴식이 필요하지만, 가능한 한 몸을 움직이고 가벼운 산책 같은 것을 권하고 싶다. 그리고 한 가지 잠은 충분히 자도록 해야 하겠다.

3. 임신 중의 위생

임신 중에 몸을 불결하게 하면 여러 가지 질병의 원인이 되기도 한다. 그러므로 항상 깨끗이 빨은 옷과 몸을 깨끗이 해야 한다.

먼저 유방인데, 초산일 경우 젖꼭지가 연약하다면 아기가 젖을 빨때 아픔을 느끼고 또 상처가 나거나 하면 거기서부터 균이 침입하여 유종염(乳腫炎)을 일으키는 수가 있다. 이와 같은 것을 예방하기 위해 평소부터 젖꼭지를 깨끗이 하고 약간 젖꼭지가 나오도록 손으로 잡아당긴다. 이것을 매일 계속하면 젖꼭지에 저항력이 생기고 튼튼해지며 아기가 세게 빨아도 아프지가 않다. 또 10퍼센트 가량의 붕산수로 젖꼭지를 자주 닦고 가벼운 마사지를 해주는 것도 좋다. 이 때 알코올로 닦으면 살갗이 너무 메말라 트기 쉬우니 조심할 것.

임신 후반기가 가까워지면 자궁이나 질에서 많은 분비물이 나오는데, 이것은 별 이상이 있는 것이 아니므로 걱정할 것은 없으나 외음부가 불결해지므로 짓무르거나 가렵게 된다. 그러므로 특히 여름철에는 자주 목욕을 함과 동시에 10퍼센트의 붕산수로 가볍게 씻어내도록. 이때 질 내까지 탈지면이나 가아제를 넣지 않도록 외부만 닦는게 좋다. 균이 들어갈 염려가 있기 때문이다. 만일 분비물이 악취를 풍기거나 색깔이 이상하다면 다른 원인이 있을 수 있으므로 의사의 진찰을 받아 적절히 조치할 것.

4. 임신 중의 성생활

임신 중에는 성생활을 되도록 삼가하는게 원칙이다. 가령 임신 초기(2~4개월)는 태반(胎盤)이 자궁에 완전히 밀착되어 있지 않기 때문에 작은 자극에도 유산될 염려가 있다. 이시기에 성교를 하면 자궁의 충혈을 가져오거나 충돌 감을 주어 자연히 유산되기 쉬운 것이다.

그러나 4개월 이후엔 비교적 태반도 안정되고 밀착돼 있으므로 과격한 성교가 아니면 무방하다. 그러다가 8개월 이후가 되면 자궁 근육이 수축되고 그 때문에 진통을 유발하는 수가 있으므로 조산의 염려가 또한 있다. 또 임신부 자신 복부의 압박을 싫어하므로 성생활의 지혜를 발휘하여 후향위(後向位)등, 어디까지나 아내를 위한다는 마음으로 적절한 성생활의 절제를 하기 바란다. 그러나 10개월째인 산월에는 절대로 성교를 하면 안 된다. 신혼 초라 하더라도 이해와 인내로 이것을 극복하도록.

5. 임신 중의 질병

①유산 = 습관성 유산이 되면 큰일이지만 대개는 난소의 기능부진으로 일어나는 수가 많다. 만일 습관성이라면 심리적·생리적 요소가 가미되었으므로 그 원인을 발견하여 제거하도록 힘쓰고 의사의 지도를 받는다.

②자궁외 임신 = 이것은 별로 많은 일은 아니지만 알아두는 게 좋다. 즉 수정란이 자궁 외의 장소, 이를 테면 난관(卵管)에 착상(着床)하는 경우를 말한다. 만일 자궁외 임신이 되었다면 임신 초기인 2주일 내지 2개월 이내에 출혈을 보며 터져 나오는데, 뱃속에서 내출혈을 일으키는 까닭에 몹시 배가 아프며 심지어 임신부가 까무러친다. 만일 이 수정란이 그대로 자란다면 모체의 생명까지 앗아가는 무서운 원인이 되므로 배가 몹시 아프다든가 자궁출혈이 있으면 의사의 진단을 받아야 한다. 특히 만성 난관염을 앓든가 10여년 임신되지 않던 사람이 이 병에 걸리기 쉽다.

③각종 성병 = 성병 중에서 매독이 제일 무섭다. 왜냐하면 죄 없는 태아에 까지 이것이 전염되어 태어났다 하더라도 곧 죽거나 정상적인 발육을 못하게 된다. 그러므로 임신이 되었다 할 때 매독의 감염 여부를 불문하고 그 검사를 받아야하며 그 결과에 때라 조치한다. 만일 임신 후기에 매독이 감염되었다면, 잠복기간이 긴만큼 태아에게 비록 영향이 없다 하

더라도 절대로 모유(母乳)를 먹여서는 안 된다.

매독은 임질과는 달리 잠복기간이 긴 것이므로(가정 소사전 참조) 본인도 처음에는 모르는 수가 많다. 만일 남편이 아내의 임신기간에 그 성욕을 참지 못하고 불결한 성관계를 가져 이와 같은 무서운 성병을 감염시켰다면 그는 남편의 자격이 없는 사람이라 할 것이다. 성병, 특히 매독은 그만큼 무서운 것이다.

또 임질은 임신중 이것에 걸리면 조산의 원인이 되기 쉽다. 태아에게 감염되는 일은 없으나 출산시 임균이 아기의 눈에 들어가 실명(失明)하는 일이 있으므로 역시 무서운 병이다. 이 눈병의 예방으로 병원에서는 출산후 곧 조치를 강구하기 때문에 안심이지만, 가정에서는 위험하다.

또 여성의 임질이 난관까지 침범되지 않았을 때에는 간단히 치료되지만, 나팔관까지 침입했다면 불임증이나 자궁외 임신의 원인이 되므로 조기에 철저한 치료를 함은 물론이거니와 앞에서도 말한 그런 원인을 만들지 말아야 할 것이다. 또 임질은 불결한 대중탕에서 감염되는 일도 있으므로 이 점을 유의 하도록.

④결핵 = 임신부의 결핵은 태아에게 전염되지 않지만, 병세가 초기 이상의 사람이 임신을 하면 결핵이 더욱 진행되기 쉽고 특히 산후에 악화되기 쉬우므로 가급적 임신을 피하는 게 안전하다. 그러나 꼭 아기를 갖고 싶을 때에는 임신 중과 산후에 의사의 충분한 감독과 치료가 필요하다.

⑤**임신 중독증** = 임신중 부종이 심하든가 오줌에 단백질이 있다든가 혈압이 높다든가 하는 증세를 나타내는 병인데, 조기에 발견하여 적절한 치료를 받으면 아무런 걱정은 없지만 그대로 버려두면 임신 말기에 가서 무서운 자간(子癎)의 원인이 된다. 또 태아의 발육이 나쁘고 조산, 유산의 원인이 되기 쉽다.

예방으로는 과로를 피하고 충분한 수면과 하반신을 차게 하지 않는다. 또 편식이나 자극성의 음식을 먹지 않는다. 그래도 부기가 빠지지 않거나 현기증이 있거나 하면 의사의 지시를 받는다.

⑥**신장병** = 임신 후반기 오줌의 양이 적어지고 단백질이 많이 나오며, 부기가 다리·음부·얼굴 등에 생기고 혈압이 높아진다. 그러다가 자연히 없어지기도 하나, 만성 신염(腎炎)이 있는 사람은 이 증세가 다른 병을 일으키기 쉬우므로 피임하는게 안전하다.

⑦**자간** = 임신중독증 등이 악화되어 임신말기·분만시·분만후 돌연 발작을 일으켜 산모가 실신상태에 빠지는 병이다. 그 선구적(先驅的) 증세는 부종이 심하고 오줌에 단백질이 섞여 나오고 혈압이 높고 심한 두통이 있고 구역질이 자주 생기고 어지럽거나 불면증이 생기고 갑자기 눈앞이 캄캄해지거나 한다. 이상과 같은 증세가 있을 때에는 적절한 치료를 받아야 하겠지만, 이 발작이 일어나면 마치 지랄병과 같은 상

태를 보이는 것이다. 발작의 횟수는 사람에 따라 다르지만 보통 8~10회이고 심한 경우는 수십 번 되풀이 한다.

이 발작이 일어나면 절대 안정이 필요하다. 자극을 피하기 위해 방을 어둡게 하고 이뇨제(利尿劑)·강심제·혈압강하제 등을 사용한다. 물론 의사의 지도가 필요하다.

자간은 발작을 거듭하는 사이 산모가 사망을 하는 수가 있고, 만일 분만 전이라면 의사의 판단에 따라 제왕절개(帝王切開) 수술을 감행하여 조기 출산을 시도하는 것이다.

6. 출산준비

①출산 예정일의 산출 = 그 방법은 대략 세 가지가 있다. 첫째 최종 월경의 첫날인 날짜에 7일을 더하기 하고, 최종 월경의 달수에 9개월을 가산하면 된다. 두 번째 방법은 태동(胎動)을 자각한 날부터 20주일을 더하기 한다. 세 번째로는 수정(受精)이 되었다고 생각되는 날짜에 273일을 가산한다. 만일 그 날짜가 확실치 못하다면 최종 월경의 첫날부터 280일째로 잡는다.

물론 이것은 어디까지나「예정일」이고 실테에 있어선 예정일 전후 2주일로 보면 된다. 예정일을 훨씬, 한 달 이상이나 넘는 일도 있는데 걱정할 필요는 없다.

② 아기의 옷장만 = 임신 7개월만 되면 여러 가지 출산 준비를 시작한다. 먼저 〈배냇저고리〉아기에게 옷을 갈아입히기

좋도록, 품도 넉넉히, 소매도 훨씬 넓게 만드는 게 좋다. 저고 리는 적어도 가제로 만든 속옷 두 벌, 융으로 만든 것 두 벌, 솜을 두어 누빈것 두 벌 정도는 준비해야 하며 특히 겨울철 에는 깃을 달고 발까지 푹 싸이도록 길게 만든다. 여름에는 시원한 천으로 깃 없이 소매도 짧게, 그 대신 넓게 만든다. 천 은 백색이 보통이다.

〈기저귀〉 기저귀는 적어도 열개내지 스무 개를 만드는데 기 저귀 싸개도 준비한다.

〈아기용 침구〉 아기용 이불은 가볍고 부드럽고 따뜻한 것이 라야 하며, 목이 닿는 부분은 둥글게 도려내서 어깨까지 푹 싸이도록 하면 좋으리라.

요는 여름철 타월 천으로 커버를 해 씌우는 게 좋고 베개도 납작하고 편하게 만들어 예쁜 커버를 씌운다.

〈기타 필요한 것〉 융으로 아기를 싸는 것을 두 장 정도 만들 고 아기의 목욕 타월도 큰 것과 작은 것을 각각 하나씩 준비 한다. 또 배꼽 띠도 만들어야 할 것이다.

7. 분만

도시에서는 대개 병원에 가서 낳거나 산파의 도움을 빌려 아기를 낳지만, 여기서는 주로 가정에서 낳는다고 상정(想定) 하여 설명하겠다.

출산이 가깝고 진통이 시작되면 경험 많은 분이 아기를 받 게 된다. 이때 산실(産室)로 쓰는 방에서 불필요한 물건을 다른 방에 옮기고 분만을 돕는 사람이 활동하기 쉽도록 한다. 그리고 필요한 모든 물건들을 잘 정리하여 준비해 둔다.

그 필요한 물건이란 가정에 따라 다르겠지만, 적어도 아기의 배내저고리·기저귀·기저귀싸게·아기의 침구 그리고 전기불이 갑자기 나갔을 때를 대비하여 촛대와 초·성냥·회중전등 따위를 준비한다. 그밖에 소독약(=알콜올과 머큐롬)·세숫대야·복대·낡은 신문지와 기름종이·타월(큰 것과 작은 것, 여유 있게)·가위·탈지면·실·체온계 등은 꼭 있어야 할 것이다.

드디어 분만이 가까워지면 산모를 요에 기름종이를 깔고 이 위에 헌 홑이불 따위를 깔아둔다. 방의 온도는 너무 덥지 않도록 한다.

임신부는 진통이 시작되기전 목욕이나 뒷물을 하고 반드시 용변을 보도록 한다. 뒷간에 가면 위험하므로 실내에서 변기를 사용한다. 만일 방에 보온용으로 난로나 화로 따위를 준비했다면 냄새가 나지 않아야 하고 주전자를 올려놓아 방이 건조하지 않도록 한다.

도시의 병원에서는 이른바「무통분만법」이라는 것이 시도되고 있지만, 진통은 어머니로써 겪는 아픔이므로 먼저 공포감을 없애고 확고한 신념을 갖는게 필요하다. 즉「아프지 않고 아기를 낳는 일은 없다」고 생각한다.

진통이 올 때에는 심호흡을 하여 크게 숨을 내쉬는 동작을 반복하면, 정신도 안정되고 자궁의 수축도 돕게 된다. 이때, 누군가 남편이라도 좋다. 옆에 있고 손을 잡아주어 안도감을 주는 게 바람직하다. 너무 아프다고 큰 소리로 울거나 소리 지르면 오히려 힘만 소모 시켜 기운이 빠지고 분만을 더디게 만들 뿐이다.

가족도 이런 점을 고려하여 필요 없는 초조감이나 불안감을 임신부에게 보여선 안된다. 되도록 명랑하게 위안을 해두고 「걱정 없다」는 암시를 주는 것도 좋다.

드디어 분만을 하고 태아의 탯줄을 자를 때에는 소독한 가위로 잘라야 한다. 외국에서는 짧게 3~5센티 정도로 자르는데, 우리에 풍속으로는 보통 아이의 무릎까지의 길이로 자른다. 그래야만 아기의 명도 길고 오줌도 싸지 않는다나. 어쨌든 길게 자르면 배꼽 떨어지는 기간이 길고 그 때문에 여려 가지 세균이 감염되는 기회도 많아지는 것이다.

태는 태아 분만 후 10~30분이면 대게 나온다. 이 후산이 늦어지는 까닭은 임부의 힘이 지쳤을 때인데, 이것만 보더라도 불필요한 체력 낭비는 삼가야 한다. 후산이 늦다고 탯줄을 억지로 잡아당기거나 하면 출혈이 심해지거나 자궁이 뒤집혀 위험한 결과를 가져온다. 어디까지나 끈기 있게 기다려야 한다.

완전히 후산이 끝났다면 외음부를 머큐롬으로 소독하고 깨끗한 탈지면을 대고서 지혈대(止血帶)를 채워준다.

대개 분만을 10여 시간의 괴로운 노력을 하는 셈인데, 이 때 첫국밥이 들어오면 억지로 권할 것은 없고 국물만 떠 먹여준다. 그리고 우선 잠을 자게 할 것이며 절대 안정을 시켜야 한다. 이때 초산부보다 경산부는 훗배앓이가 심한데 그 아픔으로 잠을 못 이룬다면 아스피린을 먹으면 된다.

산모를 편하게 해주었다면, 아기의 목욕부터 시킨다. 갓 낳은 아기에는 태지(胎脂)라는 것이 온몸에 묻어 있으므로 올리브유 따위를 솜에 묻혀 그걸로 기름기를 살살 벗기고 자극성이 적은 아기용 비누로 씻어준다. 씻고 난뒤 배꼽에 가제를 대고 배꼽싸개로 감아준다.

옛날에는 삼칠일 동안 잡인(雜人)의 출입은 물론이고 산모 곁에 남자를 얼씬도 못하게 했다. 이것은 오랜 경험에 의한 조치로서 그럴만한 이유가 있다.

즉 산모는 분만으로 생긴 성기와 온몸의 변화가 회복되기까지 보통 6~8주일이 소요(所要)되는 것이다. 또 이 회복은 분만을 정상적으로 치르고 아무 탈 없이 지내야만 빠르다. 여기서 한 가지 말할 것은 요즘 자기 자신의 미용(美容)에 치중한 나머지 모유를 일체 먹이지 않는 사람이 있는데, 모유를 먹이지 않으면 이 회복도 늦고 아기로서도 이상적이 못되는 것이다.

8. 산욕중의 섭생

①자궁의 회복 = 해산 후 하루 이틀은 똑바로 누워 절대 안정을 해야 하지만, 자궁의 위치를 바로 잡기 위해 옆으로도 번갈아 바꿔 누워 한쪽으로 치우치지 않게 한다. 훗배가 아픈 것은 자궁의 수축에서 오는 것이라 걱정될게 없지만, 진통이 마냥 심하다면 약을 먹는다.

②악로 = 산욕기간 자궁이나 질에서 나오는 분비물을 악로 (惡露)라고 한다. 이틀 동안 대개 피가 나오고 때로는 핏덩어리가 나오는데 이것도 3~4일 지나면 점점 피가 적어지고 불그스름한 것이 나온다.

2주일이 지나면 점점 빛이 엷어지고 흰 색깔을 띤다. 대개 3~4주일이면 깨끗이 없어지는데, 오래 계속되거나 이따금 양이 많아지거나 악취가 풍기거나 하면 조리를 잘못하여 자궁에 이상이 생긴 것이다. 그러므로 해산 후 2~3일은 식사도 누워서 하고 1주일이 지난 다음에야 방안에서 일어나 움직인다.

③수유 = 정상 분만 후 24시간이면 첫 젖을 아기에게 먹인다. 그러나 건강한 아기는 10시간만 지나도 벌써 젖을 찾으며 운다.

이 때는 미처 젖이 나오지 않으므로 따뜻한 물에 설탕을 타서 가아제에 적시고 아기 입에 대어준다. 24시간이 지나면 젖이 돌지 않더라도 아기에게 물려준다. 이렇게 함으로서 자궁의 수축도 빨리 되고 젖도 빨리 나온다. 이 때 나오는 맑은 물 같은 젖은 설사약 같은 역할을 하여 아기의 태변(胎便)을 배설시키고 여러 가지 병의 면역이 되는 것이다. 젖꼭지는 젖 먹일 때마다 깨끗이 닦아 물려야 하며, 불결하면 유선 염을 일으키기 쉽다. 젖은 3시간 간격으로 먹이는게 원칙이지만 젖의 양에 따라 다르므로 아기의 배고픔 정도에 따라 적절히 조절한다.

④목욕 = 산욕의 초기에는 뜨거운 물로 쥐어짠 수건으로 몸을 닦지만, 3주일이 지나면 머리도 감고 7주일 이후이면 목욕도 할 수 있다.

⑤성생활 = 해산 후 7주일이 지나기 전에는 아직도 몸이 완전치 않으므로 성교를 금해야 한다.

9. 신생아의 증세 및 취급

아기의 방은 습도가 있는 따뜻한 실내 온도(22도 전후)가 유지되어야 하며 필요 없는 사람이 드나들면 좋지 않다. 신생아는 아직 모든 면에서 저항력이 약하기 때문이다.

①신생아의 황달 = 생후 2~3일 되면 얼굴 특히 코언저리·이마·가슴 같은 곳에 노란 황달이 나타난다. 신생아에 으레 있는 증세로 걱정할 필요는 없다. 대체로 2주일 정도면 사라진다.

②체중 = 분만뒤 3~4일간은 체중이 오히려 줄어드는데, 빠르면 1주일 늦어도 2주일이면 제 몸무게를 되찾는다. 배꼽의 태는 생후 1주일이 지나면 말라서 저절로 떨어진다. 만일 짓무르거나 하면 소독하고 빨리 건조되도록 한다.

③오줌과 대변 = 생후 첫날은 오줌의 양도 적으나 젖을 많

이 먹음에 따라 차츰 늘어난다. 생후 2~3일 지나면 푸르고 검은똥을 누는데 그 뒤 차츰 노란빛을 띄어간다. 때로는 산모가 섭취하는 식품 등에 따라 푸른똥을 눌 때도 있으나 어머니의 젖을 먹는 한 너무 걱정할 필요는 없다.

④목욕 = 갓난아기는 3주일 정도까지 특별한 건강상의 지장이 없는 한 매일 목욕을 시킨다. 목욕시킨 뒤에는 배꼽 · 겨드랑이 · 목언저리등 짓무르기 쉬운 곳에 파우더를 뿌려준다. 옷은 가볍고 부드러운 걸로서 매일 갈아입힌다.

10. 젖에 대한 상식, 기타

해산 직후, 특히 초산일 때에는 젖이 적지만 아기에게 젖을 빨림에 따라 차츰 느는게 보통이다.

선천적으로 젖이 잘 나오지 않는 사람은 할 수 없지만, 젖이란 산모의 건강 또는 정신적 상태에 따라 영양을 받으므로 주의해야 한다. 심한 근심 걱정과 불안 · 공포 · 흥분 · 긴장 등도 젖의 분비에 영향을 주며 수면 부족과 지나친 과로도 젖이 나오지 않는다.

그러므로 젖을 잘 나오게 하려면 전기의 정신상태가 없어야 하며 충분한 모체의 건강이 유지되어야 한다. 그러자면 주로 알칼리성 식품을 많이 섭취해야 하는데 피로를 막기 위해서 꿀물이나 설탕물도 자주 보급해야 한다. 알칼리성 식품으로는 재래의 미역국이나 홍당무, 시금치 등도 좋다.

①우유를 먹일 경우 = 젖이 안 나오면 불과불 인공분유를 먹이게 된다. 그때 우유병과 고무젖꼭지를 단단히 소독해야 함은 물론이다. 깨끗한 물에 10~15분간 끓여 소독을 한다.

우유를 탈 때 물을 미리 주전자로 끓이고 식힌 다음 정확한 물 분량을 소독된 그릇에 붓고 여기에 분유를 탄다. 숟갈로 잘 저어 거품을 거둬내고 역시 소독된 병에 옮겨 먹인다. 먹일 때의 우유 온도는 아기의 체온과 같은 온도가 이상적이다. 또 먹다 남은 우유를 먹이기 쉬운데 이것은 변질의 우려가 있으므로 금하도록.

만일 아기의 대변이 무르다고 생각되면 설탕의 양을 줄이고, 설사를 하면 설탕을 타지 않는다. 그와 반대로 변이 너무 굳다면 설탕 양을 조금 늘린다. 생후 한 달이 지나면 미음이나 과즙을 우유에 조금씩 섞어서 먹여도 좋다.

②이유시기 = 5~6개월이 지나면 이유기(離乳期)가 되는데, 계속 젖이나 분유만 먹이고 이유식(離乳食)을 먹이지 않으면 오히려 아기의 발육을 해치게 된다. 따라서 이유기에 접어들면 차츰 다른 식품으로 영양을 보충하는 한편 젖을 떼도록 한다.

젖을 떼는 것도 갑자기 떼지 말고 서서히 시작해야 하며, 1년 만에 완전히 젖을 떼는 것이다. 젖을 떼자면 수유 시간을 점점 뜸하게 하면서 미음과 과즙을 주고 식성을 서서히 길들여야 한다.

그 구체적인 방법을 설명한다면, 오전 6시 모유 또는 분유.

오전 10시 암죽 40그램과 야채 스프 50cc와 우유 150cc. 정오에 과즙 50cc 오후 2시 달걀노른자 ⅓쯤 넣은 암죽 40그램과 모유나 우유 그리고 낮잠 자고난 뒤 과즙 또는 물 20cc. 오후 6시 모유 또는 분유. 오후 10시 모유 또는 분유 〈7개월 유아기 준〉 대개 이런 순서이다.

11. 어린이의 울음

아기는 모든 의사표시를 울음으로 나타낸다. 어머니는 흔히 아기가 울기만 하면 젖을 주는데, 아기의 울음이 무엇을 요구하는 것인지 잘 알아서 그 요구에 적절히 응해주어야 한다. 아기가 울 때는 배가 고프거나 어디가 아프거나 기저귀가 젖었거나 무엇인가 불만이 있을 때인데, 어머니는 세밀한 관찰로 이 울음의 원인을 알아야 한다.

배가 고프다면 아기는 대개 입을 우물거리고 낮은 소리로 가냘프게 운다. 갑자기 큰 목소리로 우는 법은 없다. 또 울면서 손가락을 빨기도 하고 고개를 이쪽저쪽으로 돌리며 운다.

졸릴 때라면 낮은 소리로 눈을 지그시 감고 띄엄띄엄 간헐적으로 운다.

아플 때라면 큰 목소리로 울고 손발을 오그리며 눈물을 많이 흘린다.

심히 아프다면 얼굴이 새파랗게 질리면서 운다.

놀랐다면 갑자기, 그것도 손발을 떨며 운다.

불만일 때에는 울음이 길고 폭발하듯이 운다. 이를테면 기저

귀가 젖었을 때, 손발이 자유롭지 못하거나 옷이 두껍고 더워
서 불쾌할 때 이런 울음을 한다.

⊕ 제 14 부 ⊕

체력증진의 약용주(藥用酒)
불로장수(不老長壽)
강장(強壯)·강정(強精)
피로회복(疲勞回復)

1. 약용주(藥用酒)와 그 담그는 법

약용주의 효과와 능률

약은 쓰는 방법에 따라 전신을 돌아 병원체에 도달하는 시간에 차이가 있다. 분말제라든가, 환약, 정제 등은 위를 통해서 장에 흡수된 다음, 비로소 전신을 돌아 병원체에 도달하므로 가장 효과가 늦다.

다음 액체라든가, 탕약이 있는데, 이는 위에서는 거의 머무르지 않고 장에서 흡수되므로 훨씬 빠른 효과가 나타난다.

그러나 이보다 더 빠른 것은 술에 녹인 약제이다. 이들은 위나 장에서 흡수되면 곧바로 전신을 돌아 병환부(病患部)에 도달하기 때문이다. 물론 주사의 경우는 직접 혈관 속에 주입하므로 가장 효과가 빠르지만 이것은 의사의 지시 아래 맞아야만 한다.

그러므로 보통 사람이 손쉽게 복용할 수 없다는 결점이 있으므로 전신에 약효를 운반하는 데는 약용주가 가장 간단하면서도 합리적인 방법이라 할 수 있겠다. 그래서 옛날부터 생약을 술에 넣어 성분을 침출, 그것을 의약으로 썼다는 이야기는 2천년 전의 옛날 의약서에도 기재되어 있다. 또 한방 의약에서도 많은 약용주가 쓰여지고 있다.

생약의 성분이나 약효가 거의 해명되어 가고 있는 현대, 더욱이 약용주를 만들기도 극히 용이하고 재료도 자유롭게 입수할 수 있으므로 스스로 여러 가지 술을 만들어 놓고 건강을 지키는 방법을 고안해 보는 것도 의의 있는 일이다.

스태미너를 기르는 약용주

생약의 종류는 3천여 종이 되지만 오늘날 실제로 한방의가 일상적인 질환에 쓰고 있는 것은 3백종 가량 밖에 안된다. 질환의 종류에 따라서 5종 8종 정도의 생약을 배합 처방해서 쓰고 있는 것이다.

그 중에는 쓴것, 신것, 약 냄새가 강한 것이 있어서, 향미(香味)보다는 치병을 주로 하여 만드므로 한약이라면 쓰거나 시다고 생각하기 쉽다. 그러나 모든 생약이 그렇게 마시기 거북한 것만은 아니다 향기가 짙고 달콤한 맛을 내는 생약도 상당수가 있는 것이다.

우리들의 일상생활에서는 몸의 컨디션이 무엇보다도 중요하다. 어깨가 결린다든가, 다리가 뻐근하다든가, 속이 쓰려서 식욕이 없다든가, 머리가 무겁다든가 하는 따위의 증세로 전신의 어딘가에 위화감(違和感)을 느끼면서도 막상 의사에게 찾아가서 진단을 받고 약을 복용할 정도는 안되는 건강의 부조화를 느끼는 사람이 많다. 이럴 경우에는 여기 소개하는 생약으로 만든 약용주를 복용하면 많은 효과를 볼 것이다.

식전에 한잔 또는 식후에 한잔 마시면 그날의 피로가 가시고 다음날 아침에는 컨디션도 좋아질 것이다. 이것은 사람들의 경험으로 증명된 바이다.

좋은 약용주 담그는 법

▶생약에 대해서

원료인 생약은 건재 한약국에서 전국적으로 시판되고 있다. 모두 건조시킨 것, 또는 반건조 시킨 것으로 거의 작은 토막으로 썰어 놓았다. 과실주에 쓰는 재료인 과실은 제철이 되어야만 입수할 수 있지만 생약의 경우에는 연중 어느 때라도 입수할 수 있다.

건재 한약방은 되도록이면 크고 번창한 한약방을 찾는 것이 좋다. 왜냐하면 약재가 잘 팔리는 곳이라야 새로운 것을 손에 넣을 수 있기 때문이다. 오래 묵어서 벌레가 생긴 것이나 냄새가 나는 것은 피해야 한다.

또 진달래주나 개나리주와 같이 꽃으로 담그는 화주(花酒)의 경우, 독초를 조심해야 한다.

원칙적으로 꽃은 어느 것으로나 술을 담글 수 있다. 그러나 산야에 절로 피어 있는 꽃 중에는 유독(有毒)한 것도 있다.

그러므로 독초가 아닐 지라도 자기 혼자의 판단으로 엉뚱한 꽃으로 술을 담그는 일이 없도록 충분히 관찰, 연구한 뒤에 이용 하도록 해야 할 것이다.

독초는 그렇게 많지가 않다. 또 치명적인 맹독 성분을 가지고 있는 것은 성탄꽃과에 속하는 바꽃류 등 한두 가지 정도에 불과하다. 그러나 일단 조심하는 것이 좋다.

또 화주를 담글 때에는 반쯤 필 때부터 개화(開花) 직후까지의 것을 써야한다. 만개(滿開)의 시기가 지나 버린 것은 부적당하다.

항상 신선한 꽃을 써야 좋은 화주가 된다. 화주는 빛깔과 함께 향기와 맛이 일품인 무드의 술이다. 특히 매화, 엉겅퀴, 원추리, 목련, 인동초, 제비꽃, 민들레, 해당화, 베고니아, 모란, 라일락, 난초, 연꽃 등으로 담근 술은 매우 풍미가 있다.

▶원주에 대해서

생약의 성분을 침출시키는 데는 아무래도 소주가 가장 좋다. 우리나라에서 시판되고 있는 소주는 주로 25도짜리이고, 30도 짜리는 주류 도매상에나 가야 구할 수가 있다. 약용주의 경우도 과실주와 마찬가지로 되도록이면 30도짜리를 쓰는 것이 좋다. 과실주에서는 1.8리터를 기준 단위로 사용했으나 약용주에서는 1리터를 기준으로 한다.

▶그릇(容器)에 대해서

시판되고 있는 아가리가 넓은 병을 써도 좋으나 빈 양주병이나 마요네즈병을 이용하는 것도 좋다. 한약재는 잘게 썰어서 팔고 있으므로 빈 양주병을 써도 무방하다.

양주병은 본래 술을 보존하기에 편리하게 고안되어 있으므로 약용주를 오래 간수하는 데는 이상적이다. 그 중에서도 빛깔이 있는 양주병이 빛이 차단되어 좋다. 또 코르크 마개로 된 것보다는 뚜껑을 돌려서 닫게 되어 있는 것이 더 밀봉이 완전히 되어서 좋다.

▶감미료에 대해서

약용주도 혼합주의 일종이다. 따라서 생약의 성분이 우러나도록 하는 데는 감미료가 아무런 도움을 주지 않는다. 오히려 처음부터 설탕을 넣는 경우에는 술 맛을 변질시키고 약효를 둔화시키는 결과를 초래할 수도 있으므로 숙성하기 전에는 절대로 감미료를 넣지 않도록 해야한다.

단맛이 필요할 때에는 마실때 알맞게 타면되는 것이다. 이
때도 너무 달게 하면 약용주마다 갖는 독특한 진미를 잃어
모두 비슷한 단맛으로 변하기 쉽다.

또한 칵테일해서 마시는 경우에도 칵테일한 다음 알맞게 단
맛을 내는 것이 맛있는 술을 만드는 요령이다. 감미료는 보통
설탕을 많이 쓰고 있으나, 벌꿀이나 과당을 쓰면 더욱 좋은
효과를 낼 수 있다.

▶보존(保存) 방법에 대해서

소주 속에 생약을 넣어 냉암소에 일정 기간 놓아두면 생약
의 성분이 완전히 우러난다. 침출이 끝나는 시기는 대개 1~3
개월 정도로 이 기간이 지나면 바로 건더기를 꺼내어 짜서
버리고, 술은 걸러서 다른 병에 보관한다.

생약을 그대로 두면 한번 우러난 성분이 반대로 생약으로
흡수되어 버리는 현상이 일어나기 때문이다. 그러나 마늘, 구
기, 인삼 따위는 재료를 건져내지 않고 그대로 두더라도 진미
가 계속 우러나기 때문에 아주 풍미가 좋아진다.

▶용량과 용법에 대해서

약용주는 하루에 소주잔으로 1~2잔(20~30cc)이 가장 적당
하다. 식전이나 식후, 또는 취침 전에 그대로 마셔도 좋고, 물
을 2배내지 3배정도 타서 마셔도 괜찮다.

이 용량에 알맞도록 생약의 양과 소주의 양을 가감하면서
너무 많이 마시지 않도록 주의 해야한다. 조금씩의 술을 오래

계속해서 마셔야 약용주의 효과를 볼 수 있기 때문이다.

본래 한방 의학은 어떠한 질병을 국소적(局所的)으로만 다루지 않고 전신적으로 다루는 근본 요법이다. 따라서 약을 쓰는데도 어느 기간 계속하지 않으면 큰 효과를 거둘 수 없는 경우가 있다. 체질 개선이나 만성 질환에는 물론, 그 밖의 질환에 있어서도 반년이나 1년 때로는 더 오랫동안 복용을 계속해야 될 경우도 얼마든지 있는 것이다. 약용주의 경우도 이와 마찬가지다.

한두 달 마셔 보다가 별 효과가 없다고 중단하지 말고 계속 꾸준히 마셔 나가야 한다. 그러다 보면 자신도 모르는 사이에 건강과 왕성한 스태미너를 되찾을 수 있는 것이다.

2. 불로장수(不老長壽)와 건강(健康)의 약용주

(1)하수오주(何首烏酒)

하수오는 통칭 은조롱, 새박뿌리라고 부르는데, 전국 각지에 야생하고 있으며 산기슭 양지나 들, 밭둑에서 자란다.

한방에서는 덩이뿌리를 봄과 가을에 채취하여 가늘게 쪼개어 햇볕에 말려 치풍(治風) 강장제로 사용한다. 성분을 분석해 보면 특별한 약효는 발견되지 않으나, 분석되지 않는 미지의 성분이 있어, 이들이 특유한 효과를 나타낸다고 한다.

중국의 이고(李　)가 쓴 (하수오전)에 보면,「하수오란 인물이 본래 생식기능이 약하고 병고에 시달렸으나 산 속에서 이 뿌리를 복용한 결과, 강건해져서 1백 30세에 이르기까지 머리가 검었으며, 1백 60세 까지 장수를 누렸다」는 기록이 있다.

또 다음과 같은 전설도 있다.

옛날 중국에 하공(何公)이란 왕이 있었는데 이 생약을 복용한 결과, 백발이 검은 머리가 되로 젊음을 되찾았다 한다. 그로부터 하공(何公)의 何, 머리를 뜻하는 首, 까마귀처럼 검다하여 鳥를 써서 「하수오(何首鳥)」란 이름이 붙었다는 것이다.

담그는 법

▶생약 하수오＝1백 그램 ▶소주＝1리터.

생것을 그대로 담가도 약효에는 영향이 별로 없으나 비릿한 냄새가 풍겨 마시기에 거북하다.

완전히 익히는데는 약 4개월 정도 걸리는데 그 때 건더기를 건져 내고 다른 병에 옮겨 보관하는 것이 좋다.

효 용

하수오 주요 성분은 레티신, 옥시메틸, 안트라히논, 질소, 전분, 지방, 광물질 등으로 구성되어 있다.

약효는 강장, 보건, 피로회복, 노인성 퇴화를 막을 뿐만 아니라 조혈 작용을 돕는다. 그리고 변비증이 있는 사람이나 모든 부인병에 뛰어난 효과가 있다. 용량은 하루에 소주잔으로 1~2잔을 한도로 하여 물에 타서 마신다. 식사 전후 또는 취침 전에 마시는 것이 좋다. 또 반주로 할 때에는 식사 도중에 감미료를 넣지 말고, 그대로 마시는 것이 약용주의 구실을 더하게 한다. 하수오주는 술 맛이 부드럽고 자극이 없지만 너무 평범하다고 생각되면 산미가 강한 과실주나 향기 짙은 다른 약용주와 섞어 마시는 것도 묘미가 있다.

(2)둥글레주(萎蕤酒)

둥글레는 괴물꽃 이라고도 불리는데, 전국의 산이나 들의 비옥한 곳에서 자라나는 백합과의 다년생 풀이다.

산백합과 비슷한 이 풀은 6~7월에 녹백색의 꽃이 피고 가을에 검은 열매를 맺는다.

생약 위유(萎蕤)는 뿌리, 줄기를 말린 것으로 그 성분은 아직 밝혀지지 않고 있다.

〈삼국지〉에 나오는 중국 고대의 명의 화타(華佗)가 산에 들어가 신선을 만났는데, 신선은 이 뿌리를 먹었기 때문에 1백세가 지났는데도 힘이 청년과 같이 펄펄 넘치는 것을 목격했다는 전설이 있다. 그래서 이 둥글레를 선인반(仙人飯)이라고 부르기도 한다.

아무튼 이런 전설 때문인지 이 위유는 중국에서는 물론 우리 나라에서도 수명 연장의 강정보건(強精保健)의 약으로 널리 이용되어 왔던 것이다.

둥글레는 중국, 일본 등지에도 널리 분포되어 있는데, 곳에 따라서는 땅속줄기를 식용하기도 한다.

담그는 법

▶생약 위유=4백 그램 ▶소주=1리터.

위유는 잘게 썬 것을 사용하는 것이 좋으며, 소주와 함께 병에 넣어 약 2개월쯤 저장한다. 그리하여 성분의 침출이 완전히 끝났다고 생각될 때 건더기를 낸다.

효 용

앞에서도 말했듯이 위유의 약리학적 성분은 아직 밝혀지지 않고 있다. 한방에서는 뿌리줄기를 봄과 가을에 채취하여 그늘에 말려서 치한(治寒), 평보제(平補劑), 해열, 완화, 자양 강장제 등으로 사용한다.

약용주로 사용하는 경우, 그 효과가 급격히 일어나지 않는다. 그러나 계속해서 오랫동안 복용할 경우에는 확실히 효험을 볼 수가 있다. 그러면서도 부작용이 전혀 없으므로 중년 이후의 사람들에게 권장할 만한 보건 약용주이다.

하루의 용량은 소주잔으로 1~2잔 정도가 좋은데, 식전이나 식후, 또는 취침 전에 마시도록 한다.

위유주는 혀에 닿으면 부드러운 감미가 느껴지는 온화한 약용주이다. 그러나 다소 변화를 주고 싶으면 산미가 강한 과실주나 향기 높은 약용주와, 섞어 마셔도 좋다.

(3)여정주(女貞酒)

광나무 열매를 여정이라고 하는데, 광나무는 상록수의 본래 중국이 소고목(小高木)으로 산지이다.

우리나라에도 제주, 전남, 울릉도 등지에서 자생하는데, 주로 산기슭에서 자라며, 여름에 새 가지 끝에 흰 꽃이 피고, 열매는 쥐똥처럼 검게 익는다.

이 열매를 종자와 함께 말린 것이 생약 여정실(女貞實)이다.

여정이란 상록수이기 때문에 사철잎의 빛깔이 변하지 않으므로 여자의 정조에 비유해서 그 준말인 여정(女貞)이라는 이름을 붙인 것이다. 이런 낭만적인 에피소드 때문에 예로부터 곧잘 시제(時題)에 오르기도 하였다. 이태백(李太白)의 〈추포음(秋浦吟)〉에도 여정에 대한 이야기가 나온다.

여정이 유럽에 흘러 들어간 때는 19세기이나 미국의 플로리다주에서는 산울타리용으로 많이 재배하고 있다.

여정은 또 씨만을 발라내어 커피 대용으로 사용하기도 한다.

여정실은 동지(冬至)무렵에 채취하여 술을 뿜어 쪄야 특히 약효가 있다고 한다.

담그는 법

▶생약 여정실＝백 그램 ▶소주＝1리터.

여정실을 소주와 함께 병에 넣고 단단히 밀봉해 두면 2개월 후에 완전히 우러난다. 이 때 건더기를 건져 내도록 한다. 생약 여정실은 건재 한약국에서 손쉽게 구할 수 있다.

효 용

여정의 성분은 과피의 부분에 마니트, 우르솔산, 올레아놀산, 아세틸올레아놀산 등으로 분석된다.

이러한 성분은 직접 강장이라든가 보건·회춘과는 별 관계가 없으나 이러한 성분과 과실 전체에 들어 있는 미지의 성분이 효과를 나타내는 것으로 추측되고 있을 뿐이다.

중국에서는 예로부터 오랫동안에 걸쳐 인체경험을 거듭한 끝에 정기를 기르고 백가지 병을 물리치며 오래 복용하면 살이 찌고 노쇠를 방지해 주는 약으로 전해 내려오고 있다.

여정주는 다소 냄새가 따르나, 극히 부드럽고 자극이 없는 술이다. 따라서 먹어 버릇하면 그 독특한 냄새에도 곧 익숙해지게 마련이다.

만약 냄새를 없애 버리고 싶으면 오가피주나 정향주를 조금 섞어 마시면 마시기 좋은 양주(良酒)가 된다.

(4)오가피주(五加皮酒)

오가피는 오갈피나무 뿌리의 껍질을 말린 생약재를 말한다. 오가피나무는 본래 중국이 원산지이나 우리나라에도 전역에 퍼져 자생하며 주로 산골짜기에서 자란다. 오갈피나무는 두릅나무 과에 속하는 낙엽활엽 관목으로 5월에 자주빛의 작은 꽃이 피고 열매는 타원형의 장과로 10월에 검게 익는다. 7월경 이 나무의 껍질과 뿌리를 채취하여 겉껍질을 벗기고 햇볕에 말린 것이 생약 오가피이다. 오가피는 독특한 방향이 있어 봄에 새순과 껍질을 채취하여 나물을 해먹기도 하고 차를 끓여 마시기도 한다.

중국에서는 예로부터 불로장생의 약재로 취급되어 고량주에 오가피를 넣어 오가피주를 만들어 마셨다.

이러한 전통은 오늘날에도 남아, 오가피주가 중국의 대표적

인 술로서 생산되고 있다. 그러나 요즘은 순수하게 오가피로
만 만들지는 않고 다른 약초와 함께 섞어서 만드는 것이 보
통이다.

담그는 법

▶생약 오가피＝80그램 ▶소주＝1리터.

오가피를 잘게 썰어 넣고 소주를 부은 다음 2개월가량 밀봉
해 두면 노란 빛깔의 술이 된다. 이 오가피주도 알맞게 익은
다음에는 건더기를 건져 내는 것이 좋다.

효 용

오가피주는 약간 맛이 쓰지만 방향이 있고 자극이 없어 부
담없이 마실 수 있는 이상적인 약용주이다.

오가피의 주요 성분을 분석해 보면 알라킨산, 팔미틴산, 리노
리산, 리노레인산 등으로 알려지고 있는데, 그 방향은 메독시
살리실 알데히드에 의한 것이다.

그러나 이것만으로는 전통적인 약효를 낸다고 생각할 수가
없는데 화학적 분석으로는 밝힐 수 없는 미지의 성분이 종합
적으로 효험을 나타내게 하는 것이 아닌가 추측되고 있다.

약효로는 진통, 노인성 산기(疝氣), 정력 감퇴, 근육의 강화
등에 특히 효험이 있는 것으로 알려져 있다. 또 민간요법에서
는 오갈피의 뿌리와 소나무 마디를 똑같은 분량으로 섞어 가
루로 만들어 술에 타서 마시거나 또는 오가피술을 담가서 쓰
기도 한다.

1일 용량은 20~30cc, 소주잔으로 1~2잔이 적당한데 식전, 식후 취침하기 전에 마시도록 한다. 너무 많이 마시더라도 약효가 빨리 나타나지는 않으므로 적량을 지키도록 한다.

오가피주는 다른 약용주와 칵테일해서 마셔도 좋고, 물을 타서 마셔도 좋다.

(5)천문동주(天門冬酒)

천문동은 바다 근처 산기슭에 자라는 다년생의 덩굴 풀로 여름에 희고 작은 꽃이 핀다.

생약 천문동은 덩이뿌리를 말린 것을 말하는데, 빛깔은 짙고 붉은 갈색으로, 질이 연하고 반투명이며, 맛은 처음에는 들척 지근하나 나중에는 점차 쓴 맛이 돈다.

우리나라에서는 주로 전남 목포 지방과 울릉도에서 나는데 본래 원산지는 중국이다. 천문동은 예로부터 중국에서도 약용 으로 널리 쓰여져 왔다. 가을에 덩이뿌리를 채취하여 껍질을 벗기고 쪄서 그늘에 말린 것이 생약 천문동이다.

천문동주는 옛날부터 유명한 약용주로 손꼽혀 왔다. 본래는 천문동의 즙을 내어 쌀과 누룩과 함께 직접 발효시켜서 만들 었다.

또 천문동으로는 정과(正果)를 만들어 먹기도 한다. 쌀뜨물 에 천문동을 담가 놓았다가 심을 뺀 다음에 물에 삶아서 쓴

맛을 우려낸 뒤에 꿀을 넣고 끓여서 만드는 것이 천문동 정과인데, 그 맛이 일품이다.

담그는 법
▶생약 천문동＝1백그램, ▶소주＝1리터
술을 담글 때에는 생약만을 사용한다. 소주와 함께 넣어 밀봉해 두면 3개월쯤 걸려서 성분이 모두 침출된다.
생약 천문동은 시중 건재 한약방에서 손쉽게 구할 수 있다.

효 용
천문동은 진해거담의 효과가 있는데다가, 이뇨와 호흡기의 실조(失調)에도 효험이 있어 특히 노인들의 좋은 보건 강장약으로 애용되어 왔다. 다시 말해서 체력의 감퇴를 막고 정상적인 컨디션을 유지하는데 이바지하는 약이다.
〈동의보감(東醫寶鑑)〉에 보면 천문동은 「마음을 진정시키고 소변을 편히 볼 수 있게 하며, 냉(冷)에도 보(補)하며, 삼충(三蟲)을 죽이고 얼굴빛을 좋게 하며, 또 소갈(消渴)을 그치며 오장을 붓게 한다.」고 약효를 설명하고 있다.
천문동에 함유되어 있는 주요 성분은 아스파라긴, 알긴 등이다. 또 천문동으로 환약을 만들어 하루에 15알씩 먹으면 강장의 효과를 볼 수 있다는 민간요법도 있다. 천문동주는 짙은 호박색으로 익는데, 약간 퀴퀴한 냄새가 나며 씁쓸한 맛이 돈다. 그러나 천문동 자체가 무독(無毒)하고 온순한 약초여서 마시기에는 비교적 자극이 없고 부드러운 술이다.

하루의 용량은 소주잔으로 1~2잔 정도인데, 다른 약용주와
마찬가지로 식후에 마신다. 이 술의 약효는 한두 달 정도로는
눈이 띄게 나타나지 않으므로 약효를 보려면 꾸준히 계속해
서 1년 이상은 마셔야 한다.

(6)깻잎주(水荏酒)

인도의 고지(高地) 중국 남부가 원산지인 들깨는 옛날부터 장수와 정력 강장의 식품으로 이름이 높다.

들깨가 우리나라에 들어온 것은 통일 신라 시대 이전으로, 참깨와 함께 임(荏)을 재배했다는 기록이 남아 있다.

거의 전국적으로 재배하는 들깨는 식용도 하지만 페인트, 와니스, 포마드, 비누등 공업용 원료로서도 널리 사용되고 있다. 들깨가 건강에 좋다는 것은 옛날부터 널리 알려진 일이지만, 학계에서는 아직 이렇다할 과학적 결론을 내리지 못하고 있다.

담그는 법
▶깻잎=80그램, ▶소주=1리터
싱싱한 깻잎을 골라 잘 씻어서 그늘에서 물기를 말린 다음 그릇에 넣고 소주를 부어 밀봉하여 둔다.

　2개월가량 지나면 성분이 거의 우러나서 엷은 호박색의 술
이 되는데, 이때 건더기를 건져내는 것이 좋다.

효 용
　들깨는 비타민 F라고 불리는 필수지방산(必須脂肪酸) 덩어
리라고 해도 과언이 아닐 만큼 풍부한 지방산을 함유하고 있
다.
　들깨의 40~45%가 지방산인데, 그 중에서도 가장 많이 차지
하는 것이 고급 불포화지방산인 리놀레인산으로 56%나 된다.
다음 리놀산이 23% 올레인산이 10%이다.
　불포화지방산은 탈모, 피부 출혈, 혈뇨, 불임증 등을 막고, 또
고혈압, 비만증, 허약 체질, 당뇨병 등에도 효험이 있는 것으
로 알려지고 있다. 그래서 미국에서는 고혈압 환자를 위해 특
별히 불포화지방산 식품을 통조림으로 만들어 판매하고 있다.
　많은 사람들이 들기름을 매일 먹은 결과 식욕이 좋아지고
몸의 컨디션이 개선되었다는 경험담을 늘어놓는다. 예로부터
「들기름을 매일 마시면 장수하고 무병하다.」는 말이 있는데,
이렇게 따지고 본다면 모두가 다 과학적 근거가 있는 말이다.
　깻잎은 들깨만큼 약효는 없다. 그러나 깻잎술은 독특한 냄새
와 부드러운 맛으로 인해 어느 약용주나 어느 과실주보다도
마시기가 좋다. 스트레이트로 마셔도 좋고, 과실주와 칵테일
해서 마셔도 운치가 있다.
　하루 용량은 소주잔으로 1~2잔이나 많이 마셔도 다른 약용
주처럼 해롭지는 않다.

(7)인삼주(人蔘酒)

인삼은 오갈피나무과에 속하는 다년생식물로 북위 30~48도 지역 즉 중국북부, 한반도, 소련 연해주, 캐나다, 미국 북부에 자생했던 실물이다.

인삼은 옛날부터 영약으로 알려져 왔는데, 지금은 야생(野生)의 것은 거의 볼수 없게 되어 수요의 대부분을 재배한 인삼에 의존하고 있다.

인삼은 품종이 단 하나인 것이 특징인데, 인공적으로 재배한 것은 6년생의 것이 성분이 최고에 달하며, 그 이상 밭에 두면 토양속의 잡균에 침범 당하여 효력이 적어진다.

야생의 것은 산삼(山蔘)이라고 하는데, 수십 년이나 된 것도 있다.

중국에서 가장 오래된 의학서적인 〈신농본초경(神農本草經)〉을 보면 인삼은 「오장을 보하고 정신을 평안하게 하면 혼백을 안정시키는데, 오랫동안 복용하면 신체가 가벼워지고 천명이 길어지는 약초」라고 씌어 있다.

인삼의 종류는 캐서 건조시키지 않은 것을 수삼(水蔘), 껍질을 벗긴 다음 말린 것을 백삼(白蔘)이라 하며 수삼을 수증기로 찐 뒤에 건조시킨 것을 홍삼(紅蔘)이라고 한다. 그리고 가는 뿌리를 미삼(尾蔘) 껍질을 벗긴 것을 피삼(皮蔘)이라 하며 각각 목적에 따라서 달리 이용하고 있다.

인삼은 신비스러운 선약(仙藥)으로서 아무도 그 가치를 부인하는 사람이 없다.

또한 차(茶)로도 애용되기 때문에 기호품으로 취급되기도 하는데 그 성분은 아직 약리학적으로 정확히 밝혀지지 않고 있다. 그러나 그 신비성은 꾸준히 연구되고 있다.

담그는 법

▶백삼＝80그램 ▶소주＝1리터.

백삼이나 수삼 중 어느 것을 써도 되는데 다만 백삼을 쓰는 경우에는, 쌀쌀한 맛이 도는 술이 된다.

담근 후 2개월이면 마실 수 있으나 완전히 익으려면 5~6개월 이상 두어야 한다. 생삼일 경우에는 더욱 오래 걸린다.

인삼주는 옅은 호박색으로 익는데, 빛깔이 다른 어느 약용주보다 우아하고 은은하다.

효 용

인삼은 아직도 약리적(藥理的)으로 그 성분이 규명되지 않고 있다.

그러나 위장을 고르게 하고 신장과 간장의 기능을 회복시켜 주는등 다각적인 작용을 하고 있는 것만은 사실이다.

대체로 인삼의 주요 성분은 배당체, 지방질, 휘발성 원소, 무기성, 원소 등으로 구분되는데 지금까지 파나퀴론, 사포닌, 글리코사이드, 스테롤, 데르펜, 스테아린산, 올레인산, 인, 칼슘, 칼륨, 마그네슘, 철, 알미늄, 코발트, 망간, 비타민(B,C등)을 비롯해서 아밀라제나 카보닉안하이드라제와 같은 호소도 검출되었다.

그러나 아직도 인삼의 약효에 대한 완전한 해명은 이루어지지 않고 있다.

한방에서는 인삼이 피로, 허약체질, 고혈압, 당뇨병 등에 탁효가 있는 것으로 주장되어 왔는데 이러한 효능은 어느 정도 입증되고 있다. 또 최근에 이르러서는 인삼이 스트레스를 해소 시키고 남성 불임을 막으며 방사선을 방어 한다는 사실이 밝혀졌으며, 류머티즘, 암, 빈혈등에도 탁월한 효능을 발휘함이 인정되었다.

한편 인삼이 체질에 따라 정반대의 효과를 나타낸다는 한방의의 주장이 최근 몇가지 연구에 의해 사실로 인정되었다.

즉 인삼은 혈압이 놓은 사람의 혈압을 낮추고 낮은 사람의 혈압은 적당히 높이며 체질에 따라 흥분작용도 하고, 진정 작용도 하는 약효의 양면성을 지니고 있다는 것이다.

어떻든 인삼은 침체된 세포의 기능을 부활시키고 생기를 불어 넣는다는 한방의 주장이 결코 허무맹랑한 것이 아님은 확실하다.

3. 강장(强壯)·강정(强精)·회춘(回春)의 약용주

(1)오미주(五味酒)

오미자는 전북, 충남북을 제외하고는 우리나라 전역에서 자생하는 식물이다. 산기슭의 돌무더기 땅에서 주로 자라는 오미자는 여름철에 붉은 백색의 꽃이 피고 가을에 적갈색의 열매가 열린다.

열매에는 콩팥 모양의 씨가 1~2개 들어 있는데 과육은 연하지만 씨가 단단하다.

가을에 이 과일을 채취하여 햇볕에 말린 것이 생약 오미자이다.

오미자는 단맛, 쓴맛, 떫은맛 등 다섯가지 맛을 합친 맛이 난다고 해서 생긴 이름이나, 실제로는 신맛과 단맛이 강해서 다른 맛은 분간할 수 없다. 그러나 산미가 강해서 술을 만들면 먹기 좋은 약용주가 된다.

오미자는 미삼(尾蔘)과 함께 달여서 차로 마시기도 하고, 더운 물에 오미자를 넣어 붉게 우러난 국물로 화채를 만들기도 한다.

또 유사종으로 남오미자를 쓰기도 하는데 그 약효과는 오미자를 따를 수 없다. 남오미자는 우리나라 남쪽 섬에서 난다.

담그는 법

▶생약 오미자=1백 그램 ▶소주=1리터.

오미자는 되도록 햇것을 구하는 것이 좋다.

오미자와 소주를 병에 넣고 밀봉해 두면 2개월 정도 지난 후에 성분이 완전히 우러나는데, 이 무렵에 생약을 건져 낸다. 완전히 익는데 3개월 이상이 걸린다.

효 용

오미주는 예로부터 전해 내려오는 우리나라의 대표적인 약용주이다. 재래식 소주에 오미자를 넣어 2,3일 방치에 두면 적색 색소와 수렴성 물질이 우러나는데 다시 여기에 꿀을 넣어 만들었다 한다. 그러나 우리나라의 명주들이 그렇듯이 이 오미자주도 요즘에는 거의 잊혀져 가고 있는 문헌상의 술일뿐이다.

오미자의 성분은 말산, 타르타르산 등으로 알려지고 있으나, 유효 성분은 아직도 밝혀지지 않고 있다. 그러나 그 약효는 예로부터 강조되어 자양, 강정, 강장, 회춘에 효험이 있는 것으로 알려져 있다. 또 민간요법으로는 덩굴을 달여서 그 물로 머리를 감으면 머리빛깔이 좋아지고 윤이 난다고 하며, 생잎을 상처에 붙이면 상처가 빨리 아문다고 한다.

 오미주는 맛이 뛰어나지만 향기가 좀 부족하므로 방향 있는 다른 약용주나 과실주와 섞어 마시면 약효도 넓어지고, 풍미도 풍부해져서 효과적이다.

 하루 용량은 소주잔으로 1~2잔 식전, 식후 또는 취침 전에 마시도록 한다.

(2)해당화주(海棠花酒)

　해당화는 지방에 따라서 때찔레, 매괴(玫瑰)라고 부른다.「명사십리 해당화(明沙十里 海棠花)」란 말도 있듯이 해당화는 해변가 모래땅이나 해변 가까운 산야에 절로 자란다.

　우리나라, 중국, 일본, 캄차카 등지에 자라는 장미과의 낙엽관목이다. 우리나라 동서의 해안가는 물론이고, 남해의 도서(島嶼)해안에서도 모래사장이 있는 곳이면 어디에나 해당화가 자라고 있는 것을 볼 수 있다.

　해당화의 매력은 그 꽃과 향기에 있다. 꽃은 5~6월경에 피는 아름다운 분홍빛으로 가지 끝에 2~3송이가 달린다. 또한 이 꽃은 향기가 강해서 흔히 향수의 원료로 쓰기도 한다. 열매는 8월경에 익는데, 빛깔은 붉은 색이다.

　예로부터 중국인들은 이 해당화꽃을 사랑하여 홍차의 부향료(賦香料)로 쓰기도 하고 소주에 넣어 매괴주(玫瑰酒)를 만들기도 했다. 또 송나라 시대에는 이 해당화꽃을 뇌사(腦麝)와 섞어서 향낭을 만들었다는 기록도 보인다.

담그는 법
▶해당화＝600그램 ▶소주＝1리터.

해당화는 과실을 사용해도 좋고, 말린 생약제를 이용해서 담가도 좋다. 다만 과실을 사용할 경우에는 소주의 분량을 약간 많이 하는 것이 술맛이 좋다. 술이 익는데는 약 2개월 정도 걸리는데, 어느 정도 익으면 건더기를 건져 내는 것이 좋다.

효 용
해당화의 열매에는 비타민 C와 제라니올이 많이 함유되어 있다. 그러나 그밖의 성분은 자세히 밝혀지지 않고 있다.

예로부터 우리나라에서는 가을에 해당화 열매를 따다가 그늘에 말려서 정력 강장제로 사용해왔다. 또 잔치 때에는 해당화 꽃을 따넣고 지은 밥을 색반(色飯)이라 하여 잔치상에 내놓았다는 풍습이 있었다.

〈대화본체 (大和本體)〉에 의하면, 「매괴는 폐를 튼튼하게 하고 간담에 좋을 뿐만 아니라 사악(邪惡)의 기(氣)를 피한다.

또한 이 과일은 방향이 있어 인신(人神)으로 하여금 기분이 상쾌해지게 한다」라고 씌어 있다. 이것만 보아도 해당화가 예로부터 선약(仙藥)으로서 얼마나 중요되어 왔는가를 알수 있다.

용량은 다른 약용주와 과실주와 섞어 마셔도 풍미가 있다.

(3)만형주(蔓荊酒)

만형자(蔓荊子)는 제주도를 비롯한 중부 이남의 바닷가 모래밭에서 절로 자라는 순비기 나무의 열매를 말린 것이다.

순비기는 1, 2년생의 저목(低木)으로 우리나라를 비롯 일본, 대만, 동남아시아, 호주등지에 널리 분포되어 있다. 여름철에 줄기 끝에 자줏빛 입술 모양의 꽃이 피며, 열매는 공 모양의 핵과로 가을에 익는다.

열매의 표면은 어두운 검정색이고 회백색의 꽃받침으로 반 정도 덮여 있는데, 특이한 방향성이 있으나 맛은 좀 맵다.

담그는 법
▶생약 만형자=1백 그램 ▶소주=1리터.

생약과 소주를 부어 50일쯤 밀봉해 두면 성분이 우러난다. 좀더 일찍 익게 하려면 만형자를 깨뜨려서 넣으면 된다.

술이 완전히 익기까지는 3개월가량이 걸리는데 술이 익어 성분이 침출된 뒤에는 건더기를 건져 내도록 한다.

효 용

만형자는 예로부터 강장, 강정에는 물론 심신을 흔쾌히 하고 근육을 강화하는데 사용되어 온 약재이다. 또한 두통, 감기 해열 등에도 효험이 있어 민간요법에서는 흔히 감기의 즉효약으로 알려져 왔다.

그밖에도 만형자의 효용 범위는 매우 넓어 구충제로도 사용되며 청량제로서도 널리 이용되고 있다. 또 중국에서는 목욕할때 욕제(浴劑)로서도 사용했다고 한다.

성분을 분석해 보면 캄펜, 테르피네올, 알파피네 등의 정유가 함유되어 있는 것으로 알려지고 있을 뿐이다. 그러나 이들 정유군과 미지의 함유 성분이 종합적으로 작용하여 그렇게 여러 가지 약효를 내게 하는 것으로 믿어지고 있는데 가까운 장래에 그 미지의 성분도 분석되리라고 본다.

만형주는 방향(芳香)과 가벼운 자극이 있는 술이다. 스트레이트로 그대로 마셔도 좋으나 다른 약용주나 과실주, 또는 탄산음료에 섞어 마셔도 별다른 풍미가 있다.

용량은 하루에 소주잔으로 1~2잔 정도가 가장 적당한데 식전이나 식후 또는 취침 전에 마시도록 한다.

(4)육종용주(肉從蓉酒)

육종용은 열당과(列當科)에 딸린 기생식물의 한 가지로 원래 중국 서북부와 몽고 등지가 원산지이나 우리나라에도 분포되어 있다.

깊은 산속에서 절로 자라는 육종용은 주로 제주도와 울릉도 등지에 분포되어 있다. 육종용의 줄기는 살찌고 기둥 모양이며 잎은 퇴화되어 비늘 조각같이 어긋 매겨 나는데 꽃은 자갈색으로 여름철에 핀다.

꽃필 무렵에 전초(全草)를 채취하여 건조시킨 것이 생약 육종용 이다.

담그는 법

▶생약 육종용＝80그램 ▶소주＝1리터

생약과 소주를 비율대로 넣어 밀봉해 둔다. 1개월쯤 지나면 마실수 있으나 완전히 익으려면 3개월 정도의 기간이 필요하다.

완전히 익은 뒤에는 건더기를 건져 내도록 한다.

효 용

육종용의 성분은 현재 보슈니아킨산, 보슈니아리톤 등의 배당체(配糖體)가 분석되고 있으나 그 밖의 성분은 아직 밝혀지지 않고 있다.

한방에서는 옛날부터 강장, 강정, 음위(陰痿),유정(遺精) 등에 특효약으로 쓰여져 왔다.

중국의 약전(藥典) 〈본초강목 (本草綱目)〉에 의하면 이 식물이 많이 야생하는 안문(雁門)이라는 지방은 야생말의 집합지로서 그 말들이 흘린 정액(精液)이 밑거름이 되고 있다는 것이다.

그래서 육종용은 몸의 피로를 풀어 주고 장기(臟器)에 영양을 주고 남녀의 성욕을 왕성케 할 뿐만 아니라 천수를 누릴 수 있다는 것이다.

또 이것을 장기 복용하면 남자는 생식능력이 배가 되고 부인은 불임증을 치료할 수 있다는 것이다.

중국적인 과장이 섞여 있는 설화이긴 하나 예로부터 우리나라에서도 강장제로서 널리 애용되어 온 것만은 사실이다.

하루의 용량은 역시 소주잔으로 1~2 잔 정도가 좋으며 식전, 식후, 취침 전에 마신다. 약효는 극히 서서히 나타나므로 성급한 효험을 기대하여 많이 마셔도 소용이 없다.

(5)나마주(蘿藦酒)

생약 나마는 흔히 박주가리라고 부르는데 박주가리과에 속하는 다년초로서 우리나라의 전역에 걸쳐 들이나 산기슭에 자생하는 풀이다.

풀 전체에 연한 털이 나 있고 땅속줄기로 번식하는데 상처를 내면 잎과 줄기에서 흰 진이 나온다. 7~8월에 엷은 자줏빛 꽃이 피며 열매는 방추형으로 전면에 오톨오톨한 돌기가 있고 속에 긴 솜털이 달린 종자가 가득 들어 있다. 이 종자를 나마자(蘿藦子)라고 하는데 잎을 건조시킨 것도 종자와 같이 생약으로 사용한다.

나마자는 중국에서도 예로부터 강정, 강장, 성욕을 왕성하게 하는 약으로 사용되어 왔다. 이런 영향 때문에 우리나라에서도 일찍부터 그런 목적으로 사용하여 온 것이다. 중국의 고전에는 나마에 대해 이렇게 씌어 있다.

「집을 떠나면 천리(千里)나마와 구기를 먹지 말라, 이 두 식물은 정기를 보익(補益) 하고 음도(陰道)를 강성하게 하기 때문이니라.」

담그는 법

▶①생약 나마자의 경우=50그램

▶②생약 나뭇잎의 경우=40그램

▶③종자와 잎을 함께 쓸 경우=40그램, 잎30그램

▶소주=1리터

생약과 소주를 병에 담고 밀봉하여 약 2개월 동안 저장하면 성분이 침출된다. 이때 건더기는 건져 내고 보관하는데 온화하고 마시기 좋은 약용주로서 오래 두어도 변질되지 않는다.

효 용

나마자의 성분은 자세히 밝혀지지 않았으나 한방에서는 예로부터 강장, 강정약으로 사용해왔다. 또 생잎은 즙을 내어 종기, 독사, 독충 물린데 바르기도 한다. 민간에서도 종자의 흰 털을 상처에 붙이면 지혈에 효과가 있다고 한다.

이 나마주는 구기주나 오미주 또는 산수유주 등을 조금 섞어서 마시면 그 효과가 더욱 높아진다.

하루의 분량은 소주잔으로 1~2잔이 적당하고 마시는 시간은 식전, 식후 또는 취침하기 전이 좋으나 많이 마신다고 빨리 효과가 나타나는 것은 아니므로 조금씩 복용하는 것이 좋다. 술이 너무 독하다는 생각이 들면 물이나 탄산음료 등을 타서 마셔도 약효는 조금도 떨어지지 않는다.

4.피로회복(被勞恢復) 체력증진(体力增進)의 약용주

(1)산수유주(山茱萸酒)

산수유는 우리나라와 중국이 원산지로 주로 산지에 자생하는 낙엽 관목(灌木)내지 소교목(小喬木)이다.

우리나라에는 특히 경기도, 충청도 지방에 많이 분포되어 있는데, 경기도 광릉에 많다.

본래는 자연생이었으나, 꽃나무 또는 약용식물로 정원이나 인가부근에 재배하기도 한다.

3~4월경에 꽃이 잎보다 먼저 피어 가지가 온통 꽃만으로 덮여 있어 관상용으로나 꽃꽂이 재료로서 환영을 받고 있다.

열매는 10월에 타원형 핵과로 붉게 익는데, 이것을 따서 씨를 빼고 말린 것이 생약 산수유이다. 산수유는 건포도와 비슷해서 맛이 달고 약간 시다.

담그는 법

▶생약 산수유＝1백 그램 ▶소주＝1리터.

생약과 소주를 병에 넣고 밀봉해 두면 약2~3개월 후에 술이 완전히 익는다. 이것을 걸러서 다른 병에 옮기고 건더기는 버린다. 이 술도 오래 묵히면 오래 묵힐수록 방순한 약용주가 된다.

효 용

산수유는 맛이 달면서도 신맛과 떫은맛이 있어서 술을 만들면 좋은 양주(良酒)가 된다. 술로서 마시기가 좋을 뿐더러 또한 그 약효도 탁월하다. 정력을 왕성하게 하고 근육과 뼈를 튼튼히 해주며 컨디션을 좋게 한다.

또 성력(性力)을 회춘 강화시키며 노화 방지에도 상당한 효험이 있다. 예로부터 그 때문에 중국에서 애용되어 왔는데 우리나라에서도 육미환(六味丸), 팔미환(八味丸)의 보제(補劑)서 꿀을 넣고 죽을 만들어 먹기도 한다.

성분을 분석해 보면 사과산, 주석산, 몰지자산 등이 주로 되어 있으나, 어떤 정력을 왕성하게 만드는지는 아직 밝혀 내지 못하고 있다.

한방에서는 치한(治寒), 해열, 혈증, 보허(補虛), 자양, 강장, 음위, 월경 과다 등에 사용한다.

또 민간요법에서는 식은 땀 흘리는 것과 오줌 자주 누는데 산수유 열매를 술에 쪄서 달여 먹는다.

산수유주는 맛은 좋으나 향기가 없다. 그러므로 그대로 마시

기보다는 향기 높은 다른 약용주나 과실주와 섞어서 마시면
맛도 좋고 향기 높은 약용주가 된다.
 용량고 용법은 다른 약용주와 같다.

(2)천궁주(川芎酒)

천궁은 미나리과에 속하는 다년초로 뿌리줄기는 덩어리 모양으로 비대하고 마디가 있으며 향기가 있다.

8~9월에 흰 다섯잎꽃이 피지만, 열매는 열지 않는 것이 특징이다.

생약 천궁은 뿌리줄기를 그대로 또는 잔뿌리를 없앤 다음에 끓는 물에 담갔다가 말린 것인데 특이한 자극성 향기가 있으며 맛은 약간 쓰다.

천궁은 지방에 따라서 천궁이, 궁궁이 등으로 불리기도 한다.

천궁은 우리나라 각지의 밭에 재배하지만, 중국 사천성(四川省)에서 나는 것을 예로부터 제일로 친다.

담그는 법

▶생약 천궁=80그램 ▶소주=1리터.

천궁은 건재 한약국에서 손쉽게 구할 수 있는데, 기름을 뺀

것을 사야 한다. 기름을 빼지 않은 것은 뜨물이나 물에 이틀
쯤 담갔다가 써야 한다.

천궁과 소주를 함께 병에 넣고 2개월가량 저장해 두면 생약
에 함유된 성분이 완전히 우러난다.

이때 건더기를 건져 버리도록 한다. 천궁주는 오래 저장해
두면 오래 저장할수록 맛이 좋아지고 변질되지 않는다.

효 용

천궁은 독특한 약 향기를 풍기므로 아무래도 생약의 느낌이
강하게 든다. 약효는 강장, 진경(鎭經), 보혈, 진통 등의 목적
에 쓰인다.

천궁의 성분을 분석해 보면 시니딜리리드, 세다노익산 등을
주성분으로 하는 정유로 되어 있다. 이 정유는 소량 복용하면
혈관 운동, 신경 중추 및 호흡의 흥분, 혈압의 상승 작용에 특
히 유효하다.

(3) 두충주(杜沖酒)

두충은 중국 중북부에서 서부에 걸친 산지에서 자라는 낙엽 고목으로 높이 10미터 정도에 달한다.

그리고 자웅별주(雌雄別株)로 꽃은 봄에 피는데 수꽃은 적 갈색으로 6~10개의 짧은 수술을 가지고 있으며 암꽃은 짧은 자루를 가지고 한개씩 붙는다.

나무껍질을 벗기면 거미줄 같은 가늘고 흰실이 길게 늘어난 다.

생약 두충은 봄과 여름에 걸쳐서 껍질을 벗겨서 햇빛에 말린 것이다. 두충이 우리나라에 들어온 것은 1930년으로 일본을 통해서였다. 그후 한약재로서 수요가 많은데다가 중국으로부터 수입의 길이 끊기자, 대대적으로 재배되고 있다.

현재 우리나라에서 재배되고 있는 두충을 원두충, 대만에서 수입되는 두충을 대두충(臺杜沖)이라 하는데, 원두충이 대두충보다 가격도 비싸고 약효도 훨씬 좋다.

담그는 법

▶생약 두충=1백 그램, ▶소주=1리터

재료는 건재 한약방에서 쉽게 구할 수 있는데, 값이 좀 비싸더라도 원두충을 구하는 것이 약효가 확실하다. 생약과 소주를 병에 넣어 약 2개월쯤 저장하면 생약 성분의 침출이 완전히 끝난다.

이때 건더기를 건져 내고 다른 병에 옮겨서 저장한다.

효 용

두충은 일찍이 2천여년 전부터 강장제로 쓰여 왔다. 성분을 분석해 보면 나무진 중에 검의 성질을 지니고 있는데, 이것은 구타페르차의 일종으로서 가용성의 클로로포름이 약 6.5%들어 있다. 그러나 약으로서의 유효 성분은 아직 밝혀지지 않고 있다.

한방에서는 보약, 강장제로 쓰는 이외에 약한 신체의 기관에 활력을 주고, 심신을 협쾌하게 하며 허파와 무릎앓이, 음습증을 다스리는데도 사용되고 있다. 최근에는 혈압 강하 작용도 있다는 것이 밝혀져 차로도 개발되었다.

두충주는 검붉은 빛깔로 익는데, 맛이 써서 비터(칵테일할 때 쓴맛을 내게하는 양주) 대용으로 사용할 수도 있다.

하루의 용량은 소주잔으로 1~2잔인데, 그대로 마시기가 거북하면 감미료나 탄산음료에 타서 마셔도 좋다.

(4)실새삼주(菟絲酒)

실새삼은 우리나라를 비롯 중국, 일본, 대만, 동남아시아, 오스트레일리아등 각 지방의 산야에 자생하는 기생 식물이다.

주로 밭둑이나 콩밭에서 자라는데, 콩같은 식물에 기생하기 때문에 이 식물이 번성하면 콩 농사를 망치기도 한다.

실새삼의 줄기는 실처럼 가늘고 노란빛을 띠고 있다. 잎은 없고 7~8월에 희고 작은 꽃이 매우 많이 피는데 열매는 좀 납작하고 둥근 사과로서 매우 많이 달린다. 토사자는 이 종자를 말린 것이다.

담그는 법
▶생약 토사자＝80그램, ▶소주＝1리터.

생약을 소주와함께 병에 넣고 밀봉해서 저장한다. 2개월정도 두면 성분이 완전히 침출되는데 이때 건더기를 꺼내 버리는 것이 좋다.

효용

토사자는 예로부터 강장, 강정, 피로 회복, 정력을 강하게 하는데 효력이 있다고 평가되어 왔다. 한방에서는 치한(治寒), 자신보제(滋腎補劑), 강장, 수렴(收斂), 보음(補陰), 보양(補陽)에 사용한다.

용량은 하루에 소주잔으로 1~2잔을 그대로 또는 물을 타서 마시면 좋다. 물론 이때 감미료를 넣는것이 먹기에 좋다. 또 탄산음료나 콜라 등과 섞어 마셔도 약효에는 변함이 없다.

(5)음양곽주(淫羊藿酒)

음양곽은 삼지구엽초(三枝九葉草)의 잎과 줄기를 말린 생약 재를 말한다.

삼지구엽초는 매자나무과에 속하는 다년초로서 우리 나라에 서는 주로 강원도와 경기도 이북 지방에서 난다. 주로 산지 (山地)의 나무 밑에서 자라는데 여름과 가을에 뿌리, 줄기, 잎 등 전초(全草)를 채취하여 햇빛에 말려 생약을 만든다. 음양 곽은 중국이나 일본에서도 나지만 우리나라것을 제일로 친다. 그만큼 약효가 두드러 진다는 것이다. 그래서 일본사람들은 음양곽주를 담그는 경우 꼭 한국산을 구해서 담근다고 한다.

음양곽은 예로부터 최음제(催淫劑)나 미약(媚藥)의 대표적 인 것으로 알려져 왔다.

전설에 의하면 옛날 중국에서 양치는 사나이가 이 풀의 신 비한 효능을 밝혀냈다 한다. 양의 무리 중에서 한 마리의 양 이 특히 정력이 왕성하여 하루에 백회 이상이나 교미를 하더

라는 것이다. 이 양을 주의깊게 살펴본 결과 삼지구엽초가 있
는곳을 찾아가서 뜯어 먹고 오더라는 것이다. 그 양이 눈빛이
변하여 미친듯이 암양에게 달려드는것을 보고 양치기도 시험
삼아 그 풀을 뜯어 먹어 보았다. 그랬더니 과연 성욕이 참을
수 없이 강해 지더라는 것이다. 그래서 그때부터 이 풀의 이
름을 양이 먹고 정욕이 넘치는 것이라하여 「음양곽」이라고
부르게 되었다는 것이다. 이 전설에 따라 중국에서는 음양곽
을 강장, 강정, 회춘, 조혈(造血)의 비약으로서 널리 애용해
왔다. 특히 남성의 양기를 돕는 강정 강장약(强精强狀藥)으로
음양곽 20g, 복령(茯笭) 10g, 대추 3개를 3홉 반의 물에 넣고
달여서 마시면 더욱 효험이 있는 것으로 알려져 있다.
 즉 음양곽에는 강정 최음작용, 복령에는 이뇨(利尿)작용, 대
추에는 건위작용이 있어 이들이 혼연일체가 되어 남성의 양
기를 높여 준다는 것이다.

 담그는 법
 ▶생약 음양곽＝50그램, ▶소주＝1리터.
 음양곽은 건재 한약방에 가면 값싸고 손쉽게 구할수 있다.
또 집에서 직접 채취해서 쓸 경우에는 그늘에서 바싹 말려서
쓴다.
 술을 담글 때는 음양곽과 소주를 병에 넣어 밀봉해서 저장
해야 한다. 이때 사용하는 병은 되도록이면 유색병이 좋은데
빛이 차단되어서 약효가 파괴될 염려가 없기 때문이다. 숙성
에는 약 3개월 정도가 걸리는데 이때 건더기를 건져 내도록

한다.

옛날에 담가서 비약으로 사용했던 음양곽주는 이와는 좀 다르다. 앞서 말한 세가지 생약을 약 3배쯤 많게 하여 찐 다음에 햇볕에 말린다. 그래서 다시 찌고 … 이렇게 세 차례 거듭한 다음 1리터의 소주를 붓고 꿀 1백 그램을 가하여 밀봉해 둔다. 약 1개월쯤 지나면 숙성하는데 이것이 바로 비약인 음양곽주이다.

효 용

음양곽주는 상쾌한 마른 풀잎의 향내가 나며 맛이 약간 씁쓸하면서도 달콤한 것이 특징이다. 주요 성분은 배당체인 이카리인이 풍부하고 데스오메틸리카린, 매그노플로딘 등이 함유되어 있다는 것만이 밝혀지고 있을 뿐이다. 그러나 이런 성분이 어떤 종합 효과에 의해 전혀 독특한 효용을 발휘하는 것으로 믿어지고 있다.

한방에서는 치한, 보정, 강장, 음위, 건망증에 사용하며 민간요법에서도 건망증에 달여 먹는다. 음양곽주는 중국이나 일본에서도 몇가지 종류의 약용주로 제조되어 시판되고 있다. 그러나 다른 생약과 혼합하여 제조자 임의로 만든 것으로서 어느 정도의 약효가 있는지는 정확히 알길이 없다.

家庭寶鑑(가정보감)

2002년 9월 10일 인쇄

2024년 12월 01일 3쇄 발행

편저자: 편집부

발행인: 유건희

발행처: 은광사

등록: 제18-71호

공급처: 가나북스(경기도 파주시 율곡로 1406)

전화: 031-959-8833

팩스: 031-959-8834

정가: 20,000원

*잘못된 책은 교환하여 드립니다.

꿈 해몽법

인간 생활의 길흉을 예지해 본다

'꿈이란 우리의 잠재의식을 시각화하여 볼 수 있는 유일한 창이다.' 라고 정신분석가이자 심리학자인 프로이드는 말했다. 그러나 그 누구도 꿈의 예지 능력에 대해서 무시 한다거나 배제할 수는 없을 것이다. 우리는 매일밤 꿈을 꾸며 특이한 꿈은 '이 꿈의 의미는 무엇일까?' 다시한번 되뇌이고 "어젯밤 꿈에……." 라는 꿈 이야기를 하곤 한다. 자! 이제는 당신 스스로 당신의 미래를, 신체에 관한 것부터, 돈, 죽음 그리고 질병 등의 당신 꿈속에 묻혀있는 그 의미로 하나하나 풀어가보자.

- 집이 활활타고 있는 꿈? 사업이 융성해져서 탄탄한 기반을 잡게 된다.
- 잘 자란 무가 집안에 가득차 있는 꿈? 복권에 당첨될 꿈
- 배를 따온 태몽? 마음이 넓은 아들을 낳고, 많이 따오면 태아가 장차 부자가 된다.
- 걸어가다가 갑자기 걸음을 멈춘 꿈? 순조롭게 진행되던 일에 불행이 닥쳐 도중에서 중단되게 된다.
- 열심히 박수를 친 꿈? 어떤 압력에 의해 자신의 의견을 주장하지 못하게 되거나 사건에 깊게 말려들게 된다.

편집부 편저 • 신국판 324쪽 •

서울시 종로구 창신동 457-33호
TEL : (02) 763-1258, FAX : (02) 765-1258

● 야채와 과일을
이용한 가정요법 ●

· 야채와 과일로 병을 고친다?

아무리 튼튼한 몸을 타고 났어도,
아무리 고귀한 약을 마시고 있어도,
일상적인 식생활을 소홀히 해서는
우리의 건강을 유지할 수 없다.
많은 건강식품들이 몸에 좋다는 이유로
팔리고 있지만 식품 속에는 각각의
성질이 있고 장점과 단점이 있어서
그것만으로는 우리몸의 영양을 모두
충족시키기 어렵기 때문이다.
요사이 사람들은 '건강식품'으로
야채와 과일을 많이 이용하고 있는데
그것은 야채와 과일 속에 우리몸에 유용한
많은 것을 함유하고 있기 때문이다.

소화불량

소화가 잘 안되거나
식욕부진엔 **토마토** 쥬스를
1회에 반컵씩 1일
2~3회 마시면 좋다.
그러나 대량으로 먹으면
몸을 냉하게 하므로
냉증인 사람에게는 부적당.

아름다운 피부

체내의 혈액이나 수분의
대사를 촉진하고 해독하는
작용이 뛰어난 율무는
기미, 건성피부, 여드름의
피부트러블에 좋다.
30 g 정도를 달여서
차대신 마시도록.

＊부록─ 야채의
생즙요법.

서울시 종로구 창신동 457-33호
TEL : (02)763-1258, FAX : (02)765-1258